HAMBURGER STUDIEN ZUR KRIMINOLOGIE

Herausgegeben von
Lieselotte Pongratz, Fritz Sack, Sebastian Scheerer,
Klaus Sessar und Bernhard Villmow

Band 26

Vermeidung von Untersuchungshaft bei Jugendlichen im Spannungsfeld zwischen Jugendhilfe und Justiz

Das Berliner Modell

Gabriele Bindel Kögel
Manfred Heßler

2. Auflage

Centaurus Verlag & Media UG 2003

Zu den Autoren: Dr. Gabriele Bindel-Kögel, geb. 1954, absolvierte ein Studium zur Diplom-Pädagogin an der Freien Universität Berlin, Dissertation zur Didaktik der lebensorientierten Bildungsarbeit mit Frauen.
Manfred Heßler, geb. 1951, studierte Soziologie an der Freien Universität Berlin.

Beide Autoren sind Mitarbeiter im Forschungsschwerpunkt Jugendhilfe und Justiz am Institut für Sozialpädagogik der technischen Universität Berlin und bearbeiten das Forschungsprojekt 'Kinder- und Jugenddelinquenz im Spannungsfeld formeller und informeller Reaktionen'.

Die Deutsche Bibliothek – CIP-Einheitsaufnahme

Bibliographische Information der Deutschen Bibliothek:
Die deutsche Bibliothek verzeichnet diese Publikation in der Deutschen Nationalbibliographie; detaillierte bibliographische Daten sind im Internet über http://dnb.ddb.de abrufbar

ISBN 978-3-8255-0288-1 ISBN 978-3-86226-492-6 (eBook)
DOI 10.1007/978-3-86226-492-6

ISSN 0930-9454

Satz: Vorlage der Autoren

INHALT

1. Einleitung

Anordnung und Vollzug der Untersuchungshaft insbesondere an jungen Menschen stehen in der Bundesrepublik wiederholt im Mittelpunkt der Kritik der Fachöffentlichkeit. Schon in den 80er Jahren trug die Anmahnung, daß in der Bundesrepublik zu viel, zu oft und zu schnell Untersuchungshaft angeordnet werde[1] dazu bei, daß sich Jugendgerichtstage, Wissenschaft und Rechtspolitik verstärkt mit Möglichkeiten der Begrenzung der U-Haft durch Gesetzgebung und Praxis beschäftigten. Einige der Reformüberlegungen sind in das am 1.12.1990 in Kraft getretene 1.JGG-ÄndG[2] eingeflossen. Insbesondere wurden die Anordnungsvoraussetzungen der U-Haft bei Jugendlichen deutlich eingeschränkt und die einstweilige Unterbringung in einem geeigneten Heim der Jugendhilfe als Alternative hervorgehoben.

Das fast zeitgleich, am 1.1.1991, in Kraft getretene Kinder- und Jugendhilfegesetzes (KJHG) hat vor allem den präventiven Leistungscharakter der Jugendhilfe bekräftigt und deren Eigenständigkeit bei der Mitwirkung in gerichtlichen Verfahren hervorgehoben. Das macht neue kooperative Anstrengungen zwischen Jugendhilfe und Justiz bei der praktischen Überbrückung gesetzlicher "Lücken" zwischen JGG und KJHG erforderlich. Der Jugendhilfe kommt hier die Aufgabe der Selbstevaluation und Innovation zu, auch was die Erprobung neuer Wege der Vermeidung von Untersuchungshaft (U-Haft) bei jungen Menschen betrifft.

Noch in der Phase der Verabschiedung beider Gesetzesänderungen vollzogen sich mit dem Zusammenbruch der realsozialistischen Regime in Osteuropa, der Öffnung der Grenzen und der deutschen Wiedervereinigung epochale staatliche und gesellschaftspolitische Umwälzungen. In der Folgezeit haben fehlende politische Konzepte, die wirtschaftlichen und sozialen Probleme im wiedervereinten Deutschland in den Griff zu bekommen, zu politischem Vertrauensverlust, zu Unsicherheit und Ängsten in der Bevölkerung geführt und auch zu wachsender Kriminalitätsfurcht beigetragen.[3] In Wahlkampfzeiten hat dies manchen Politiker dazu verleitet, mit Forderungen nach Verschärfung des Strafrechts Entschlußfreudigkeit und Stärke zu demonstrieren. Wenn aber Prävention nicht mehr im Rahmen einer gerechten Sozialordnung, sondern primär mittels eines repressiven Strafrechtssystem hergestellt werden soll, gerät unweigerlich auch das Haftrecht unter Druck. In gesellschaftlichen Krisenzeiten wächst traditionell die Gefahr, "daß die Untersuchungshaft als Instrument der Krisenintervention oder zur Beruhigung der Bevölkerung entgegen den eigentlichen strafprozessualen Zielsetzungen (der Verfahrenssicherung) instrumentalisiert wird."[4]
Abbild dieser allgemeinen Entwicklungen sind auch die Forderungen nach Verschärfung des Jugendstrafrechts, wie sie Mitte der 90er Jahre vor allem aus Reihen der Politik vorgetragen wurden. Solche Forderungen konterkarieren nicht nur die bisherigen gesetzgeberischen Anstrengungen, die Untersuchungshaft für Jugendliche und Heranwachsenden einzuschränken und präventiven Ansätzen der Jugendhilfe Vorrang einzuräumen; vielmehr wächst auch der

---

1 Vgl. Deutscher Anwaltsverein 1983.

2 Erstes Gesetz zur Änderung des Jugendgerichtsgesetzes (JGG) vom 30.8.1990 (BGBl. I, 1853).

3 Zur Kontroverse um die Interpretation der zwischen 1989-1995 zugenommenen *registrierten* Jugendkriminalität zwischen gestiegener Anzeigebereitschaft, sozialstrukturellen und gesellschaftlichen Faktoren sowie Artefakten der Kriminalstatistik der Polizei vgl. Pfeiffer/Ohlemacher 1995, Pfeiffer 1995,S.92ff, ders. 1996, S. 215 ff, Frehsee, 1995, S. 269 ff, Walter 1996, S. 207 ff, ders. 1996, S. 335 ff sowie Heinz1997, S. 270 ff.

4 Dünkel 1994, S. 21.

Versuch, Jugendhilfe für ordnungs- und eingriffsrechtliche Zwecke zu funktionalisieren. Durch die Wiedereinführung geschlossener Heime soll sie gezwungen werden, einen "Strafersatz" vorzuhalten. Weder Jugendhilfe- noch Jugendstrafrecht sind jedoch in der Lage, durch "besondere Härte" Probleme zu lösen, die andernorts durch Integrationsversäumnisse entstanden sind. Alle bisherigen Erfahrungen der Jugendstrafrechtspraxis widersprechen der Annahme, daß durch ein solches Vorgehen dazu beigetragen werden könnte, Jugendkriminalität zu reduzieren.

Gebremst durch die geschilderten Entwicklungen ist die Vermeidung von Untersuchungshaft für Jugendliche auch 10 Jahre nach Inkrafttreten des 1.JGG-ÄndG immer noch ein Stiefkind der "inneren Reform" des Jugendstrafrechts geblieben. Auf dem 24. Deutschen Jugendgerichtstag 1998 in Hamburg wurde das im Jugendstrafrecht verankerte Prinzip des Vorrangs haftvermeidender Maßnahmen als "totes Recht" bezeichnet. Nebem dem veränderten kriminal- und rechtspolitischen Klima bleibt dies vor allem der Tatsache geschuldet, daß Teile der Justiz nach wie vor nur geschlossene Einrichtungen als geeignete Heime im Sinne der §§ 71, 72 JGG anerkennen, während das KJHG keine eigenständige Rechtsgrundlage mehr für eine geschlossene Unterbringung von Kindern und Jugendlichen bietet. Hinzu kommt die immer noch mangelnde Unterrichtung und Beteiligung der Jugendgerichtshilfe bei Haftentscheidungen. Diese Situation führt im Ergebnis dazu, daß die bestehenden stationären Alternativangebote der Jugendhilfe in der Bundesrepublik gegenwärtig weniger zur unmittelbaren Vermeidung, sondern eher zur Verkürzung von Untersuchungshaft genutzt werden.

Eine der Ausnahmen hiervon bildet das Berliner Modell, dessen organisatorische Bedingungen seit den 80er Jahren auf das Ziel der unmittelbaren Vermeidung von U-Haft hin ausgerichtet wurden.[5] Als jedoch 1994, drei Jahre nach Inkrafttreten des Kinder- und Jugendhilferechts, die geschlossene Einrichtung "Haus Kieferngrund" aufgegeben wurde, stand Jugendhilfe angesichts breiter Skepsis in der Fachöffentlichkeit vor der schwierigen Aufgabe, in Kooperation mit Justiz neue, KJHG-gemäße Konzepte für die einstweilige Unterbringung in Einrichtungen der Jugendhilfe zu entwickeln und diese zu erproben. Dem Modell wurde deshalb eine dreijährige Begleitforschung zur Seite gestellt, die unter Leitung von Prof. J. Münder am Sozialpädagogischen Institut der Technischen Universität Berlin angesiedelt war. Das Forschungsprojekt wurde von der Stiftung Deutsche Jugendmarke e.V. und Senatsjugendverwaltung vonBerlin finanziert. Ihnen sei an dieser Stelle für die gewährte Unterstützung gedankt.

Die Begleitforschung stellt auf der Grundlage des aktuellen Forschungsstandes im folgenden ihre Ergebnisse dar, die sich sowohl auf die Haftentscheidungen am zentralen Bereitschaftsgericht (Kap. 6), die Lebenslagen der betroffenen Jugendlichen (Kap. 7), die Rahmenbedingungen und Leistungen der Träger der Jugendhilfe (Kap. 8) als auch auf die Kooperationserfahrungen zwischen Jugendhilfe und Justiz im Verlauf der Weiterentwicklung des Berliner Modells beziehen. Die Standards der Jugendhilfe (vgl. Kap. 9), inzwischen konsensual mit Justiz abgestimmt, dürften insbesondere auf andere großstädtische Bereiche übertragbar sein.

Wir hoffen, mit diesem Buch zur notwendigen Weiterentwicklung von Modellen der Untersuchungshaftvermeidung beizutragen.

---

5 Vgl. Reinecke 1994.

2. U-Haft und U-Haftvermeidung

2.1 Die gesetzlichen Voraussetzungen der Untersuchungshaft

Untersuchungshaft bedeutet einen erheblichen Eingriff in das Grundrecht der Freiheit der Person und stellt im strafrechtlichen Ermittlungsverfahren gegenüber Tatverdächtigen die einschneidendste aller prozessural vorgesehenen Maßnahmen zur Sicherung des Strafverfahrens dar. Sie ist im Einzelfall immer nur als "ultima ratio", als allerletzte, unvermeidliche Maßnahme zulässig, wenn alle vorrangigen und weniger belastenden Eingriffe der Verfahrenssicherung ausgeschöpft sind. Den Belangen einer wirksamen Strafverfolgung stehen der rechtsstaatliche Grundsatz der Verhältnismäßigkeit und das Gebot der Unschuldsvermutung gegenüber.

Bei der Frage, ob ein Haftbefehl erlassen und vollzogen werden darf, ist nach den Bestimmungen der Strafprozeßordnung (StPO) zu prüfen, ob ein dringender Tatverdacht vorliegt, ein Haftgrund besteht und die Verhältnismäßigkeit des Eingriffs gegeben ist. U-Haft darf nicht angeordnet werden, wenn sie zu der Bedeutung der Sache und der zu erwartenden Strafe oder Maßregel der Besserung und Sicherung außer Verhältnis steht (§ 112 Abs. 1 S. 2 StPO). Ferner ist der Vollzug eines Haftbefehls, der lediglich wegen Fluchtgefahr gerechtfertigt ist, auszusetzen, wenn weniger einschneidende Maßnahmen die Erwartung hinreichend begründen, daß der Zweck der Untersuchungshaft auch durch sie erreicht werden kann (§ 116 Abs. 1 S. 1 StPO). Haftgründe gemäß §§ 112, 112a StPO sind die Flucht oder Fluchtgefahr, die Verdunkelungsgefahr und, - unter gesetzlich eng normiert Voraussetzungen -, die Wiederholungsgefahr[6].

2.2 Vermeidung von U-Haft im Jugendgerichtsgesetz (JGG)

Anordnung und Vollzug von Untersuchungshaft sind im Jugendstrafrecht gegenüber den Bestimmungen der StPO weiter eingeschränkt. Auch bei Vorliegen von Haftgründen darf sie nur verhängt und vollstreckt werden, wenn ihr Zweck nicht durch "eine vorläufige Anordnung über die Erziehung" oder durch "andere Maßnahmen" erreicht werden kann (§ 72 JGG). Insbesondere bei unter 16jährigen soll U-Haft so weit wie möglich vermieden werden, der Haftgrund der Fluchtgefahr gilt nur eingeschränkt (§ 72 Abs. 2 JGG). Vorläufige Anordnungen über die Erziehung gemäß § 71 Abs. 1 JGG sind Weisungen des § 10 JGG (z.B. Betreuungsweisung) oder ambulante erzieherische Hilfen des Kinder- und Jugendhilferechts (insbes. §§ 29, 30, 35 SGB VIII). § 71 Abs. 2 JGG sieht als weitere Alternative zur U-Haft die einstweilige Unterbringung in einem geeigneten Heim der Jugendhilfe vor. Zur Vermeidung der Vollstreckung eines Haftbefehls sind im Einzelfall auch andere Maßnahmen geeignet, wie etwa bestimmte Auflagen, sich bei der Polizei oder der Jugendgerichtshilfe regelmäßig zu melden, Aufenthaltsbeschränkungen oder eine zufriedenstellende mündliche Zusage des Jugendlichen gegenüber dem Richter.[7]

---

6 Kritisch zum Haftgrund der Wiederholungsgefahr vgl. vor allem Paeffgen 1986, S. 114 ff; ferner Ostendorf 1997 Grdl. zu §§ 71-73 Rz. 10.

7 Jedoch wird im Falle der Haftverschonung bei Jugendlichen im Unterschied zu Erwachsenen regelmäßig auf eine Sicherheitsleistung im Sinne von § 116 Abs. 1 Nr. 4 StPO verzichtet.

In der Regierungsbegründung zum 1. JGG-ÄndG wird die Notwendigkeit der Vermeidung von Untersuchungshaft mit den besonderen Belastungen des Vollzugs der Untersuchungshaft für Jugendliche sowie mit erzieherischen Bedenken wegen der negativen Folgen der Inhaftierung begründet.[8] "Gerade bei jugendlichen Gefangenen, die aufgrund ihrer noch in der Entwicklung begriffenen Persönlichkeit kaum in der Lage sind, die belastenden Situationen während der Untersuchungshaft, insbesondere die Trennung von der gewohnten sozialen Umwelt, zu verarbeiten, werden die nachteiligen Folgen von Untersuchungshaft deutlich. Unter der räumlichen Unfreiheit leiden junge Menschen besonders stark, weil sie in eine Lebensphase fällt, die durch das Streben nach Entfaltung und Eigenständigkeit charakterisiert ist. Abgesehen von der Gefahr krimineller Ansteckung können die Folgen von Identitätsverlusten bis hin zu dauernden Störungen der seelischen Entwicklung reichen."[9] Diese Einschätzung kommt nicht von ungefähr. Es gibt in der Bundesrepublik - mit Ausnahme von Berlin - keine vom Jugend- oder Erwachsenenvollzug getrennte Untersuchungshaftanstalt mit besonderer Betreuungskonzeption im Sinne des Erziehungsgedankens des JGG. Die Haftbedingungen sind zum Teil schlechter als im Jugendvollzug. Jugendliche stehen oftmals in einem für sie schädlichen Kontakt mit älteren oder schon stärker gefährdeten Gefangen[10], sind den gewalthaften Bedingungen subkultureller Anstaltshierarchie am stärksten ausgesetzt. Ohne Betreuung sind die Jugendlichen bei der Verarbeitung von Tat, Festnahme und Arrestierung im wesentlichen auf sich selbst und die "Hilfe" von Mithäftlingen angewiesen, was eine ungünstige Verarbeitung des Tatgeschehens fördert und zu negativen Auswirkungen auf die Selbstwahrnehmung führen kann. Der Anstieg der Untersuchungsgefangenen nach 1989 hat die Haftbedingungen gerade auch für Jugendliche vielerorts zusätzlich verschlechtert und zu ausgesprochen problematischen Situationen geführt, was sich u.a. in Raumnot, Personalmangel, unzureichender Betreuung und in Zunahme von Aggression niederschlägt. "Die praktische Ausführung der Untersuchungshaft an Jugendlichen und Heranwachsenden gehört denn auch bis heute zu den trübsten Kapiteln des deutschen Jugendstrafrechts. Nirgendwo sind die Realitäten des Vollzuges so weit hinter den wohlmeinenden Absichten der Verfasser des JGG zurückgeblieben wie hier."[11]

Die Regierungsbegründung zum Entwurf des 1. JGG-ÄndG kritisiert vor diesem Hintergrund, daß nach vorliegenden Forschungsergebnissen in der haftrichterlichen Entscheidungspraxis dem Grundsatz der Verhältnismäßigkeit zu wenig Beachtung geschenkt werde und die Auslegung des Haftgrundes der Fluchtgefahr vielfach zu extensiv erfolge.[12] Angesichts der entwicklungsbedingten körperlichen und geistigen, aber auch der bescheidenen finanziellen Möglichkeiten von Jugendlichen, dürften für diese Altersgrupe die Voraussetzungen des Haftgrundes der Fluchtgefahr in Wirklichkeit nur selten erfüllt sein. Infolge ihrer geringen Handlungskompetenz könnten sie, selbst wenn sie ihre Fluchtabsicht in die Tat umsetzten, regelmäßig und

---

8 Vgl. BT-Drs. 11/5829, S. 30 sowie § 72 Abs. 1 S. 2 JGG.

9 BT-Drs. 11/5829, S. 30.

10 Insbesondere in Flächenstaaten wird das in § 93 Abs. 1 JGG verankerte Trennungsgebot von jugendlichen und erwachsenen Untersuchungsgefangenen vielfach nur dadurch realisiert, daß die Unterbringung in verschiedenen Zellen, in besonderen Abteilungen oder verschiedenen Flügeln der gleichen Anstalt erfolgt. Diese Haftsituation ist nicht zuletzt auch im Hinblick auf das rechtsstaatliche Prinzip der Unschuldsvermutung sowie im Hinblick auf die größere psycho-soziale Verletzbarkeit junger Häftlinge äußerst problematisch (vgl. Eisenberg 1995 § 72 Rz 3).

11 Schaffstein/Beulke 1995; vgl. ferner Kreuzer 1978, S. 338; Dünkel 1990, S. 395; Albrecht 1993, 230 f; Eisenberg 1995; Ostendorf 1997 § 93 Rz. 8 ff.

12 Verwiesen wird vor allem auf die Untersuchungen von Steinhilper 1985, Gebauer 1987 sowie Pfeiffer 1988 (vgl. BT-Drs. 11/5829, S. 30 ff).

rasch wieder aufgegriffen werden.[13] In der kriminologischen Forschung finden sich indessen zahlreiche Belege dafür, daß sich der Haftgrund der Fluchtgefahr wegen seiner schwierigen Überprüf- und Widerlegbarkeit in besonderer Weise zur Verdeckung unechter (apokrypher) Haftgründe eignet. U-Haft wird mitunter als kurzzeitige Freiheitsstrafe genutzt oder dazu eingesetzt, um später eine Strafaussetzung zur Bewährung besser legitimieren zu können. Bei Drogenabhängigen soll sie aus der Sicht des Normanwenders dazu beitragen, Leidensdruck und Therapiemotivation zu erhöhen.[14] Am häufisten findet sich als apokrypher Haftgrund, daß die Untersuchungshaft zu einem "heilsamen Schock für den Jugendlichen" führen, ihn "zur Besinnung bringen"[15] oder ihn aus einer delinquenten Szene herausnehmen und Wiederholungsstraftaten verhindern soll ("Krisenintervention"). Diese Begründungen weisen auf eine Nutzung der Untersuchungshaft als "Abschreckungs-" oder "Erziehungshaft"[16] hin, die sich auf keinerlei Rechtsgrundlage in StPO und JGG stützen kann. Untersuchungshaft soll im Jugendstrafrecht zwar erzieherisch gestaltet (§ 93 Abs. 2 JGG), aber nicht aus erzieherischen Gründen angeordnet werden. Liegt eine Gefährdung der Entwicklung des Jugendlichen, respektive die Gefahr der Begehung weiterer Straftaten vor, so ist gemäß § 71 Abs. 2 JGG Jugendhilfe einzuschalten. Sie soll den Jugendlichen bis zur Hauptverhandlung verantwortlich betreuen und in diesem Rahmen mit ihm Perspektiven erarbeiten, auf die das Gericht ggf. in seiner Entscheidung Bezug nehmen kann. Jugendhilfe, nicht Untersuchungshaft, bildet das für Krisenintervention und Prävention gesetzlich vorgesehene Rechtsinstitut im Vorverfahren.

Der Gesetzgeber hat der Kritik an Anordnung und Vollzug von U-Haft durch eine Reihe von Änderungen im 1. JGG-ÄndG Rechnung getragen. Danach bleibt U-Haft zwar als "ultima ratio" der Verfahrenssicherung weiterhin zulässig, jedoch wurden die Anordnungsvoraussetzungen der U-Haft bei unter 16jährigen deutlich eingeschränkt, die einstweilige Unterbringung in einem Heim der Jugendhilfe als Alternative zur U-Haft besonders hervorgehoben und die zwingende Einbeziehung der Jugendgerichtshilfe bei Haftentscheidungen in § 72a JGG verankert. Auch ist die Bestellung eines Pflichtverteidigers vorgesehen, wenn gegen Jugendliche Untersuchungshaft vollstreckt wird (§ 68 Abs. 4 JGG). Ferner ist der Richter im Falle eines Haftbefehls nunmehr angehalten, schriftlich darzulegen, weshalb andere Maßnahmen, wie insbesondere die einstweilige Unterbringung in einem Heim der Jugendhilfe nicht ausreichen und die Untersuchungshaft nicht unverhältnismäßig ist (§ 72 Abs. 1 S. 3 JGG). Neu wurde schließlich als Bestimmung aufgenommen, daß bei der Prüfung der Verhältnismäßigkeit auch die besonderen Belastungen des Vollzugs für Jugendliche zu berücksichtigen sind (§ 72 Abs. 1 S. 2 JGG).

Der Gesetzgeber hat mit diesen Änderungen deutlich zum Ausdruck gebracht, daß bei jugendlichen Beschuldigten die Priorität auf Vermeidung von Untersuchungshaft liegen soll. Die Umsetzung dieser gesetzgeberischen Forderung hängt jedoch auch von Voraussetzungen ab, die in der Praxis vielfach nicht gegeben sind. Zu nennen sind hier die frühzeitige Informierung der Jugendgerichtshilfe durch Polizei oder Staatsanwaltschaft zwecks Haftvermeidungshilfe, die Bereitstellung von flexiblen ambulanten und stationären Betreuungsangeboten durch Jugendhilfe und die Bereitschaft der Justiz, hierauf anstelle von U-Haft einzugehen.

---

13 Vgl. BT-Drs. 11/5829, S. 31.

14 Zu den apokryphen Haftgründen vgl. u.a. Cornel 1987, S. 70. ff; Laubenthal 1993, S. 150; Ostendorf 1997, § 72 Rz. 4.

15 Schulz 1981, S. 403, 410.

16 Vgl. Seiser 1987.

3. Die Schwierigkeiten der U-Haftvermeidung in der Praxis

3.1 Informations- und Organisationsdefizite der Jugendgerichtshilfe

Das 1. JGG-ÄndG räumt der Jugendgerichtshilfe (JGH) eine Schlüsselstellung bei der Vermeidung von Untersuchungshaft bei Jugendlichen ein. Die Aufgabe der Haftentscheidungshilfe wurde in § 72a JGG rechtlich verankert und durch verschiedene Bestimmungen des § 38 JGG zusätzlich hervorgehoben. Cornel[17] bezeichnet Haftentscheidungshilfe als "die Unterstützung des Haftrichters bei der Haftentscheidung durch Ermittlungen zur sozialen Situation des Festgenommenen, aber im Sinne des Verhältnismäßigkeitsprinzips auch in Bezug auf weniger einschneidende Maßnahmen der Verfahrenssicherung." Gemäß § 38 JGG[18] soll die Einschaltung der JGH im gesamten Verfahren, d.h. auch im Vorverfahren, "so früh wie möglich" erfolgen, in Haftsachen soll sie beschleunigt über das Ergebnis ihrer Nachforschungen berichten. Wird sie frühzeitig informiert, kann sie vor der Haftentscheidung den Jugendlichen sprechen und ggf. auch die Personensorgeberechtigten oder eine Betreuungsperson erreichen. Bei Bedarf nimmt sie Kontakt zu Einrichtungen der Jugendhilfe auf, um abzuklären, wo der Jugendliche bis zur Hauptverhandlung beraten, betreut oder auch stationär aufgenommen werden kann. Da die Staatsanwälte und Richter des Haftgerichts in der Regel bei vorläufig Festgenommenen weder über deren persönliche Lebensumstände noch über die verschiedenen Angebote der Jugendhilfe und die Möglichkeiten sozialarbeiterischer Betreuung ausreichend informiert sind, ist es umso wichtiger, daß die JGH mit diesen Informationen und Vorschlägen konkrete Entscheidungshilfen zur U-Haftvermeidung gibt. Sie nimmt insoweit eine wichtige Informations-, Koordinations- und Brückenfunktion[19] wahr, sie fungiert als Scharnier zwischen Justiz und Jugendhilfe, zwischen haftrichterlichen Entscheidungen und den Angeboten der Jugendhilfe zur U-Haftvermeidung.

Um diese Aufgabe adäquat wahrnehmen zu können, ist die JGH gemäß § 72a S. 2 JGG von der vorläufigen Festnahme eines Jugendlichen zu unterrichten, wenn nach dem Stand der Ermittlungen zu erwarten ist, daß der Jugendliche gemäß § 128 StPO dem Richter vorgeführt wird.[20] Dieser notwendige Informationsfluß zwischen Polizei, Staatsanwaltschaft und JGH ist vielerorts nicht gegeben.[21] Nach einer Untersuchung zur Praxis der Haftentscheidungshilfe in Schleswig-Holstein Anfang der 90er Jahre erfährt die Gerichtshilfe nur von jedem sechsten Zugang zur Untersuchungshaft. In fünf von sechs Fällen können also die Möglichkeiten der Haftentscheidungshilfe nicht genutzt werden.[22] Um diesen Mangel zu beheben, haben inzwischen einige Bundesländer die Informierung der JGH durch Polizei oder Staatsanwaltschaft im

---

17 Cornel 1995, S. 153.

18 Vgl. § 38 JGG Abs. 2 S. 3 und Abs. 3 S. 1 u. 2.

19 Weyel 1992, S. 29 ff.

20 Haftprüfungstermine werden kurzfristig terminiert, die Polizei muß innerhalb von 48 Stunden festgenommene Tatverdächtige entweder freilassen oder dem Haftrichter vorführen.

21 In einem von Matenaer durchgeführten, überregionalen Erfahrungsaustausch der DVJJ in Hannover im Herbst 1995 zum Thema "Die Beteiligung der Jugendgerichtshilfe bei drohender und angeordneter U-Haft" wurde erneut eine fehlende Organisationsstruktur der JGH oder fehlende Verfahrensweisen zwischen den Beteiligten festgestellt, die eine rechtzeitige Information der JGH in den einzelnen Bundesländern verhindern. Anwesend waren Vertreter der JGH aus insgesamt 7 Bundesländern.

22 Vgl. Cornel 1993.

Erlaßwege verbindlich festgelegt.[23] Fehlen solche länderspezifischen Regelungen, ist es Aufgabe der JGH, die Initiative zu ergreifen, um zusammen mit Polizei, Staatsanwälten, Richtern und Jugendhilfeeinrichtungen zu notwendigen Kooperationsformen, Absprachen, Informations- und Zuständigkeitsregelungen zu kommen. So hat sich etwa in Aachen seit über 15 Jahren ein Verfahren bewährt, nach dem "bei Dienstbeginn das Fahndungsdezernat der Staatsanwaltschaft Aachen die Jugendgerichtshilfe (informiert), wenn sich Aachener Jugendliche oder Heranwachsende in Polizeigewahrsam befinden."[24] Der Jugendgerichtshilfe ist es dort seither möglich, in Haftsachen frühzeitig tätig zu werden. Die Erfahrung lehrt, daß es vor allem an Abenden, Wochenenden und Feiertagen vermehrt zu Anordnungen von U-Haft kommt, wenn Jugendgerichtshilfen, Jugendämter oder Jugendhilfeeinrichtungen nicht mehr erreichbar sind.[25] Es ist daher notwendig, daß die JGH neben Kooperationsabsprachen mit Polizei und Staatsanwaltschaft sich auch geeignete organisatorische Strukturen gibt, vor allem Bereitschaftsdienste zu dienstunüblichen Zeiten vorhält, um ihre Teilnahme an Haftentscheidungsterminen sicherzustellen. Das Jugendgerichtsgesetz sieht ihre Mitwirkung bindend vor. Schwierigkeiten bestehen vor allem im ländlichen Raum, weil dort die Arbeitsgebiete der Jugendgerichtshilfe oftmals sehr große Flächen umfassen und zentrale Bereitschaftsgerichte mit festgelegtem Ort und Vorführungszeitraum fehlen. Hinzu kommt der Wechsel des jeweils zuständigen Haftrichters und damit eine Unklarheit der Zuständigkeiten im Einzelfall. Während die Jugendgerichtshilfe gebietsbezogen organisiert ist, wird innerhalb der Justizbehörden oft nach anderen Kriterien verfahren.[26] Dort, wo Polizei oder Staatsanwälte Mitteilungen über Ort und Termin der Haftprüfung geben, haben sich überregionale Zusammenschlüsse von Jugendgerichtshilfen bewährt: knappe personelle Ressourcen werden koordiniert und die Haftvermeidungshilfe flächendekkend im Reih-um-Verfahren organisiert.

3.2 U-Haftvermeidung durch Jugendhilfe - ein offenes Konfliktfeld

Einen weiteren wichtigen Baustein einer funktionierenden Haftentscheidungs- bzw. Haftvermeidungshilfe bilden die Angebote der Jugendhilfe. Die Jugendgerichtshilfe ist nur dann in der Lage, dem Haftgericht im Einzelfall effektive Vorschläge zur Haftvermeidung zu unterbreiten, wenn gleichzeitig Jugendhilfeeinrichtungen - vor allem auch kurzfristig - bereit sind, von U-Haft bedrohte Jugendliche aufzunehmen. Hierzu hat sich Jugendhilfe jedoch nur in wenigen Bundesländern bereit erklärt. Diese Tatsache steht in auffälligem Kontrast zum sonstigen Engagement der Jugendhilfe im Bereich der ambulanten Maßnahmen des Jugendgerichtsgesetzes nach § 10 JGG[27] und der Diversion.[28] In beiden Bereichen wurden in den 80er Jahren -

23 "Die Jugendgerichtshilfe *ist* zu informieren, *bevor* die Staatsanwaltschaft ihre Entscheidung für oder wider einen *Antrag* auf Erlaß eines Haftbefehls getroffen hat" (Matenaer 1995, S. 354). Da der Erlaß zur Haftentscheidungshilfe vom 4.12.1990 in Schleswig-Holstein in die gleiche Richtung weist, muß nach der Untersuchung von Cornel (1993) von einem Vollzugsdefizit ausgegangen werden.

24 Matenaer 1989, S. 411 ff; vgl. auch Faltblatt der Jugendgerichtshilfe Aachen, Hg: Oberstadtdirektor der Stadt Aachen, Jugendamt/Jugendgerichtshilfe, o.J.

25 Auf solche Erfahrungen verweist z.B. O. Emig, Koordinator für U-Haftvermeidung bei der Jugendgerichtshilfe am AG Bremen: "Ca. 1/3 aller Festnahmen erfolgen am Wochenende. Entsprechend hoch ist die Eröffnung von Haftbefehlen, die zur U-Haft führen" (Amt für Soziale Dienste Bremen, unveröff. Notiz vom 30.8.91.).

26 Die Zuständigkeiten richten sich weniger nach Adressen der Betroffen, als z.B. nach den Orten der Verhaftung, nach den Gerichtsbezirken, oder es besteht ein genereller Rotationsplan der in Frage kommenden Richter.

27 Arbeitsweisung, Betreuungsweisung, Soziale Gruppenarbeit, Sozialer Trainingskurs, Täter-Opfer-Ausgleich u.a.m.

28 Vermeidung eines förmlichen Strafverfahrens gem. §§ 45, 47 JGG; zur Praxis der Diversion im Jugendstrafverfahren vgl. Heinz/Storz 1994.

unterstützt durch Jugendrichter, Jugendgerichtshilfen und Jugendstaatsanwälte - flächendekkend pädagogische Angebote an die Justiz mit dem Ziel herangetragen, den Erziehungsgedanken des JGG in der Praxis der Jugendgerichtsbarkeit stärker zum Tragen zu bringen.[29] Daß sich Jugendhilfe dagegen im Bereich der U-Haftvermeidung vergleichsweise bedeckt hält, weist auf offene Fragen und Probleme hin: Ist die vorübergehende Aufnahme straffälliger Jugendlicher in Regeleinrichtungen der Jugendhilfe bis zur Hauptverhandlung überhaupt praktikabel oder sollten dafür spezielle Heime zur Verfügung stehen? Müssen Heime zur U-Haftvermeidung fluchtsicher und geschlossenen sein? Wie verhält sich die Anordnungskompetenz des Richters in Form des "Unterbringungsbefehls" zum autonomen Aufnahme- und Hilfeplanverfahren der Jugendhilfe nach § 36 SGB VIII?

Heimunterbringung - eine mildere Form der Untersuchungshaft?

In den 70er Jahren wurde die einstweiligen Unterbringung von Jugendlichen in Heimen der Jugendhilfe zur Abwendung von Untersuchungshaft von der Bundesarbeitsgemeinschaft der Landesjugendämter wiederholt abgelehnt. Unter dem Druck der sog. Heimkampagnen Ende der 60er Jahre hatte die Jugendhilfe gerade begonnen, sich von kritisierten Formen der Anstaltserziehung abzuwenden und die überfällig gewordene Heimreform einzuleiten. Die beginnende sozialpädagogische Ausrichtung der stationären Erziehungshilfen ließ für Jugendhilfe eine Orientierung nach strafrechtlichen Gesichtspunkten (wie im Falle der einstweiligen Unterbringung nach §§ 71, 72 JGG) nicht mehr zu. In der Begründung der ablehnenden Haltung der Landesjugendämter kommt deutlich zum Ausdruck, daß die beginnenden Reformen im Bewußtsein der Öffentlichkeit und der Betroffenen nicht durch Kontakte mit der Justiz desavouiert und Heime nicht länger in die Nähe einer "Zwangserziehungsanstalt" gerückt werden sollten: "Eine Koppelung der Unterbringung im Rahmen des strafrechtlichen Ermittlungsverfahrens mit der sozialpädagogisch begründeten Unterbringung im Rahmen der öffentlichen Erziehung läßt negative Folgen für die Heimerziehung erwarten. In Erziehungsheimen sollten daher keine Möglichkeiten zur vorübergehenden Aufnahme Jugendlicher gemäß §§ 71, 72 JGG geschaffen werden, um die Einrichtungen nach außen nicht durch die strafrechtliche Zweckbestimmung zu belasten."[30] Noch Ende der 70er Jahre teilte etwa das Landesjugendamt Niedersachsen anläßlich erster lokaler Versuche, Haftvermeidung für Jugendliche durch Heimunterbringung zu ermöglichen, mit, daß Jugendliche in Heimen des Landesjugendamtes nicht auf der Grundlage der §§ 71, 72 JGG aufgenommen werden dürften, da man aus den Heimen keine "kleinen Gefängnisse" machen wolle.[31]

Die ablehnende Haltung ist vor dem Hintergrund zu sehen, daß Justiz für die Zwecke der einstweiligen Unterbringung stets geschlossene, fluchtsichere Heime gefordert hatte. Diese Position, die den Sicherungsgedanken in den Vordergrund rückte, konnte sich auf die ältere, vor den Heimkampagnen erschienene Kommentarliteratur zum Jugendgerichtsgesetz stützen,[32] obgleich auch das JGG a.F. lediglich von einem "geeigneten Erziehungsheim" sprach, in dem die einstweilige Unterbringung gemäß §§ 71, 72 JGG erfolgen sollte. Das Heim sollte geeignet sein, den Jugendlichen vor einer weiteren Gefährdung seiner Entwicklung, insbesondere vor der Begehung neuer Straftaten, zu bewahren. Der Gesetzgeber ließ dabei jedoch völlig offen, ob dies durch bauliche Maßnahmen oder etwa durch verstärkte persönliche Aufsicht

29 Für eine Übersicht vgl. DVJJ 1992 sowie BMJ 1992.
30 Carspecken 1976, S. 286.
31 Vgl. Phillipp 1979, S. 433.
32 Potrykus 1955, § 71 Anm. 8b; Brunner 1981, § 71 Rz. 2.

erreicht werden sollte.[33] Als Anfang der 80er Jahre Jugendhilfe auch im Schnittfeld zur Jugendstrafrechtspflege immer mehr Abstand von der geschlossenen Unterbringung nahm, trat der Konflikt mit Justiz über die Form der U-Haftvermeidung schärfer zu Tage. Die Entwicklung der Folgejahre sollte zeigen, daß erst die Grenzziehung zwischen justiziellen und pädagogischen Interessen den Weg für eine weitergehende Zusammenarbeit bei der Vermeidung von Untersuchungshaft ebnete, auch wenn zunächst die Frontstellungen überwogen.

Symptomatisch für die Auseinandersetzungen jener Zeit war die Entwicklung in Hamburg, von der eine gewisse Signalwirkung für die Bundesrepublik ausging. Dort beschloß der Senat im Jahr 1980, auf den Einschluß von Kindern und Jugendlichen in Heimen zu verzichten und ausschließlich auf den Erfolg pädagogischer Bemühungen zu setzen. Im Zuge dieser Entscheidung trat die zuständige Jugendbehörde auch von dem umstrittenen Projekt "Altengamme" zurück. Dieser Neubau mit Natostacheldraht, vergitterten Fenstern und 5 Meter hoher Betonwand erschien der Jugendhilfe als Erziehungsheim nicht mehr geeignet. Statt dessen wurde im Rahmen der §§ 71, 72 JGG dem Konzept "Menschen statt Mauern" der Vorzug gegeben und den Jugendrichtern Unterbringungsmöglichkeiten in einem nicht-geschlossenen Heim angeboten. Der Senat begründete seine Entscheidung so: "Der Forderung des JGG, U-Haft bei Jugendlichen zugunsten anderer Maßnahmen zu vermeiden, kann nicht dadurch entsprochen werden, daß die Inhaftierung in einem Erziehungsheim stattfindet und die Haft durch das Landesjugendamt vollzogen wird."[34]

Der Hamburger Senat wurde in seiner Haltung auch durch die Ergebnisse zweier Rechtsgutachten unterstützt, die zur Frage der einstweiligen Unterbringung in Auftrag gegeben worden waren. Beide Gutachter, der Hamburger Rechtsprofessor Giehring und der Bremer Jugendrichter Dr. Lüthke[35], verneinten das Erfordernis einer generellen Fluchtsicherheit als Voraussetzung der Geeignetheit des Heims im Sinne der §§ 71, 72 JGG. Werde dem Sicherungsgedanken und dem Schutz der Allgemeinheit gegenüber dem Erziehungsgedanken Priorität eingeräumt, sei die Zuständigkeit für die einstweilige Unterbringung gemäß §§ 71, 72 JGG im übrigen eher bei Justiz als bei Jugendhilfe zu sehen. Soweit landesrechtliche Ausführungsbestimmungen nichts anderes vorsähen, stehe Jugendhilfe grundsätzlich nicht in einer Gewährleistungsverpflichtung.[36]

Nach dem Beschluß zur Aufgabe der geschlossenen Unterbringung schlugen die Wellen hoch in der Hansestadt. Die Jugendrichter veröffentlichten eine Resolution über die Medien, wonach sie Unterbringungsentscheidungen weiterhin für geschlossene Unterbringungen ausstellen wollten. Die Kriminalpolizei ermittelte gegen das Amt für Jugend wegen Verletzung der Für-

---

33 Schließlich fand sich weder im Gesetzestext noch in der Gesetzesbegründung ein Hinweis darauf, ob es sich bei dem geeigneten Erziehungsheim um eine Einrichtung der Justiz oder um eine Einrichtung der Jugendhilfe handeln sollte. Im Sinne einer Aufgabe der Justiz vgl. Giehring 1981, S. 473 f; Mrozynski 1980, S. 233; Walter 1978, S. 349.

34 Mitteilung des Senats an die Bürgerschaft vom 2.6.1981 (Drs. 9/3476) zit. nach Bittscheidt-Peters/Pauer 1984, S. 238.

35 Vgl. Giehring 1981, S. 461 ff; Lüthke 1982, S. 125 ff.

36 So dezidiert Giehring (1981, S. 473, 474). Giehring vertrat den Standpunkt, daß es sich bei der Unterbringung zur Verfahrenssicherung und zur Verhinderung weiterer Straftaten wegen der primären Verfolgung von Interessen der Allgemeinheit und der dadurch geprägten Rahmenbedingungen für die sozialpädagogische Arbeit in erster Linie um eine Aufgabe der Justizverwaltungen handeln würde, - soweit keine anderen landesrechtlichen Regelungen getroffen worden seien. Als einziges Landesparlament der Bundesrepublik hatte seinerzeit nur das Abgeordnetenhaus von Berlin (West) die Aufgabe der einstweiligen Unterbringung dem für Jugendwesen zuständigen Mitglied des Senats zugewiesen (vgl. § 52 des Berliner AGJWG vom 18.9.1972).

sorge- und Erziehungspflicht.[37] In dieser Phase der politischen Auseinandersetzung stieg die Zahl der polizeilichen Vorführungen zwecks Beantragung von Haftbefehlen sprunghaft an. Die Zahl der in U-Haft einsitzenden Jugendlichen kletterte innerhalb eines Jahres von 30 (Mitte 1981) auf 80 (Mitte 1982) um 167%.

Die Wende in der Auseinandersetzung brachte eine Entscheidung des Oberlandesgerichtes Hamburg. Im Falle eines 14jährigen Wiederholungstäters hatte das Landgericht auf Antrag eines Jugendrichters die Jugendbehörde verpflichten wollen, den Jugendlichen in einem geschlossenen Heim unterzubringen. Das Oberlandesgericht hob diese Entscheidung jedoch mit der Begründung auf, daß in diesem Fall die Gefahr bestehe, daß sich der jugendliche Beschuldigte dem weiteren Strafverfahren entziehen werde und insoweit der staatliche Anspruch des Strafverfahrens Vorrang vor etwaigen pädagogischen Gesichtspunkten habe.[38] Durch die Begründung des Oberlandesgerichts wurde allen am Konflikt Beteiligten deutlich vor Augen geführt, daß an die Heimerziehung der Jugendhilfe im Rahmen der §§ 71, 72 JGG nicht die Sicherungserwartungen gestellt werden können wie an U-Haft. Daraus ergibt sich, "daß es Sache des Richters ist, die Sicherungserfordernisse gegen pädagogische Notwendigkeiten abzuwägen. Wenn der Richter einen Jugendlichen gem. §§ 71, 72 JGG in ein Erziehungsheim einweist, so kann er die Sicherung des Jugendlichen "nur" als Konsequenz einer erfolgreichen pädagogischen Arbeit erwarten"[39], eine Position, die sich inzwischen auch in der Kommentarliteratur zum JGG durchgesetzt hat.[40]

Nach der Entscheidung des Oberlandesgerichts ebbte die Auseinandersetzung in Hamburg ab. Die Kommunikation zwischen allen Verfahrensbeteiligten wurde wieder aufgenommen und eine gemeinsame Arbeitsgruppe aus Vertretern der Polizei, der Jugendrichter und des Amtes für Jugend mit dem Ziel gebildet, die Kooperation bei der U-Haftvermeidung zu verbessern, die gegenseitigen Erwartungen darzulegen und die jeweiligen Aufgabenbereiche und Zuständigkeiten abzustecken. Im Zuge dieses Neubeginns ging die Zahl der haftrichterlichen Vorführungen durch die Polizei sowie die Zahl der richterlichen U-Hafteinweisungen wieder deutlich zurück.[41]

Das 1. JGG-ÄndG hat die Konflikte um die geeigneten Formen der Vermeidung von Untersuchungshaft nicht aufgehoben, allerdings nunmehr in § 71 Abs. 2 JGG ausdrücklich festgelegt, daß die einstweilige Unterbringung in einem "geeigneten Heim der Jugendhilfe" erfolgen soll und sich "die Ausführung nach den für das Heim der Jugendhilfe geltenden Regelungen (richtet)". Das "Wie" der Unterbringung liegt damit in der Zuständigkeit des jeweiligen Trägers der Jugendhilfe. In die Kompetenz der Justiz fällt hingegen die Entscheidung, ob die einstweilige Unterbringung angeordnet werden soll oder nicht. Die Entscheidungsfindung muß einerseits das Subsidiaritätsprinzip berücksichtigen, wonach vorläufige Anordnungen über die Erziehung oder andere Maßnahmen U-Haft zunächst vorgehen (§ 72 Abs. 1 JGG), andererseits hängt sie auch von vorhandenen Jugendhilfeangeboten ab, d.h. aus der Sicht der Justiz von der Existenz geeigneter Heime oder ambulanter Betreuungsangebote. Dabei besteht rechtlich kein Zweifel, daß auch offene oder halboffene Heime sowie intensiv betreute Wohngemeinschaften

---

37 Alle Ermittlungen wurden durch die Staatsanwaltschaft eingestellt (Bittscheidt-Peters/Pauer 1984, S. 238).

38 Vgl. Bittscheidt-Peters/Pauer 1984, S. 239.

39 Bittscheidt-Peters/Pauer 1984, S. 240.

40 Vgl. Eisenberg § 71 JGG Rz. 10 in Anlehnung an Bittscheidt-Peters/Pauer 1984, S. 240.

41 Vgl. Bittscheidt-Peters/Pauer 1984, S. 240.

als Formen der Unterbringung zulässig sind.[42] Entscheidet sich ein Haftrichter gemäß § 72 Abs. 4 JGG für die einstweilige Unterbringung in einem Heim der Jugendhilfe, so kann er gegen die bestehende Rechtslage zwar keine von ihm vielleicht als notwendig erachteten Sicherungsvorkehrungen im Sinne einer geschlossenen Unterbringung erzwingen, er kann jedoch erwarten, daß Jugendhilfe die übernommenen Betreuungen in offenen Heimen mit einem hohen Grad an Verbindlichkeit und Verläßlichkeit durchführt und dies insoweit auch zur Verhinderung von Flucht und Weglaufen beiträgt. Würde dieser letztere Aspekt überhaupt keine Rolle spielen, entfiele der Haftgrund der Fluchtgefahr selbst, und auch die einstweilige Unterbringung wäre dann gemäß § 72 JGG unzulässig.[43] Die Maßnahmen zur Vermeidung von Untersuchungshaft bei jugendlichen Beschuldigten bleiben daher unauflöslich im Spannungsfeld zwischen den Intentionen der Jugendhilfe, einen Beitrag zum Recht des jungen Menschen auf Erziehung und auf Förderung seiner Entwicklung zu leisten und den justiziellen Interessen der Sicherung des Verfahrens und der Abwendung weiterer Straftaten angesiedelt.

Vor dem Hintergrund dieser komplexen und widersprüchlichen Anforderungen wird die Frage diskutiert, inwieweit Regeleinrichtungen der Jugendhilfe in der Lage sind, in diesem Spannungsfeld zu agieren oder ob es zur U-Haftvermeidung besonderer Einrichtungen bedarf, die darauf gezielt vorbereitet sind.

3.3 Regeleinrichtungen oder spezialisierte Einrichtungen der Jugendhilfe?

In der großen Mehrheit der Bundesländer und Stadtstaaten stehen heute sowohl Regeleinrichtungen als auch spezialisierte Einrichtungen der Jugendhilfe zur Verfügung, um Jugendliche zwecks einstweiliger Unterbringung gemäß §§ 71, 72 JGG aufzunehmen. Dieses Nebeneinander täuscht über Auseinandersetzungen hinweg, die seit rund 20 Jahren sowohl innerhalb der Jugendhilfe als auch zwischen Jugendhilfe und Justiz darüber geführt werden, welche Form der einstweiligen Unterbringung von Jugendlichen die geeignete sei. Die Haltung von Justiz in dieser Frage kann exemplarisch durch ein uns zur Kenntnis gebrachtes Schreiben des Niedersächsischen Landesjugendamtes an Jugendgerichte und Jugendstaatsanwaltschaften aus dem Jahre 1995 verdeutlicht werden: "Das Justizministerium stellt sich drei oder vier Spezialeinrichtungen vor, die den Gerichten und Staatsanwaltschaften sofort und ohne Prüfung des Einzelfalles zur Unterbringung junger Menschen zur Verfügung stehen." Das Landesjugendamt Niedersachsen favorisiert hingegen zur angemessenen Betreuung eine Integration der Jugendlichen in die bestehenden Einrichtungen der Jugendhilfe - wie einige andere Bundesländer auch.

Die Befürworter einer Aufnahme in Regeleinrichtungen führen unter anderem an,

- daß Jugendliche hier keine "Sonderbehandlung" und damit keine Ausgrenzung aus der gängigen Jugendhilfe erführen,
- daß eine Anhäufung gleicher Problemlagen in den bestehenden heterogenen Gruppen stärker vermieden werden könne,
- daß der Jugendliche bei Bedarf über die Hauptverhandlung hinaus in der Einrichtung verbleiben könne,
- daß Regeleinrichtungen, die jeweils einige wenige Plätze zur U-Haftvermeidung vorhielten, finanziell von Justiz weniger abhängig sein würden und somit die Eigenständigkeit von Jugendhilfe gegenüber Justiz besser wahren könnten.

---

42 Vgl. Begründung des BReg.-Entwurfs zu § 71 JGG des 1. JGG-ÄndG (BT-Drs. 11/5829, S. 29).

43 So zutreffend Cornel 1995, S. 158.

Entsprechend werden die Gefahren der Unterbringung von Jugendlichen in spezialisierten Einrichtungen gesehen:

- Jugendliche würden aus den Regelangeboten, d.h. aus der normalen Jugendhilfe, ausgegrenzt und damit erneut zu Außenseitern gemacht.
- In Spezialeinrichtungen bestehe die Gefahr der Anhäufung von Jugendlichen mit ähnlich massiven Problemlagen und Verhaltensweisen.
- Spezialeinrichtungen, die neben Regeleinrichtungen existierten, würden von Justiz präferiert und nähmen bei der Belegung eine Monopolstellung ein. Dadurch werde U-Haftvermeidung auf ein bestimmtes pädagogisches Setting eingegrenzt. Außerdem entstehe eine finanzielle Abhängigkeit von Justiz, was zur justiziellen Kontrolle von Jugendhilfe in diesem Bereich führe.

Bei dieser abstrakten Gegenüberstellung wird besonders auf die Aspekte Autonomie und Integration abgehoben. Die Aufnahme in Regeleinrichtungen erscheint a priori als die sinnvollere Unterbringungsform bei U-Haftvermeidung. In der Praxis ergeben sich jedoch eine Reihe von Problemen, die redlicherweise bei der Diskussion der Vor- und Nachteile bedacht werden müssen.

3.3.1 Schwierigkeiten der U-Haftvermeidung in Regeleinrichtungen

Grundlage der Aufnahme von Jugendlichen in Regeleinrichtungen der Jugendhilfe stellt - auch bei U-Haftvermeidung - die Hilfeplanung gem. § 36 SGB VIII (Sozialgesetzbuch) dar, in der der erzieherische Bedarf im Einzelfall festgestellt und die geeignete Hilfeform durch ein Fachkräfteteam unter Beteiligung der Betroffenen geklärt wird. Regeleinrichtungen sind erfahrungsgemäß nicht bereit, diesen Standard zu durchbrechen und Jugendliche unmittelbar nach haftrichterlicher Anordnung, d.h. ohne vorgeschaltetes eigenes Aufnahmeverfahren zu betreuen. Jedoch läßt die Situation des Haftgerichts, das unter hohem Zeitdruck und ohne Möglichkeit des Aufschubs eine Entscheidung fällen muß, kein Abwarten bis zum Abschluß eines Hilfeplanverfahrens zu. Läßt sich eine kurzfristige Aufnahme "ohne Prüfung des Einzelfalls" nicht ermöglichen, gelangen Jugendliche (zunächst) in U-Haft. Es hängt dann wesentlich von der Initiative der zuständigen Jugendgerichtshilfe, von den Sozialarbeitern in der Haftanstalt oder von freien Trägern, die sich in diesem Bereich engagieren, ab, ob im Einzelfall eine U-Haftverkürzung gem. § 116 StPO in die Wege geleitet wird. Die Hindernisse einer unmittelbaren Haftvermeidung, die symptomatisch für viele Bundesländern gelten können, hat der Jugendamtsleiter der Stadt Frankfurt a.M. für Hessen so zusammengefaßt:
"Die organisatorischen Rahmenbedingungen sind für die Durchführung der Haftentscheidungshilfe derzeit nicht günstig, da im Regelfall Staatsanwaltschaft und Haftrichter in den Nachmittagsstunden eines jeden Tages die anstehenden Fälle verhandeln, so daß die Jugendgerichtshilfe in der zur Verfügung stehenden Zeit nur selten entsprechende Heimplätze zur Haftvermeidung nachweisen kann. Erschwerend kommt hinzu, daß im Land Hessen die entsprechenden Einrichtungen regelmäßig nicht bereit sind, unbesehen Fälle zu übernehmen, sondern zunächst eine konkrete Einzelfallprüfung vornehmen. Die Folge hiervon ist, daß von einer Haftvermeidung im eigentlichen Sinne nur selten die Rede sein kann, es geht hier im wesentlichen um U-Haftverkürzung."[44]

---

44 Mann 1993, S. 519.

Eine weitere Schwierigkeit der Integration in Regeleinrichtungen ergibt sich dadurch, daß aufgrund der vielfachen Notlagen[45] der Jugendlichen, die dem Haftrichter vorgeführt werden, oft eine über das Allgemeinmaß hinausgehende Aufsicht, Betreuung und Beratung notwendig wird. Das Betreuungspersonal von Regeleinrichtungen ist dadurch möglicherweise überfordert. Erfahrungen der Überforderung verfestigen dann ein bestimmtes Verfahren: "problematisch erscheinende Fälle" werden nicht mehr aufgenommen, sondern ausgegrenzt.[46]

Daneben muß bedacht werden, daß eine lediglich vorübergehende Unterbringung - bis zur Hauptverhandlung - die Kontinuität und das Selbstverständnis der meisten aufnehmenden Jugendwohngruppen in Frage stellt. Daher werden oftmals solche Jugendlichen aufgenommen, die den Eindruck machen, in die Gruppenkonstellation zu "passen" oder die perspektivisch über die Zeit der Hauptverhandlung hinaus in den Einrichtungen verbleiben können und wollen. Eine solche Planung ist zwar sinnvoll, schränkt aber zwangsläufig den Kreis derer ein, die aufgenommen werden und bei denen U-Haft verkürzt oder vermieden werden kann.

Zusammenfassend läßt sich festhalten, daß die Aufnahme von tatverdächtigen Jugendlichen in Regeleinrichtungen der Jugendhilfe das Ergebnis von Hilfeplanung und Selektion ist. Nicht das Ziel der unmittelbaren U-Haftvermeidung, sondern das vorrangige Interesse der Einrichtungen, nur solche Jugendliche aufzunehmen, die für die Einrichtung geeignet sind, steht im Vordergrund einer Aufnahmeentscheidung.[47] Die Erfahrung zeigt zudem, daß Jugendliche mit besonderen Problem- und Gefährdungslagen nicht ohne weiteres (ohne zusätzliche Mittel, besondere Konzeption) in den Normalbetrieb von Regeleinrichtungen integrierbar sind. Entgegen den Intentionen des Gesetzgebers verbleiben zur Zeit vielfach nur die Möglichkeiten der U-Haftverkürzung. Sie professionell zu organisieren und zu nutzen, bleibt zwar ein dringendes (Minimal-)Gebot,[48] darüber hinaus ist aber nach Alternativen Ausschau zu halten. Inwieweit können spezielle Angebote der Jugendhilfe hier zu einer Problemlösung beitragen?

---

45 Vgl. Kap.7.

46 Untergebrachte Jugendliche mit höherem Betreuungs- und Beratungsbedarf sind dann am falschen Ort, es sei denn, die Jugendgerichtshilfe übernähme die zusätzlich notwendig werdende Beratung.

47 Vielleicht mag etwas anderes im Einzelfall auch gar nicht möglich sein. Denn der Einwand, daß sich die Arbeit der Einrichtung nach dem Hilfebedarf des einzelnen Jugendlichen auszurichten hat und nicht umgekehrt, ist zwar prinzipiell richtig. Ebenso ist jedoch zu berücksichtigen, daß die Arbeit der stationären Erziehungshilfen, meist konzeptionell begründet, auf bestimmte Zielgruppen ausgerichtet und auf eine gewisse Kontinuität angelegt ist. Diese Problematik wird inzwischen auch unter dem Stichwort "Versäulung der Jugendhilfe" thematisiert. Zu neuen Formen Flexibler Erziehungshilfen vgl. Klatetzki 1994.

48 Neben der JGH können grundsätzlich auch Sozialarbeiter der Haftanstalt oder Mitarbeiter von Jugendhilfeeinrichtungen in Kooperation mit der JGH eine Haftprüfung in die Wege leiten. Ein Beispiel für die Organisation einer Haftverkürzungshilfe durch einen freien Träger ist die Arbeit des Vereins "Sozialberatung Stuttgart e.V.", der bereits seit Anfang der 80er Jahre tätig ist. Unter anderem bietet er eine betreute Wohngemeinschaft für Heranwachsende an, bei der auch Arbeitsmöglichkeiten bestehen. Mehrmals wöchentlich wird eine Beratung zur U-Haftverkürzung durch einen Mitarbeiter des Projektes in der Haftanstalt selbst durchgeführt. Die geeigneten Klienten werden angesprochen, und das Angebot wird außerdem der Justiz nahegebracht. Dieses Vorgehen hat den Vorteil, daß der beratende Sozialarbeiter über den Stand, die Gruppenzusammensetzung und die freien Plätze im Rahmen des Projekts einen Überblick hat. U-Haftverkürzung ist jedoch nicht überall so professionell organisiert, was die Dauer der U-Haft bei Jugendlichen oft zusätzlich verlängert.

3.3.2 Spezialisierte, stationäre Angebote der Jugendhilfe

In den 80er Jahren haben Jugendgerichtshilfen sowie freie Träger der Jugendhilfe begonnen, Angebote zur U-Haftvermeidung und -verkürzung in Form von ambulanter Betreuung oder dezentralem, betreutem Wohnen einzurichten. Solche Versuche wurden z.B. in Frankfurt, Stuttgart, München und Hamburg erfolgreich praktiziert und konnten sich, wenn auch unter finanziellen Schwierigkeiten, mehrheitlich konsolidieren. Im gleichen Zeitraum wurden stationäre Gruppen in größeren Heimeinrichtungen als Alternative zur Untersuchungshaft aufgebaut. Bekannt sind Modelle wie z.B. das Heinrich-Wetzlar-Haus[49] im Landesjugendheim (Baden-Württemberg), eine Einrichtung im Rahmen des Jugendheims Schönbühl (Württemberg-Hohenzollern) oder das St. Severin-Haus des Jugenddorfs Piusheim/Glonn[50] (Bayern). In den 90er Jahren werden in den neuen Bundesländern zunehmend kleine, spezialisierte Einrichtungen zur Vermeidung und Verkürzung von U-Haft eröffnet.[51] Daneben bestehen einige Initiativen meist großer Träger, die Konzepte der zentralen U-Haftvermeidung planen oder schon umgesetzt haben; so z.B. eine Einrichtung mittlerer Größe (24 Plätze) des Evangelischen Jugendfürsorgewerkes in Frostenwalde bei Schwedt in Brandenburg.

Überblick über die Träger mit spezialisierten Angeboten zur Vermeidung/Verkürzung von Untersuchungshaft in den Deutschen Bundesländern bzw. Stadtstaaten

Land/Stadtstaat	Anzahl	Name der Träger
Baden-Württemberg	2	Landeswohlfahrtsverband Baden und Württemberg-Hohenzollern: Landesjugendheim Schloß Stutensee, Jugendheim Schönbühl
Bayern	2	Kath. Jugendfürsorgeverein: Jugenddorf Piusheim, Verein Brücke e.V.
Berlin	2	Jugendaufbauwerk Berlin: Sozialpäd. Jugendzentrum, Verein Aktion'70 e.V.
Brandenburg	1	Ev. Jugend- und Fürsorgewerk: Jugendhilfeeinrichtung Frostenwalde
Bremen	2	Verein für Bewährungshilfe e.V. Verein Solidarische Hilfe e.V.
Hamburg	1	Landesbetrieb Erziehung und Berufsbildung
Hessen	1	Verein zur Förderung von Jugendwohlmodellen e.V.
Sachsen	1	Internationaler Bund für Sozialarbeit
Thüringen	1	Horizont e.V.

Nach den uns zur Verfügung gestellten Informationen waren 1995 in neun von 16 Bundesländern spezialisierte, stationäre Einrichtungen zur Vermeidung und Verkürzung von

49 Vgl. Blumenberg/Wetzstein 1991.

50 Vgl. Sozialwissenschaftliches Forschungszentrum 1996.

51 So sind uns z.B. Betreute Wohngemeinschaften in Nordhausen (Thüringen), Magdeburg (Sachsen-Anhalt) und Leuwa (Sachsen), Ludwigslust (Mecklenburg-Vorpommern) und Oranienburg (Brandenburg) bekannt, die bereits seit einiger Zeit arbeiten oder im Aufbau begriffen sind.

U-Haft bei Jugendlichen und Heranwachsenden tätig.[52] Sie werden von 13 Trägern vorgehalten und umfassen rund 140 Plätze. Dabei lassen sich folgende örtliche Rahmenbedingungen unterscheiden:

- Vier Träger mit Gruppenangeboten im Rahmen von großen binnenstrukturierten Heimeinrichtungen (zwischen 70-190 stationäre und teilstationäre Plätze insgesamt)
- Vier Träger mit eigenständigen Häusern (6, 9, 10 und 24 Plätze pro Haus)
- Fünf Träger mit Betreuten Wohngemeinschaften (5 bis maximal 8 Plätze pro Wohnung)

Die spezialisierten Einrichtungen weisen im gesamten Bundesgebiet ein ähnliches Spektrum auf wie die unterschiedlichen Formen der Fremdunterbringung in Regeleinrichtungen. U-Haftvermeidung ist offensichtlich sowohl mit Gruppenangeboten in zentralen Heimeinrichtungen, mit dezentralen Wohngruppen wie auch mit entsprechenden Mischformen möglich. Allerdings reduziert sich das Spektrum erheblich, wenn man die Angebotsbreite auf Landesebene betrachtet.[53]

Die 13 Träger nehmen in der großen Mehrheit ausschließlich Jugendliche auf, vier nehmen ausschließlich Heranwachsende[54], ein Träger nimmt beide Altersgruppen auf. Viele Haftvermeidungsprojekte sehen konzeptionell vor, mit jungen Menschen nicht nur kurzfristig bis zur Hauptverhandlung, sondern bei Bedarf über einen längeren Zeitraum zu arbeiten (z.B. Einzelfallhilfe, Schule, Wohnen, Ausbildung, Arbeit). So halten verschiedene Projekte für die Betroffenen die Möglichkeit vor, nach der Hauptverhandlung vorübergehend oder auch langfristig in einer betreuten Wohnung des Trägers unterzukommen. Darüber hinaus können einige Träger Jugendlichen und Heranwachsenden Arbeits- oder Ausbildungsmöglichkeiten im z.T. angeschlossenen Kleingewerbe oder in Qualifizierungseinrichtungen bieten. Mit solchen flankierenden Hilfen soll vermieden werden, daß die Jugendlichen nach Ende des Verfahrens wieder in die gleiche Situation geraten, aus der heraus sie straffällig geworden sind.

10 der uns bekannten 13 Träger, die Untersuchungshaft in spezialisierten Einrichtungen vermeiden oder verkürzen, setzen dies - zum Teil bereits langjährig - in offenen Einrichtungen um. Lediglich das "Heinrich-Wetzlar-Haus" in Baden-Württemberg, das "Jugendheim Schönbühl" sowie das "Piusheim" in Bayern haben die (Teil-)Geschlossenheit der Einrichtung bisher noch beibehalten.

Blockaden bei der Vermeidung von U-Haft

Spezialisierte stationäre Einrichtungen der Jugendhilfe haben in den vergangenen 20 Jahren dazu beigetragen, das vorhandene Angebot an Alternativen zur U-Haft zu erweitern. Sie schließen jedoch in der großen Mehrheit nicht die Lücke, die sich daraus ergibt, daß Regelein-

---

52 Regelangebote der Jugendhilfe sowie Angebote der freien Straffälligenhilfe, die auch Plätze meist zur Verkürzung von U-Haft belegen, konnten aufgrund ihrer Vielfalt hier nicht berücksichtig werden.

53 Oft werden einige wenige bestehende Jugendhilfeeinrichtungen durch Vereinbarungen zwischen Jugend- und Justizverwaltung als die "geeigneten Heime" im Sinne des von § 71 Abs. 2 JGG definiert. Damit ist eine individuelle Ausgestaltung der Hilfen nur eingeschränkt möglich.

54 Zwar gilt rechtlich die in der Strafprozeßordnung verankerte Ultima-Ratio-Funktion der U-Haft uneingeschränkt auch für Heranwachsende, jedoch wurde im 1. JGG-ÄndG versäumt, die 18- unter 21jährigen in den Anwendungsbereich des § 72a JGG aufzunehmen, da ein entsprechender Hinweis in § 109 JGG fehlt. Zudem greift das "Heim der Jugendhilfe" als Alternative zur U-Haft bei Heranwachsenden nicht mehr; es kommen jedoch alle sonstigen Wohn-, Arbeits- und Betreuungsangebote in Betracht, durch die der Haftgrund der Fluchtgefahr ausgeräumt werden kann. Die laufenden Kosten der (stationären) Betreuung werden bei Heranwachsenden überwiegend durch Pflegesätze (§ 41 SGB VIII, § 72 BSHG) gedeckt. Vor einer Aufnahme muß die Übernahme der Finanzierung durch den Kostenträger sichergestellt sein. Deshalb kommt es vielfach nicht zur unmittelbaren Vermeidung von U-Haft und darüber hinaus noch zu Verzögerungen bei der Verkürzung der angetretenen U-Haft.

richtungen nicht zur U-Haftvermeidung, sondern höchstens zur U-Haftverkürzung zur Verfügung stehen. Der gesetzlichen Forderung nach möglichster Verhinderung von Untersuchungshaft bei Jugendlichen kommen von 13 Trägern lediglich 3 konsequent nach, die in den 90er Jahren in Berlin und Brandenburg (Frostenwalde) aufgebaut wurden. Als Ursache hierfür können folgende Gründe abschließend zusammengefaßt werden:

- Die gesetzlich geforderte Haftentscheidungshilfe der Jugendgerichtshilfe gemäß § 72a JGG hat sich in der Praxis noch nicht flächendeckend durchgesetzt. Fehlende Regelungen zu Informations- und Verfahrensweisen zwischen Polizei, Staatsanwaltschaft und Jugendgerichtshilfe führen dazu, daß die Jugendgerichtshilfe vielerorts nicht in der Lage ist, Haftentscheidungshilfe zu leisten. Sie erhält oft erst Mitteilung, wenn ein Haftbefehl ergangen ist. Nach entsprechenden Kontaktaufnahmen (Jugendlicher, Sozialarbeiter der Untersuchungshaftanstalt, zuständiger Jugendrichter, aufnahmebereite Einrichtung der Jugendhilfe) kann sie im Wege einer Haftprüfung gemäß § 116 StPO eine Haftentlassung des Jugendlichen beantragen (Haftverkürzung) und eine Unterbringung in einer Jugendhilfeeinrichtungen vorschlagen.
- Darüber hinaus hält auch ein Teil der spezialisierten Einrichtungen die Aufnahme von Jugendlichen nur mittels eines vorherigen Aufnahmeverfahrens (Hilfeplan gem. § 36 SGB VIII) für sinnvoll und nimmt dafür in Kauf, daß Jugendliche zunächst in U-Haft genommen werden, ehe sie später über ein Haftprüfungsverfahren Aufnahme in einer geeigneten Einrichtunge finden.
- Schließlich kann der Anspruch der Projekte, für die Betroffenen je nach Bedarf über die Hauptverhandlung hinausgehende Hilfen zur Verfügung zu stellen, zu einer längeren Verweildauer der Betroffenen in den Einrichtungen führen und damit Plätze für Neuaufnahmen blockieren.

Als Fazit läßt sich festhalten, daß ohne das Spektrum spezialisierter Jugendhilfeeinrichtungen Untersuchungshaft in Deutschland an jugendlichen (und heranwachsenden) Tatverdächtigen vermutlich häufiger und länger vollzogen würde. Mangelnde Institutionalisierung der Haftentscheidungshilfe auf der einen und der Wunsch nach einem Aufnahme- und Ausleseverfahren bei einem Teil der Einrichtungen auf der anderen Seite führen allerdings auch hier - wie bei Regeleinrichtungen - dazu, daß die gesetzliche Forderung nach unmittelbarer Vermeidung von U-Haft in der Praxis kaum umgesetzt wird.

4. Das Berliner Modell und seine Entstehungsbedingungen

Die Berliner Praxis der Vermeidung von U-Haft in stationären Einrichtungen der Jugendhilfe unterscheidet sich von der Praxis aller anderen Bundesländer und Großstädte[55] durch das Zusammenwirken verschiedener Bedingungen. Es besteht ein zentrales Bereitschaftsgericht, an dem alle haftrichterlichen Prüfungen für Berlin stattfinden. Die Jugendgerichtshilfe hat eigene Räumlichkeiten vor Ort und ist parallel zum Bereitschaftsgericht nachmittags, abends und am Wochenende tätig. Wenn Jugendliche und Heranwachsende richterlich vorgeführt werden, wird die Jugendgerichtshilfe grundsätzlich vom Haftrichter zur Haftentscheidung hinzugezogen. Zwei Träger der Jugendhilfe sind bereit, unter Berücksichtigung einiger weniger Ausschlußkriterien[56], Jugendliche, die von einem Haftbefehl bedroht sind, sofort abzuholen und stationär in offenen Einrichtungen zu betreuen. Über die Aufnahmekriterien der Einrichtungen ist die Jugendgerichtshilfe informiert. Mit der Schaffung solch organisatorischer Voraussetzungen konnten gängige Blockaden der U-Haftvermeidung abgebaut werden und es bestanden bzw. bestehen damit auch alle notwendigen Voraussetzungen zur unmittelbaren Vermeidung von U-Haft. Deren Umsetzung ist darüber hinaus jedoch auch mit spezifischen lokalen Bedingungen verknüpft.

4.1 Die Berliner Reaktion auf die neue Gesetzeslage

Vermeidung und Verkürzung von Untersuchungshaft wurde in Berlin jahrzehntelang in der von Jugendhilfe betriebenen geschlossenen Einrichtung "Haus Kieferngrund" durchgeführt.[57] Nach rund 40 Jahren der geschlossenen Unterbringung straftatverdächtiger Jugendlicher wurde im Herbst 1993 im Abgeordnetenhaus die Aufgabe von „Haus Kieferngrund“ beschlossen. Daran gekoppelt war die Eröffnung alternativer Jugendhilfeeinrichtungen, die spezialisiert sein sollten. Gegenstand der Beschlußfassung war jedoch auch der Bau einer "erzieherisch ausgestalteten" neuen U-Haftvollzugsanstalt für Jugendliche.

Dieser politische Kompromiß des Abgeordnetenhauses räumte dem Sicherheitsdenken im Jugendstrafrecht wieder hohe Priorität ein, nachdem während der 80er Jahre der Ausbau ambulanter Maßnahmen im Vordergrund stand. Den aktuellen Hintergrund dieser Entscheidung, die die gesetzlich geforderte Umstellung von geschlossener auf offene Unterbringung und die Einschränkung der U-Haftanordnung bei Jugendlichen mit dem Ausbau von U-Haft justizkonform abfederte, bildeten unterschiedliche Entwicklungen: Zum einen enstand nach 1989 im Untersuchungshafttrakt der Berliner Jugendvollzugsanstalt eine chronische Überbelegung durch die Zunahme tatverdächtiger Jugendlicher aus Polen[58] und (Süd-)Osteuropa. Daneben hatte sich die Forderung nach abschreckenden Präventionsstrategien gegenüber gewalttätigen Jugendlichen als eine wichtige öffentliche Position in der Diskussion um Jugendgruppengewalt in der Stadt herausgebildet, die Anhänger in beiden Parteien der großen Koalition fand. Damit war der Boden für den Beschluß einer neuen U-Haftanstalt vorbereitet.[59] Zum anderen enthielt der sogenannte „Kieferngrund-Bericht“ Informationen über "unhaltbare Zustände" und

---

55 Vgl. Bindel-Kögel, G./Heßler, M. 1997b.

56 Z.B. alltagsbestimmender Drogenkonsum, keine gemeinsame Unterbringung von Gemeinschaftstätern

57 Zur Geschichte der U-Haftvermeidung in Berlin vgl. Reinecke 1994.

58 Zur Problematik der einreisenden Jugendlichen vgl. Exkurs in Kap. 6.

59 Die neue U-Haftanstalt, deren Baukosten auf 20-25 Millionen veranschlagt worden waren, wurde im März 1997 mit 80 Plätzen auf dem Gelände des ehemaligen Hauses Kieferngrund eröffnet.

bauliche Mängel[60], durch die eine Schließung der Einrichtung unausweichlich wurde. Schon während der 80er Jahre war deren Geschlossenheit Anlaß für die Unzufriedenheit der Jugendhilfe.[61] Spätestens aber Anfang der 90er Jahre konnte die Einrichtung nicht mehr als KJHG-gemäß gelten. Mit dem neuen Kinder- und Jugendhilfegesetz (KJHG) geriet Jugendhilfe zunehmend unter Druck, neue, offene Angebote zur U-Haftvermeidung vorzuhalten. Da Kieferngrund nicht einfach in eine offene Einrichtung überführt werden konnte, wurden Träger der Jugendhilfe angefragt, entsprechende Einrichtungen zur Vermeidung von U-Haft zu konzeptionieren und vorzuhalten. In diese jugendhilfeinternen Diskussionsprozesse war die Justizseite allerdings nur wenig einbezogen. Von der Schließung des Hauses Kieferngrund überrascht, wurde an der Spitze der Justizverwaltung kurzfristig über Möglichkeiten einer "eigenen" geschlossenen Einrichtung mit einem willfährigen Träger der Jugendhilfe nachgedacht.[62]

Ab April 1994 wurde für die von U-Haft bedrohten Jugendlichen die Möglichkeit geschaffen, in Gruppenangeboten bei zwei Trägern der Jugendhilfe betreut zu werden: im Sozialpädagogischen Jugendzentrum (SPJZ) und bei "Aktion`70 - Jugendhilfe im Verbund e.V.". Das SPJZ war eine große Heimeinrichtung mit rund 220 Plätzen im Ostteil Berlins (Treptow). Nach dem Mauerfall erfolgte in den 90er Jahren eine Binnendifferenzierung der Angebote[63], darunter auch die Einrichtung von Gruppen zur Unterbringung nach §§ 71, 72 JGG. In dieser Zeit war das Heim der Senatsverwaltung für Jugend und Familie zugeordnet. Es ging im Zuge der Neuorganisation der Berliner Fremdunterbringung ab Mai 1995 in die Trägerschaft des privaten Landesträgers "Jugendaufbauwerk" (JAW) über. Aktion`70 e.V., ein freier Träger der Jugendhilfe, hatte seit über zwei Jahrzehnten Betreute Jugendwohngemeinschaften in verschiedenen Stadtteilen Berlins aufgebaut. Seit Anfang der 90er Jahre zielte der Verein auf den Ausbau eines Jugendhilfe-Verbundes, in dem sich stationäre und ambulante Gruppen- und Einzelbetreuung sowie regionale und überregionale Hilfen ergänzen sollten. Bei beiden Trägern wurde die Vermeidung von U-Haft in stationären, rund-um-die-Uhr betreuten Wohngruppen im Stadtteil bzw. im Rahmen einer Heimeinrichtung durchgeführt. Es bestanden flankierende Beratungs- und Freizeitangebote sowie Bildungs- und Beschäftigungsmöglichkeiten, sofern die Jugendlichen keinen Schul-, Ausbildungs- oder Arbeitsplatz hatten.
Ein dritter Träger, die Clearing-Stelle Pankow war im ersten Jahr des neuen Modells als Regeleinrichtung der Jugendhilfe an der stationären Unterbringung Jugendlicher zur U-Haftvermeidung beteiligt. Als Außenstelle des vormals bezirkseigenen Heimes "Minna Fritsch" in Pankow hat sie die Gruppenangebote durch Plätze im Betreuten Einzelwohnen ergänzt.[64]

Die im Abgeordnetenhaus erwogene Richtgröße für Plätze in Einrichtungen der Jugendhilfe bezog sich auf 40 binnengegliederte Plätze beim Sozialpädagogischen Jugendzentrum in

60 Vgl. Haustein/Thiem-Schräder 1992.

61 Vgl. Reinecke 1994, S. 299 ff.

62 Die Akzeptanz der offenen Einrichtungen war deshalb in den ersten Jahren beeinträchtigt. Erst vier Jahre nach Schließung des Hauses Kieferngrund zeichnet sich zwischen Jugendhilfe und Justiz ein breiterer Konsens in der U-Haftvermeidung und eine größere Wertschätzung der Arbeit der offenen Einrichtungen von Seiten der Justiz ab.

63 Vgl. Senatsverwaltung für Jugend und Familie 1995, S. 113.

64 Ebenso wie das SPJZ ging die Clearingstelle 1995 in die Trägerschaft des Jugendaufbauwerkes (JAW) Berlin über. Als Regelangebot der Jugendhilfe werden in der Clearingstelle Jugendliche und Heranwachsende in Krisensituationen ambulant beraten und daneben bei Bedarf Einzelwohnungen mit tagesbetreuenden Angeboten zur Verfügung gestellt. Aufgrund fehlender rund-um-die Uhr-Betreuung wurde die Clearingstelle jedoch nur vereinzelt zur U-Haftmeidung belegt. Seit 1997 steht die Clearingstelle dem Berliner Modell der U-Haftvermeidung nicht mehr zur Verfügung. Zu dieser Problematik vgl. Bindel-Kögel, G./Heßler, M. 1996a, insbes. S.33 ff.

Treptow und auf 10 weitere Plätze zur U-Haftvermeidung beim Verein Aktion`70, der dazu zwei Wohnungen in Kreuzberg und Neukölln anmietete. Die Konsolidierung fester Platzzahlen war in den letzten Jahren deshalb schwierig, weil die Belegung der Einrichtungen durch den Bereitschaftsrichter hohen Schwankungen unterworfen war. Fehlende Auslastung führte zu finanziellen Problemen bei den Trägern, die von Seiten der Jugendsenatsverwaltung nach Ablauf der Modellphase nicht aufgefangen wird. Deshalb stehen heute - ausgehend von der Durchschnittsauslastung der Einrichtungen seit 1994 - in Berlin insgesamt 17 Plätze zur U-Haftvermeidung zur Verfügung (5 bei Aktion`70, 12 beim SPJZ), allerdings mit der Option, daß im Falle von Engpässen weitere Notplätze vorhanden sein müssen.

4.2 Schwierige Startbedingungen

Damit die idealen organisatorischen Voraussetzungen des neuen Modells (zentrales Bereitschaftsgericht, Haftvermeidungshilfe, unmittelbare Aufnahmebereitschaft der Einrichtungen der Jugendhilfe) zum Tragen kommen konnten, bedurfte es der Akzeptanz durch Jugendhilfe, Jugendgerichtshilfe und Jugendgerichtsbarkeit. Die Meinung der Fachöffentlichkeit hatte sich bereits in der vorbereitenden Phase der Beschlußfassung im Abgeordnetenhaus als ambivalent erwiesen. In der Umsetzungphase des Modells verfestigte sich die Skepsis. Das hatte verschiedene Gründe. Mit dem Wechsel von geschlossener zu offener Unterbringung wurde die Zusammenarbeit für viele der beteiligten Akteure im Vergleich zur vergangenen Praxis komplizierter. Wenn auch interne Probleme und bauliche Mängel an Haus Kieferngrund kritisiert wurden, hatte gleichwohl die U-Haftvermeidung in Form von stationärer Unterbringung in rund 40 Jahren relativ "reibungslos" funktioniert. Zur geschlossenen Unterbringung in Haus Kieferngrund gab es bis 1994 keine Alternativen der Jugendhilfe. Die allgemeine Jugendhilfe war durch die Aufnahme Straftatverdächtiger in Haus Kieferngrund von diesem Klientel entlastet, Justiz hatte es mit nur einem Ansprechpartner zu tun, der allein durch das Etikett "Geschlossenheit" ausreichende Verfahrenssicherung zu bieten schien, was jedoch relativiert werden muß. Im Jahre 1990 lag die Entweichungsrate in Haus Kieferngrund laut "Kieferngrundbericht" bei 17%, die Rate der Unterbringungsänderungen bei 15%, die der Entlassungen ohne Angabe des Ortes bei 10%.[65] Die Ausstellung von Haftbefehlen lag bei 7%, so daß auch in dieser geschlossenen Einrichtung lediglich 50% der Betreuten bis zur Hauptverhandlung begleitet wurden (vgl. Kapitel 8.7.2).

Nur ein Teil der Fachöffentlichkeit aus Justiz und Jugendhilfe stand der Einführung offener Einrichtungen grundsätzlich positiv gegenüber. Überdies wurden die Angebote der Träger unterschiedlich aufgenommen. Die Möglichkeit einer Heimunterbringung im Sozialpädagogischen Jugendzentrum (SPJZ) - wenn auch in offener Form - konnte bei Staatsanwaltschaft und RichterInnen als bereits bekanntes Angebot gelten, auch deshalb, weil der Heimbegriff im Jugendgerichtsgesetz Verwendung findet. Dagegen setzte die Beauftragung von Aktion`70 e.V., U-Haftvermeidung in dezentralen Gemeinschaftswohnungen im Stadtteil durchzuführen, neben der Akzeptanz einer Offenheit auch die Akzeptanz modernerer Unterbringungsformen[66] voraus. Obwohl die Berliner Jugendhilfe seit mehr als zwei Jahrzehnten über bewährte Modelle Betreuter Jugendwohngemeinschaften verfügte[67], erschienen diese Angebote einem Teil der

---

65 Vgl. Haustein/Thiem-Schräder 1992, S. 132f..

66 Während sie im Jugendwohlfahrtsgesetz keine Erwähnung fanden, haben die Betreuten Jugendwohngemeinschaften unter der Begrifflichkeit "andere Wohnformen" in § 34 des SGB VIII Eingang gefunden.

67 Senatsverwaltung für Jugend und Familie: Bericht über die bedarfsgerechte Ausgestaltung der Hilfen zur Erziehung in Berlin. Berlin 1995.

Fachöffentlichkeit in Jugendhilfe und Justiz als nahezu exotisch für den Bereich der U-Haftvermeidung. Es bestand die Befürchtung, daß mit Schließung des Hauses Kieferngrund eine "Lücke" in der Versorgung jugendlicher Straftatverdächtiger entstünde, und diese künftig vermehrt in Haft genommen würden.
Über diese Einwände hinaus veränderten sich mit Einführung der offenen Unterbringung auch die Finanzierungsmodalitäten. Waren in den letzten 40 Jahren die justiziell erwünschten, geschlossenen Angebote des Hauses Kieferngrund wegen dessen Zugehörigkeit zur öffentlichen Verwaltung von Seiten der Jugendhilfe bezahlt worden, mußten nun die weniger justizkonformen, offenen Einrichtungen der privaten Träger laut Gerichtskostengesetz[68] von Justiz getragen werden. Auch deshalb enstand in Berlin eine Schräglage, was die Akzeptanz des neuen Modells betraf.

Die Vorbehalte aus Fachkreisen setzten die Verantwortlichen und MitarbeiterInnen bei den Jugendhilfeträgern unter einen Legitimations- und Erfolgsdruck, der in dieser Weise weder für die hergebrachte Form der U-Haftvermeidung, noch für den U-Haftvollzug existierte. Der notwendige Aufbau neuer Kooperationsstrukturen wurde gebremst durch die Skepsis der Kooperationspartner des alten Systems, auf die die neuen Träger der Jugendhilfe angewiesen waren.

In dieser Situation hätten die Träger der Hilfe und Unterstützung durch Politik und Verwaltung bedurft. Jedoch führte die Anfang der 90er Jahre einsetzende Berliner Verwaltungsreform, insbesondere die Neustrukturierung der Landes-, Senats- und Bezirksverwaltungen und die einhergehende Neustrukturierung der Fremdunterbringung mit Hilfe des Landesträgers Jugendaufbauwerk (JAW) im Verbund mit der angespannten finanzielle Haushaltslage sowie dem Fehlen einer koordinierenden Jugendhilfepolitik dazu, daß die Senatsjugendverwaltung das Vorhaben der U-Haftvermeidung nicht in dem Ausmaß wie geplant unterstützen konnte. Damit aber waren die Jugendhilfeträger in dem ohnehin problematischen und politisch sensiblen Arbeitsfeld in der Aufbauphase weitgehend auf sich selbst verwiesen. Dies änderte sich erst nach Abschluß der Verwaltungsreform.

Wie die beteiligten Akteure bei Jugendhilfe und Justiz unter den geschilderten schwierigen Startbedingungen das geplante Berliner Modell ausgestalten würden, welche Erfahrungen und Wissensbestände in die Konsolidierung der neuen Praxis einfließen und welche besonderen Unterstützungsleistungen notwendig würden, sollte Gegenstand der Begleitforschung sein, die rund ein Jahr nach Einführung des Modells am Fachbereich Sozialpädagogik der Technischen Universität installiert wurde.

---

68 Richterlich angeordnete Unterbringungen bis zur Hauptverhandlung in Einrichtungen der Jugendhilfe werden nach dem Gerichtskostengesetz (s. Nr. 9011 Anlage 1 zu § 11 Abs. 1 GKG) als Verfahrenskosten behandelt, die Justiz zu bezahlen hat, sofern die stationären Angebote nicht bei der öffentlichen Hand angesiedelt sind.

5. Untersuchungsdesign und Methodenrepertoire

5.1 Zur Anlage der Untersuchung

Zielsetzung
Die Begleitforschung hatte den Auftrag, das neue Berliner Modell der Vermeidung von Untersuchungshaft in offenen Einrichtungen der Jugendhilfe in seinen Entstehungsbedingungen, Strukturen und Wirkungen zu untersuchen und in Form von Fachdiskussionen und Fortbildungen zu begleiten. Während die strukturellen Ausgangsbedingungen des Modells grundsätzlich die Umsetzung der neuen gesetzlichen Aufträge ermöglichten, stellte sich für die Forschung die Frage, ob und wie diese Umsetzung in der Praxis gelingen konnte. Am Ende der Untersuchung sollte die Erarbeitung sozialpädagogischer, rechtlicher und organisatorischer Standards für den Bereich der Vermeidung von Untersuchungshaft durch stationäre Einrichtungen der Jugendhilfe stehen. Entsprechend dieser Zielsetzungen besaß die Untersuchung den Charakter der Handlungsforschung, d.h. die Ergebnisse der empirische Erhebungen wurden an die beteiligten Verwaltungen und Berufsgruppen zurückgemeldet. Sie dienten als Grundlage, um die Praxis zu verbessern.

Forschungsleitende Fragestellungen
Die Bestandsaufnahme und Analyse des neuen Modells erfolgte unter Berücksichtigung der aktuellen gesetzlichen Bestimmungen und des Forschungsstandes zur U-Haftvermeidung in Deutschland. Dieser umfaßt eine Vielzahl von Einzelergebnissen und maßgeblichen theoretischen Überlegungen aus der kriminologischen und sozialwissenschaftlichen Forschung[69] und prägte die forschungsleitenden Fragestellungen.
Ausgangspunkt war die sozialpädagogische Fachlichkeit der Jugendhilfe, wie sie sich im neuen KJHG und im 8. Jugendbericht abbildet. Diese bemißt sich an Grundorientierungen, die im Feld der U-Haftvermeidung teils in Frage gestellt, teils ad absurdum geführt werden. Sie geraten zumindest aber in Gefahr, eine Anpassungsbewegung zu vollziehen: Sei es in bezug auf das zentrale Anliegen der Freiwilligkeit der Betroffenen, ihres Wunsch- und Wahlrechtes bei der Angebotsplanung, sei es in bezug auf das vorrangige Prinzip der Lebensweltorientierung, das durch überregionale Angebote - wie sie in Berlin konzipiert wurden - nur teilweise eingelöst werden konnte. Leitfragen der Untersuchung richteten sich deshalb an der Nutzung von Gestaltungsspielräumen und den Grenzen der Jugendhilfe im Feld der U-Haftvermeidung aus: Wie funktioniert Jugendhilfe in diesem Feld, wo liegen faktische bzw. gesetzliche Reglementierungen vor, und wo schränkt sich Jugendhilfe quasi im Vorfeld selbst ein, indem justiziell geprägte Straf-, Sicherungs- oder Erziehungsvorstellungen nachvollzogen werden, die nicht dem Stand der Jugendhilfe- bzw. sozialwissenschaftlichen Forschung entsprechen?

Mit Blick auf das Erste Gesetz zur Änderung des Jugendgerichtsgesetzes (1. JGG-ÄndG) aus dem Jahre 1990 und die damit verbundenen gesetzlichen Einschränkungen der Anordnung von Untersuchungshaft bei Jugendlichen, stellte sich in der Untersuchung die Frage, ob und inwiefern diese gesetzlichen Maßgaben in der Praxis umgesetzt wurden. Blieb die Verhältnismäßig-

69 Hier lassen sich drei Schwerpunkte unterscheiden: Stärker statistisch ausgerichtete Untersuchungen über Anordnung von Untersuchungshaft und deren Begründungen, d.h. zur Rechtswirklichkeit der U-Haft (vgl. z.B. Dünkel, Wieland, Pfeiffer, Gebauer), Untersuchungen über die Wirkung von Untersuchungshaft (vgl. z.B. Wieland, Kamawura), Untersuchungen über sozialpädagogische Praxis der Verkürzung und Vermeidung von Untersuchungshaft (vgl. z.B. Cornel, Vogl-Peters, Plomplum, Blumenberg, Wetzstein) und zur Rolle der Jugendgerichtshilfe in diesem Feld (vgl. z.B. Matenaer 1989, 1995).

keit gewahrt, wurde U-Haft tatsächlich als ultima ratio angeordnet? Letztendlich ging es auch um die Annäherung an die Beantwortung der schwierigen Frage, welche Wirkung das gesamte Modell hatte. Inwiefern trug das System der U-Haftvermeidung zu einer Senkung der U-Haftrate, zur Sicherung des Verfahrens, zur Verbesserung der Lebenslage der Jugendlichen und deren Entkriminalisierung bei?

Das Untersuchungsfeld und die Untersuchungsebenen

Das Untersuchungsfeld wurde auf der Grundlage des Forschungsstandes, der Phänomenologie des Feldes und unter systemischer Perspektive in verschiedene Untersuchungsebenen strukturiert. Es wurde als komplexes Gesamtsystem betrachtet, in dessen Rahmen interdependente Teilsysteme der Jugendhilfe und der Justiz zusammenwirkten. Auf der Grundlage bisher noch nicht ausreichend aufeinander abgestimmter gesetzlicher Regelungen des KJHG und JGG wurden neue Kooperationsstrukturen zwischen Jugendhilfe und Justiz aufgebaut und erprobt. Die bestehenden Teilsysteme Jugendhilfe und Justiz untergliederten sich weiter und bildeten jeweils wiederum kleinere Teilsysteme in Form von konkreten Institutionen oder Verfahren. So etwa Justiz mit Staatsanwalt- und Richterschaft am Bereitschafts- und Amtsgericht oder Jugendhilfe mit Jugendgerichtshilfen des Jugendamtes und mit verschiedenen Trägern der Einrichtungen zur U-Haft-Vermeidung. Die Interdependenzen innerhalb und zwischen den Teilsystemen Jugendhilfe und Justiz bildeten Ausgangsbedingungen für die Gestaltungsspielräume der jeweiligen Akteure (Richterschaft, Staatsanwaltschaft, MitarbeiterInnen der Jugendgerichtshilfe und der Einrichtungen der Jugendhilfe). Die Vielfalt der möglichen Teilsysteme wurde für die vorliegende Untersuchung reduziert: Die Betrachtung des Feldes war an der realen Bewegung des einzelnen Jugendlichen im Kooperationsfeld zwischen Jugendhilfe und Justiz orientiert.
Unter dieser Perspektive wurden die zentralen Untersuchungsebenen deutlich: Die relevanten Schnittpunkte der Kooperation zwischen Jugendhilfe und Justiz bestanden in der Situation der Haftentscheidung am zentralen Bereitschaftsgericht, im Falle der Aufnahme und Unterbringung beim Träger, im Falle der Einleitung eines Verfahrens zur Änderung der Unterbringung und zum Zeitpunkt der Hauptverhandlung. Gleichzeitig erfolgten hier jeweils wesentliche Entscheidungen und Weichenstellungen für den Jugendlichen. Darüber hinaus interessierte die Situation des Jugendlichen vor und nach der Hauptverhandlung und seine Perspektiven bei Austritt aus dem System der Haftvermeidung.
Die Begrenzung des Untersuchungsfeldes auf die im folgenden vorgestellten Untersuchungsebenen und damit die Vernachlässigung etwa des polizeilichen Verhaftungsverhaltens, des langfristigen Verbleibs der Jugendlichen oder der Befragung der betroffenen Jugendlichen, war der finanziellen Ausstattung und der Laufzeit des Projektes geschuldet.

Die Untersuchungsebenen und die Differenzierung der Fragestellungen

Um den Zusammenhang zwischen den gesetzlichen und organisatorischen Bedingungen einerseits und der Entwicklung einer Fachlichkeit der Jugendhilfe andererseits zu erforschen, ließen sich im Untersuchungsfeld insbesondere drei Ebenen lokalisieren, die untereinander in wechselseitiger Abhängigkeit standen:

- *Entscheidungen am Bereitschaftsgericht und die Rolle der Jugendgerichtshilfe:* Zum einen wurden die organisatorischen und strukturellen Bedingungen am Bereitschaftsgericht in ihrer Auswirkung auf Handlungsspielräume der beteiligten Akteure untersucht: StaatsanwältInnen, RichterInnen, Jugendgerichtshilfe und Jugendliche. Wie arbeitete die Jugendgerichtshilfe am Bereitschaftsgericht in der Situation der Haftentscheidung? Mit welchen Argumentationen und mit welchem Informationsverhalten ging die Jugendgerichtshilfe vor, war ein Einfluß auf die Entscheidungen der Richter nachweisbar und wenn, welche inhaltlichen Tendenzen wies dieser Einfluß aus? Zum anderen ging es um die Untersuchung der gerichtlichen Entscheidungsbegründungen. Es sollte evaluiert werden, welche Jugendlichen mit welchen Lebensverhältnissen und Tatverdächtigungen in Jugendhilfe, welche in Freiheit entlassen wurden und welche in Untersuchungshaft kamen. Damit verbunden war die Frage der Verhältnismäßigkeit der Anordnung von Untersuchungshaft, aber auch der Verhältnismäßigkeit einer eingriffsintensiven, stationären Unterbringung in Jugendhilfe.

- *Die Rahmenbedingungen und Leistungen der Jugendhilfe*: Zur adäquaten Darstellung der Hilfebedarfe und der notwendig werdenden Leistungen von Jugendhilfe wurden zunächst die Lebensbedingungen und Tatverdächtigungen der per Unterbringungsbefehl untergebrachten Jugendlichen erhoben. Hinsichtlich der Wirkung der Jugendhilfeangebote war von ausschlaggebender Bedeutung, ob sich unter den bestehenden Trägerstrukturen tatsächlich adäquate Perspektiven unter zeitlich äußerst begrenzten Bedingungen für die betroffenen Jugendlichen finden ließen. Welche Strategien erwiesen sich bei der Kooperation mit den Jugendlichen als effektiv, um die in den Konzepten ausgeführten Ziele zu erreichen? Damit war auch die Frage der Vernetzung verbunden: Welche präventiven und welche möglichen Nachfolgeangebote bestanden von Seiten der Jugendhilfe?
- *Kooperation von Justiz und Jugendhilfe:* Die beteiligten Berufsgruppen von Justiz und Jugendhilfe hatten im Untersuchungsfeld unterschiedliche Aufträge und Machtpositionen; (so z.B. die justizielle Erwartung der Verfahrenssicherung gegenüber dem Ziel einer pädagogisch wirksamen Arbeit in den Einrichtungen der Jugendhilfe). Zentral für den Fortbestand der Einrichtungen war die Frage der Akzeptanz. Zu untersuchen war, mit welchen Zielen, Einschätzungen und gegenseitigen Kooperationserwartungen die beteiligten Akteure an die neue Praxis herangingen und wo Annäherungen stattfanden. Konnte es mittelfristig gelingen, daß JugendrichterInnen und StaatsanwältInnen, Jugendgerichtshilfen und MitarbeiterInnen der Jugendhilfeeinrichtungen zu einem Minimalkonsens gelangten, was die Kooperation in diesem Feld betraf? Wurden die neuen U-Haft-Vermeidungseinrichtungen von justizieller Seite überhaupt belegt?

5.2 Die empirischen Methoden und Verfahren

Zur Erforschung der Untersuchungsebenen wurde auf die Verfahren der Aktenanalyse, der Fragebogenerhebung und ergänzender Gruppen- und Einzelinterviews zurückgegriffen.

Zielgruppe der Untersuchung

Als Zielgruppe der Untersuchung galten die beteiligten Akteure des neuen Modells: Das waren in Berlin 36 JugendrichterInnen und rund 60 StaatsanwältInnen in Jugendsachen, 122 MitarbeiterInnen der Jugendgerichtshilfen, 20 MitarbeiterInnen der Einrichtungen der Jugendhilfe und - indirekt - alle Jugendlichen, die im ersten Jahr des neuen Modells am Bereitschaftsgericht dem Haftrichter vorgeführt wurden. Ein eigener Untersuchungsschwerpunkt galt der Gruppe der Jugendlichen mit Unterbringungsbefehl gemäß § 71 Abs.2, 72 Abs. 4 JGG.

Der phasenweise Aufbau der Untersuchung

Die erste Untersuchungsphase bezog sich auf die Erarbeitung eines Überblicks über die aktuelle Praxis der U-Haftvermeidung in der BRD (vgl. Kap. 3), auf die Entstehungsphase des neuen Berliner Modells (vgl. Kap. 4), die Lebenslagen der untergebrachten Jugendlichen (vgl. Kap.7) und der Leistungen der Träger (vgl. Kap.8). Neben einer schriftlichen Anfrage an die Landesjugendämter über deren Praxis der U-Haftvermeidung wurden per Einzelinterview und Materialanalyse die Entstehungsbedingungen des Berliner Modells zusammengetragen. Anhand der bei den Trägern vorliegenden schriftlichen Materialien (Konzepte, Programme) und ergän-

zender Gruppen- und Einzelinterviews mit den MitarbeiterInnen und KoordinatorInnen wurde die Umsetzung und Weiterentwicklung der sozialpädagogischen Konzepte unter den jeweiligen institutionellen und organisatorischen Bedingungen erhoben.
In dieser Untersuchungsphase erfolgte eine gesonderte, detaillierte Fragebogenerhebung über diejenigen Jugendlichen, die im ersten Jahr des neuen Modells, (zwischen 1.4.1994 und 31.3.1995) in den Einrichtungen der Jugendhilfe per Unterbringungsbefehl untergebracht worden waren. Hier wurden die sozioökonomischen Daten, die Hilfebedarfe, die Deliktvorwürfe, Betreuungsverläufe und faktische Perspektivenklärungen erhoben.

In einem *zweiten Untersuchungsschritt* wurden alle zwischen dem 1.4.1994 und 31.3.1995 am Bereitschaftsgericht vorgeführten Jugendlichen mit Hilfe von zwei sich ergänzenden Aktenanalysen erfaßt: Das Informationsmaterial über die Lebenssituation der vorgeführten Jugendlichen, die Beratungsarbeit der Jugendgerichtshilfe sowie über die staatsanwaltschaftlichen und haftrichterlichen Entscheidungen wurde aus den Aktennotizen der überbezirklichen Jugendgerichtshilfe am Bereitschaftsgericht entnommen. Ergänzende Informationen über die Dauer des gesamten Verfahrens, die Begründung der haftrichterlichen Entscheidungen und die Ergebnisse der Hauptverhandlung wurde den Unterlagen der jeweils zuständigen bezirklichen Jugendgerichtshilfen entnommen. Die beiden Aktenanalysen wurden kurzfristig personenbezogen verknüpft. Sie bezogen sich konkret auf 497 polizeiliche Vorführungen Jugendlicher[70] am zentralen Bereitschaftsgericht Berlins im ersten Jahr des neuen Modells der U-Haftvermeidung.
Dieses methodische Vorgehen bot den Vorteil, daß das Modell der U-Haftvermeidung in seinem systemischen Zusammenhang erfaßt werden konnte: Ausgehend von dem Tatverdacht, aufgrund dessen die Vorgeführten verhaftet worden waren, konnte das gesamte Verfahren in seinen jeweiligen Dimensionen und mit den Eingriffen der jeweiligen Akteure beschrieben werden. Darüber hinaus konnten vier Untersuchungsgruppen verglichen werden, die durch haftrichterliche Entscheidungen entstanden waren: Jugendliche mit Haftbefehl, Jugendliche mit Haftverschonung gemäß § 116 StPO, mit Unterbringungsbefehl in Jugendhilfe und Jugendliche, die in Freiheit entlassenen wurden.

Die Aktenanalysen, bei denen vorwiegend harte Fakten auf zwei ausgearbeitete Fragebögen übertragen wurden, umfaßten auch einen qualitativen Untersuchungsschritt. Die schriftlichen Stellungnahmen der Jugendgerichtshilfe zur Haftentscheidung am Bereitschaftsgericht wurden querschnittlich mit dem Ziel ausgewertet, die spezifischen Argumentationen der Jugendgerichtshilfe zu erfassen. Bei einer ersten Durchsicht von 50 schriftlichen Stellungnahmen wurden die relevanten Inhalte zu Kategorien (Argumentationsfiguren) zusammengefaßt. Anschließend wurden die so entwickelten Kategorien dazu genutzt, sämtliche Inhalte der vorliegenden 238 Stellungnahmen zuzuordnen. Während der Phase der quantitativen Zuordnung wurden völlig neu hinzukommende Inhalte noch zusätzlich registriert.

In einem *dritten Untersuchungsschritt* wurde allen beteiligten KooperationspartnerInnen (36 Jugendrichter, 60 Jugendstaatsanwälte und 122 Jugendgerichtshelfer, 20 MitarbeiterInnnen der Träger) ein Fragebogen versandt, in dem nach dreijähriger Modellphase die gegenseitige Einschätzungen und Möglichkeiten der Zusammenarbeit abgefragt wurden.

70 Die Gesamtheit der erfaßten 497 Vorführungen reduziert sich dadurch, daß 45 Jugendliche zwei Mal, 13 drei Mal und 4 Jugendliche vier Mal in einem Jahr vorgeführt wurden. Um Verzerrungen sensibler Daten zu vermeiden, wurde in unserer Auswertung von einer Grundgesamtheit von 435 Personen ausgegangen.

5.3 Methodische Probleme und Grenzen der Untersuchung

Zur Beurteilung der Ergebnisse der verschiedenen Erhebungen möchten wir einige Hinweise auf mögliche Verzerrungen, Einseitigkeiten und Begrenzungen geben, die bei der Interpretation der Daten immer auch berücksichtigt werden müssen.

Mit der Methode der Aktenanalyse konnten wir zwar die Ergebnisse, nicht aber den Entscheidungsfindungsprozeß durch den Staatsanwalt und Haftrichter erfassen. Dazu hätte es einer teilnehmenden Beobachtung bedurft, bei der jedoch dann der Einfluß auf das Verhalten der Akteure durch die Anwesenheit der ForscherInnen nicht zu unterschätzen gewesen wäre. Wie dies bei Aktenanalysen üblich ist, stellen die zugrundeliegenden schriftlichen Informationen immer auch Interpretationen der SachbearbeiterInnen dar, die wiederum von den Analysierenden mißverstanden werden können. Diesen doppelten Bruch und die dadurch entstehenden Verzerrungen von Wirklichkeit haben wir durch die vorwiegende Erfassung "harter" Fakten zu reduzieren versucht.

Speziell die Informationen aus den Akten der Jugendgerichtshilfe am Bereitschaftsgericht über die vorgeführten Jugendlichen waren erwartungsgemäß nicht sehr umfangreich.
Das hatte folgende Ursachen:

- Erstens wurde im Falle der Entlassung durch den Staatsanwalt keine Haftentscheidungshilfe notwendig, so daß es nur in wenigen dieser Fälle zu einem Gespräch zwischen Jugendlichem und der Jugendgerichtshilfe kam. Die Akten solcher Jugendlichen enthielten deshalb kaum Informationen.
- Zweitens konnte die Jugendgerichtshilfe am Bereitschaftsgericht auch nur mit einem Teil derjenigen Jugendlichen Gespräche führen, die richterlich vorgeführt wurden. Ursache dafür waren meist Verständigungsprobleme wegen fehlender Übersetzer bei Jugendlichen, die überwiegend aus Osteuropa stammten. Auch hier fehlten viele Angaben.
- Drittens war die Gesprächssituation selbst aufgrund der Drucksituation am Bereitschaftsgericht grundsätzlich schwierig. In kurzer Zeit mußten möglichst viele Informationen zur Haftentscheidungshilfe gesammelt werden.
- Viertens stand meist nur der Jugendliche als Informationsquelle zur Verfügung, weil Personen aus dem sozialen Umfeld oder aus zuständigen Ämtern zu den Bereitschaftsdiensten (am Nachmittag und Abend) nicht erreichbar waren. Es war davon auszugehen, daß der Jugendliche unter Inhaftierungsangst sicherlich nicht immer ausführliche Angaben gemacht hat.

Trotz dieser Einschränkungen konnten durch den Umfang der Untersuchungsgruppe von annähernd 500 Personen nicht nur Angaben zur Lebenssituation, zu Deliktstrukturen und zu Ergebnissen der Hauptverhandlung gewonnen werden, sondern es bot sich außerdem die Möglichkeit, die haftgerichtlichen Entscheidungen anhand der Merkmale von vier Gruppierungen[71] näher zu charakterisieren.

Die parallel zu den Aktenanalysen durchgeführte Fragebogenerhebung über die Arbeit und Wirkung der Jugendhilfeeinrichtungen wandte sich an die dort tätigen MitarbeiterInnen. Sie betraf deren Einschätzung über die Arbeit mit rund 100 Jugendlichen, die zwischen dem

71 Die vier Unterschungsgruppen: 1. Jugendliche mit Haftbefehl, 2. Jugendliche mit Haftbefehl und Verschonung, 3. Jugendliche mit Unterbringungsbefehl in Jugendhilfe und 4. Jugendliche, die bis zur Hauptverhandlung in Freiheit entlassen wurden.

1.4.1994 und 31.3.1995 einen richterlichen Unterbringungsbefehl erhalten hatten. Damit konnte die Beurteilung der Betreuungsverläufe und der Hilfeplanung mit den Jugendlichen aus der Perspektive der Jugendhilfe erhoben werden - mit allen damit verbundenen Gefahren der Beschönigung der Antworten. Auch bei dieser Erhebung haben wir versucht, so dicht wie möglich an Faktfragen zu bleiben. Die sozialpädagogischen Erfolge in der U-Haftvermeidung haben wir insbesondere an den Ergebnissen der Hilfeplanung festgemacht. Diese Unterstützungsleistungen wurden über den Fragebogen hinaus auch durch Einzel- und Gruppeninterviews bei den Trägern erhoben. Genauso relevant für den sozialpädagogischen Erfolg wären Einschätzungen und Einstellungsänderungen der betroffenen Jugendlichen gewesen. Auf Interviews mit ihnen mußte im Rahmen der Untersuchung aus Kapazitätsgründen verzichtet werden.

Unter Berücksichtigung der genannten Einschränkungen konnten mit der Gesamtuntersuchung umfangreiche Ergebnisse für das Modell der U-Haftvermeidung gewonnen werden, die in den folgenden Kapiteln dargestellt werden.

6. Haftentscheidung und Haftvermeidung am Bereitschaftsgericht

6.1 Die Jugendgerichtshilfe am Bereitschaftsgericht

Am zentralen Bereitschaftsgericht der Stadt[72] wurden im ersten Jahr des neuen Modells 435 jugendliche Tatverdächtige[73] zwecks Prüfung des Erlasses eines Haftbefehls von der Polizei vorgeführt. Von diesen Vorgeführten wurden wiederum 135 durch die Staatsanwaltschaft in Freiheit entlassen, 300 Jugendliche wurden dem Haftrichter vorgeführt. Da für die 135 entlassenen Jugendlichen kaum Informationen in den Akten zur Verfügung standen[74], wird sich die Darstellung der Ergebnisse weitgehend auf Aussagen über die Gruppe der 300 auf Antrag der Staatsanwaltschaft richterlich vorgeführten Jugendlichen beschränken.

Die Jugendgerichtshilfe der Senatsjugendverwaltung ist am Bereitschaftsgericht mit einem ständigen Bereitschaftsdienst vertreten.[75] Sie spricht mit dem Jugendlichen vor dem Haftprüfungstermin und nimmt gegebenenfalls Kontakt zu den Eltern oder einer Betreuungsperson auf. Sie verfügt per Rufbereitschaft über direkte Kontakte mit Einrichtungen der Jugendhilfe, die unter Berücksichtigung einiger Aufnahmekriterien bereit sind, Jugendliche, die von einem Haftbefehl bedroht sind, auf der Grundlage eines entsprechenden haftrichterlichen Beschlusses sofort vom Bereitschaftsgericht abzuholen und aufzunehmen.

Im Untersuchungszeitraum (April 1994-März 1995) nahmen wechselweise 6 MitarbeiterInnen der Jugendgerichtshilfe der Senatsjugendverwaltung die Aufgabe der Haftentscheidungs- und Haftvermeidungshilfe am Bereitschaftsgericht wahr. Sie waren grundsätzlich vor Ort, wenn Jugendliche dem Haftrichter vorgeführt wurden. Das Team hatte sich nach verschiedenen Versuchen gegen den ständigen Einsatz einer einzigen MitarbeiterIn am Bereitschaftsgericht entschieden. Mit der Teamstruktur sollte ganz bewußt vermieden werden, daß sich Einzelkontakte im Zuge der täglichen Kooperation verfestigten. Es sollten Koalitionsbildungen mit Richtern und Staatsanwälten möglichst vermieden wurden, die sich zuungunsten der Jugendlichen hätten auswirken können.

Die MitarbeiterInnen des Teams wiesen in der von uns durchgeführten Gruppendiskussion darauf hin, daß sie sich bei der Arbeit am Bereitschaftsgericht als 6 Einzelpersonen mit verschiedenen individuellen Strategien wahrnehmen. Dagegen zeigten die Untersuchungsergebnisse aus der Aktenanalyse, daß hier durchaus gewisse Standardisierungen bestanden, zumin-

---

72 Das in Berlin als Außenstelle des Amtsgerichts Tiergarten eingerichtete Bereitschaftsgericht am Platz der Luftbrücke (Tempelhof) ist insbesondere für jede in Berlin durchgeführte erste richterliche Vernehmung der aus dem Polizeigewahrsam vorgeführten Personen durch den Richter beim Amtsgericht bzw. Jugendgericht gemäß §§ 128 und 129 StPO, darüber hinaus auch für sich an die erste richterliche Vernehmung anschließende beschleunigte Verfahren nach §§ 417 ff StPO bzw. vereinfachte Verfahren gemäß § 76 JGG zuständig (zur Entwicklung der Strukturen vgl. Matzke 1995, 417 ff).

73 Die Gesamtheit der erfaßten 497 Vorführungen reduzierte sich dadurch, daß 45 Jugendliche zwei Mal, 13 drei Mal und 4 Jugendliche vier Mal in einem Jahr vorgeführt wurden. Um Verzerrungen sensibler Daten zu vermeiden, wurde von der Grundgesamtheit der 435 Personen ausgegangen.

74 Im Falle der Entlassung durch den Staatsanwalt war die Jugendgerichtshilfe überwiegend nicht in den Entscheidungsprozeß miteinbezogen, so daß auch kein Gespräch mit dem Jugendlichen stattfand und keine weiteren Informationen in den Aktennotizen zu finden waren.

75 Die bezirklichen Jugendgerichtshilfen sind in der Haftentscheidungshilfe in Berlin nicht unmittelbar vor Ort mit einbezogen, sondern werden jeweils von der überbezirklichen Jugendgerichtshilfe informiert bzw. angerufen, wenn es um die Haftentscheidung bei einem Jugendlichen geht, für den sie bereits zuständig sind.

dest was das Vorgehen in der Situation der Haftentscheidung betraf. Wenn es auch vereinzelt Unterschiede gab, so zielte die Arbeit der Jugendgerichtshilfe am Bereitschaftsgericht in der Situation der Haftentscheidung primär auf Haftvermeidung. Im Kontext eines jugendhilfegemäßen Vorgehens kommen hier konzeptionelle Zielsetzungen der Parteilichkeit und der Anwaltschaft für den Jugendlichen zum Tragen, wie sie in den Eingangsparagraphen des Kinder- und Jugendhilferechts festgehalten sind.[76] Über dieses Selbstverständnis bestand im Team ein Konsens, der auch die Arbeitsweisen der MitarbeiterInnen prägte. Durch den zeitlichen Druck, unter dem die Entscheidungen "Haft ja oder nein" am Bereitschaftsgericht getroffen werden mußten, konnte die JGH andere erzieherische Maßnahmen, die die Reflexion mittel- und langfristiger Hilfeplanungsprozesse umfaßt hätten, so gut wie nicht ins Auge fassen.

6.1.1 Informationsstand und Informationsbarrieren

Die Jugendgerichtshilfe soll im Rahmen der §§ 38 Abs. 2 S. 3 und 72a JGG in Haftsachen beschleunigt über das Ergebnis ihrer Nachforschungen berichten, den Haftrichter bei der Entscheidungsfindung durch Ermittlungen zur sozialen Situation des Festgenommenen unterstützen und realisierbare Vorschläge zur U-Haftvermeidung einbringen. In Berlin holt sich die diensthabende MitarbeiterIn der Jugendgerichtshilfe die notwendigen Informationen aus dem sogenannten "Vorführbuch", das bei der Polizei am Bereitschaftsgericht vorliegt.[77]
In der Hälfte der untersuchten Fälle (52%) erhielt die Jugendgerichtshilfe am Bereitschaftsgericht den Polizeibericht in kopierter Form. Diese Informationen gaben allerdings lediglich Aufschluß über die polizeiliche Sicht des Tatherganges. Für eine fundierte Haftentscheidungshilfe benötigten die MitarbeiterInnen der Jugendgerichtshilfe weitere Informationen, insbesondere zur Situation des Jugendlichen. Wichtig war daher, daß sie unmittelbar vor der haftrichterlichen Vorführung mit den betroffenen Jugendlichen sprechen konnten.

Information aus Beratungsgesprächen mit den Jugendlichen
Insgesamt wurden seitens der Jugendgerichtshilfe mit 233 der 300 richterlich vorgeführten Jugendlichen am Bereitschaftsgericht Gespräche geführt, mit 77 (25,7%) Jugendlichen war dies nicht möglich. Das hatte folgende Ursachen: In 44 Fällen gab es hohe Sprachbarrieren[78], in 13 Fällen wurde die Jugendgerichtshilfe übergangen, d.h. es fehlten Informationen aus dem Vorführbuch, und sie wurde statt dessen weder von Polizei noch von Staatsanwaltschaft oder Jugendrichter über eine Vorführung informiert. In 20 Fällen war die Ursache für ein nicht geführtes Gespräch unbekannt. Die Anzahl von 44 Jugendlichen, mit denen aufgrund von Sprachproblemen kein Gespräch geführt werden konnte, ist auffällig hoch und betraf jeden siebten der 300 vorgeführten Jugendlichen. In der Gruppendiskussion wies die Jugendgerichtshilfe darauf hin, daß die mangelhafte Verständigung aufgrund fehlender Übersetzer[79] die Arbeit der Jugendgerichtshilfe behindere und die ohnehin schon benachteiligten ausländischen Jugendlichen nochmals in besonderer Weise benachteilige. An mehr als der Hälfte dieser Jugendlichen (23 von 44) wurde U-Haft vollzogen. Unter diesen

---

76 Danach erfüllt Jugendhilfe ihre Leistungen und andere Aufgaben *zugunsten* junger Menschen und ihrer Familien (§ 2 Abs. 1 SGB VIII).

77 Die zuständige Bezirks-Jugendgerichtshilfe wird in Berlin so gut wie nie von der Polizei über Vorführungen informiert. Sie erhält ihre Informationen normalerweise von der überbezirklichen Jugendgerichtshilfe, die am Bereitschaftsgericht arbeitet.

78 Verständigungsprobleme gab es insbesondere mit einreisenden Jugendlichen aus Osteuropa.

79 Am Bereitschaftsgericht gab es zwar Übersetzer, sie standen jedoch auf Abruf für die gerichtlichen Verhandlungen zur Verfügung und konnten nicht immer von der Jugendgerichtshilfe in Anspruch genommen werden.

Jugendlichen befanden sich mehrheitlich Polen (12 von 23). Deren Tatverdächtigungen bezogen sich vor allem auf schweren Diebstahl.[80]

Informationen aus Telefonaten

Mit 233 der 300 richterlich vorgeführten Jugendlichen wurden Gespräche geführt, in 149 Fällen versuchte die Jugendgerichtshilfe, zum sozialen Nahfeld oder zu Ämtern Kontakt aufzunehmen. Weil das Bereitschaftsgericht am Nachmittag und Abend tagt, war die Kontaktaufnahme oft nicht erfolgreich.[81] Lediglich in 21% (267mal) aller Fälle wurden die TeilnehmerInnen überhaupt erreicht. Dabei waren die zuständigen Betreuungs- und Bewährungshelfer mit 3 (2%) bzw. 14 (10%) telefonischen Kontakten bei jeweils 144 Versuchen am schwersten erreichbar. In 64 (44%) von 144 Versuchen wurden die Jugendgerichtshilfen der Bezirke erreicht. Lediglich in 38 (26%) von 146 Versuchen konnten die Eltern erreicht werden.

Wissensstand über die Lebenslage der Jugendlichen

Mit dem im folgenden skizzierten Überblick über die Lebenslage der 300 richterlich vorgeführten Jugendlichen kann ein Eindruck gewonnen werden, aufgrund welcher schmalen Informationsbasis die schwierige Hilfe für die Entscheidung des Gerichts gegeben werden mußte. Die eingeschränkte Informationsbasis war gleichzeitig der Grund dafür, weshalb im Hinblick auf die erhobenen Merkmale zur sozialen Lebenssituation der Jugendlichen die Angaben mitunter nur fragmentarisch blieben und nicht in die Auswertung gelangen konnten.

Eckdaten zur Lebenslage der Vorgeführten

Unter allen 435 dem Haftgericht Vorgeführten befanden sich 408 (94%) männliche und 27 (6%) weibliche Jugendliche. Das Durchnittsalter der polizeilich vorgeführten Jugendlichen lag bei 16,6 Jahren (199 Monaten). 248 (57%) aller 435 Jugendlichen waren zwischen 14 und 16 Jahre alt.

Bei 230 der 300 richterlich Vorgeführten lag eine Anmeldung im Bundesgebiet vor, darunter befanden sich 217 in Berlin gemeldete Jugendliche. Von den restlichen 70 Jugendlichen hatten 57 keinen festen Wohnsitz oder Aufenthalt in Deutschland, bei 13 fehlten solche Angaben.

Deutscher Nationalität waren 99 der 300 richterlich vorgeführten Jugendlichen und 201 waren ausländischer Nationalität. 128 der 201 ausländischen Jugendlichen waren mit Wohnsitz in Berlin gemeldet, 73 hatten keinen festen Aufenthalt in Deutschland. Hier handelte es sich meist um ein- und durchreisende Jugendliche vor allem aus dem Nachbarland Polen.

Rund die Hälfte, nämlich 146 von 300 dem Richter Vorgeführten wohnte bei den Eltern oder bei Pflegeeltern. Weitere 21 Jugendliche wohnten bei Verwandten, Bekannten, Freunden, in Einrichtungen der Jugendhilfe (13) oder in Asylheimen (8). Bei den restlichen Jugendlichen war der genaue Wohn- oder Aufenthaltsort nicht bekannt.[82]

Von den haftrichterlich vorgeführten Berliner Jugendlichen (217) befanden sich zwei Drittel (149) noch im schulpflichtigen Alter. Von einem Drittel dieser Jugendlichen erfuhr die Jugend-

80 Zur Deliktverteilung bei den haftrichterlich vorgeführten polnischen Jugendlichen vgl. Tabelle A8 im Anhang.

81 Die von uns registrierte Anzahl von Versuchen, telefonischen Kontakt herzustellen, beläuft sich auf 1.250 pro Jahr , wobei hier sicherlich nur ein Teil erfaßt wurde, weil nicht immer alle erfolglosen telefonischen Verbindungen in der Akte aufgeführt wurden.

82 Die große Zahl der unbekannten resultiert zum einen aus den fehlenden Angaben bei einreisenden Jugendlichen, zum anderen auch aus der ungeklärten Wohn- und Aufenthaltssituation hier lebender Jugendlicher. Die Sonderauswertung über die in Einrichtungen der Jugendhilfe untergebrachten Jugendlichen zeigte, daß bei diesen Jugendlichen ein hoher Klärungsbedarf hinsichtlich des Verbleibs nach der Hauptverhandlung (Unterkunft, Wohnmöglichkeit) bestand (vgl. Kap.7).

gerichtshilfe, daß sie die Schule nicht mehr besuchen (unbekannt 23%, Schulbesuch 46%). Von den übrigen 78 Jugendlichen verfügten bekanntermaßen 15 (19,2%) über einen Ausbildungs- und 2 (2,6%) über einen Arbeitsplatz. Da bei einreisenden Jugendlichen die entsprechenden Angaben oft nur ungenau erfaßt werden konnten, konnten die Daten zur Schul-, Ausbildungs- und Arbeitssituation nicht zur Auswertung gelangen. Die Momentaufnahme zeigt zum einen, daß die Informationsbeschaffung der Jugendgerichtshilfe kurz vor dem Hafttermin oft unvollständig bleiben mußte, auf der anderen Seite, daß sie bei einem Teil der Jugendlichen Hinweise auf Lebenssituationen erhielt, die deutlich durch soziale Abbrüche (Familie, Schule) und mangelnde Perspektiven (Arbeit, Wohnung) gekennzeichnet waren. In diesen Fällen war Jugendhilfe aufgefordert, die jeweils notwendigen, individuell auszugestaltenden Hilfen in einem gemeinsamen Clearing-Prozeß herauszuarbeiten und anzubieten. Daß Hilfebedarf vorlag bzw. daß die prekären Lebenslagen bei den Jugendlichen schon einige Zeit vor deren Verhaftung bestanden hatten, zeigen auch die Angaben über bereits bestehende Kontakte zu den zuständigen Jugendbehörden (Tabelle 1).

Tabelle 1

Instanzielle Kontakte der richterlich vorgeführten Jugendlichen N=300		
Instanzen	abs.	in %
Betreuungshelfer	7	2,3
Bewährungshelfer	31	10,3
Jugendgerichtshelfer	66	22,0
Soz.päd. Dienst/Jugendhilfe	28	9,3
Unbekannt[83]	168	56,0
Gesamt	300	100

Die Frage nach den bestehenden instanziellen Kontakten wurde bei 132, d.h. bei nahezu der Hälfte der 300 vorgeführten Jugendlichen bejaht, unbekannt blieben 168 Fälle. Aus der Tabelle wird auch ersichtlich, daß die instanziellen Kontakte von 104 der 132 bekannten Fälle insbesondere im Bereich delinquenten Verhaltensauffälligkeiten lagen: Betreuungshilfe, Bewährungshilfe und Jugendgerichtshilfe.

Wissen über Aufnahmemöglichkeiten in stationäre Jugendhilfe

Wenn ein Haftbefehl drohte, nahm die Jugendgerichtshilfe Kontakt mit den Einrichtungen der Jugendhilfe auf, um vorabzuklären, ob eine Aufnahme zwecks U-Haftvermeidung möglich war. In Ausnahmefällen, d.h. wenn nur noch wenig Zeit vor der richterlichen Vorführung blieb, wurden die Einrichtungen auch erst nach Ausstellung des Unterbringungsbefehls angerufen. In 113 von 120 Aufnahmeersuchen konnten die Einrichtungen der Jugendhilfe von der Jugendgerichtshilfe telefonisch erreicht werden. Dies verweist auf die erfolgreiche Praxis der eingerichteten Rufbereitschaft. Die Ergebnisse der 113 telefonischen Kontaktaufnahmen zu den Trägern finden sich in der folgenden Tabelle:

83 In den unbekannten Fällen fand sich in den Aktennotizen kein Vermerk auf instanzielle Kontakte. Diese waren bei den ausländischen Jugendlichen kaum zu erheben, aber auch bei den in Berlin gemeldeten Jugendlichen konnten durch die schwierige Erreichbarkeit der zuständigen Ämter die Daten nicht immer erhoben werden.

Tabelle 2

Anfragen der JGH bei den Einrichtungen in Relation zu Aufnahmen bzw. Ablehnungen N=113				
Träger	Anfragen der JGH	Aufnahme	Ablehnung wg. Vollbelegung	Ablehnung wg. Aufnahmekriterien
SPJZ	67	50	12	5
Aktion`70 e.V.	42	26	9	7
Clearingstelle	4	2	2	--
Gesamt	113	78	23	12

Hier wird deutlich, daß die zur Verfügung stehende Platzzahl nicht immer ausreichend war, um die Vermeidung von Untersuchungshaft sicherzustellen. Zwar waren die Einrichtungen im ersten Jahr (wie auch später) im Jahresdurchschnitt nicht voll ausgelastet, jedoch konnten wegen phasenweiser Vollbelegung 23 Jugendliche nicht in die Einrichtungen aufgenommen werden.

6.1.2 Stellungnahmen und Empfehlungen der Jugendgerichtshilfe

Bei 300 Jugendlichen wurde eine haftrichterliche Entscheidung getroffen. Die Jugendgerichtshilfe gab in diesen Fällen in der Verhandlung eine Stellungnahme ab, die uns in schriftlich ausführlicher Form in 238 Fällen vorlag. Sie fehlte in 62 Fällen.[84] Die von uns zusammengefaßte Tendenz der Stellungnahme wird als Empfehlung der Jugendgerichtshilfe in Tabelle 3 dargestellt.

Tabelle 3

Tendenz der Empfehlung der Jugendgerichtshilfe bei der Haftentscheidung N=300		
Empfehlung	abs.	in %
Freilassung bis zur Hauptverhandlung	156	52,0
Haftbefehl mit Verschonung	30	10,0
Unterbringung in Jugendhilfeeinrichtung	39	13,0
Unterbringung in therapeut. Einrichtung	2	0,6
Absehen von Jugendhilfe	2	0,6
Nicht gegen Untersuchungshaft	11	3,6
Vollzug von Untersuchungshaft	4	1,3
Kein Vorschlag	56	18,6
Gesamt	300	100,0

Die qualitative Auswertung der schriftlich festgehaltenen Stellungnahmen ergab einen Überblick über die dominanten Argumentationsmuster der Jugendgerichtshilfe in der Situation der Haftentscheidung.

Die folgenden in Tabelle 4 wiedergegebenen 681 Hinweise waren in den schriftlichen Stellungnahmen der Jugendgerichtshilfe enthalten. Sie bezogen sich auf 238 Jugendliche, wurden nach den ersten 15 Rängen angeordnet und können sich auch überschneiden.

84 Vor allem auch deshalb, weil aufgrund von Sprachbarrieren kein Gespräch geführt werden konnte.

Tabelle 4

Argumentation der Jugendgerichtshilfe bei der Haftentscheidung		
Stellungnahmen:238; Nennungen:681		
Argumentation	Nennungen	Rang
Hinweis auf bestehenden Wohnsitz	154	1
Hinweis auf bestehende familiäre Bindung	99	2
Hinweis auf bestehenden Schulbesuch	62	3
Hinweis auf bestehende Bewährungs-, Betreuungs- oder Jugendgerichtshilfe	61	4
Hinweis auf Möglichkeiten des Jugendgerichtsgesetzes zur Vermeidung von Untersuchungshaft	45	5
Bezugnahme auf Stellungnahme der bezirklichen Jugendgerichtshilfe	41	6
Hinweis auf Instabilität der Lebensverhältnisse	40	7
Hinweis auf bestehende Betreuung durch Jugendhilfe allgemein	36	8
Hinweis auf bestehenden Ausbildungsplatz	34	9
Hinweis auf Erstmaligkeit der Verhaftung	30	10
Hinweis auf andere Delikte/Verdachte über die aktuelle Tatverdächtigung hinaus	17	11
Hinweis auf Suche nach Ausbildungsplatz	16	12
Hinweis auf ordnungsgemäße Ableistung bereits bestehender Weisungen und Auflagen	15	13
Hinweis auf nicht ordnungsgemäße Ableistung bereits bestehender Weisungen und Auflagen	11	14
Hinweis auf Therapienotwendigkeit	10	15
Hinweis auf Wohnsitz, der von der stellungnehmenden Jugendgerichtshilfe kurzfristig besorgt wurde	10	15

Bei der Textauswertung ließen sich vier Argumentationsfiguren zusammenfassen, die mit bestimmten konkreten Empfehlungen der Jugendgerichtshilfe in der Situation der Haftentscheidung verbunden waren. Diese Argumentationsstränge erschließen sich aus dem Kontext des Aufgabenverständnisses der Jugendgerichtshilfe: einen Beitrag zur U-Haftvermeidung zu leisten und bei Bedarf Möglichkeiten erzieherischer Hilfen aufzuzeigen. Zum einen wurden bestehende soziale Bezüge betont, zum anderen führte die Kenntnis über den dringenden Hilfebedarf, der sich bei einem Teil der Jugendlichen ganz deutlich zeigte, dazu, alternativ zur U-Haft eine Unterbringung in Jugendhilfe zu empfehlen.

Argumentationsfigur 1: Verweis auf die Stabilität der Lebensverhältnisse und damit auf fehlende Fluchtgefahr

Diese Argumentation kam am häufigsten, in 88 von 238 (37%) aller Stellungnahmen vor. Da insbesondere wegen Fluchtgefahr U-Haft angeordnet wird und diese vom Gericht oft bei fehlendem Wohnsitz oder fehlenden sozialen Bindungen angenommen wird, war ein wesentlicher Argumentationsstrang der Jugendgerichtshilfe auf die Betonung der Stabilität der Lebensverhältnisse gerichtet. Dies betraf vor allem den Hinweis auf den "bestehenden Wohnsitz und familiäre Bindungen" (Rang 1 und 2). Außerdem wurde in 42 Fällen auf Schulbesuch (Rang 3), in 28 Fällen auf eine bestehende Betreuung durch Jugendhilfe, Bewährungs- oder Jugendgerichtshilfe (Rang 4) hingewiesen. Die Empfehlung an den Haftrichter von Seiten der Jugendgerichtshilfe lautete entsprechend der Argumentation in nahezu 80% dieser Fälle "Freilassung bis zur Hauptverhandlung".

Argumentationsfigur 2: Verweis auf die Instabilität der Lebensverhältnisse und die Notwendigkeit des Einsatzes von Jugendhilfe
Diese Argumentation kam in knapp 17% aller Stellungnahmen vor (40 von 238). Sie steht an zweiter Stelle der Häufigkeiten. Die instabilen Lebensverhältnisse wurden als mitverursachend für das Verhalten des Jugendlichen angeführt und dienten insofern zu dessen Entlastung (insbesondere Rang 7). Gleichzeitig wurde die Instabilität als Notwendigkeit für die Intervention von Jugendhilfe (Hilfebedarf) eingebracht. Die Empfehlung in der Situation der Haftentscheidung lautete hier bei nahezu der Hälfte der 40 Fälle "Unterbringung in Jugendhilfe", allerdings wurde auch in zwei Fällen der Vollzug des Haftbefehls vorgeschlagen.

Argumentationsfigur 3: Hinweis auf Ersttäterschaft
In 12,6% aller Stellungnahmen (30 von 238) wurde argumentiert, es handele sich um eine erste Verhaftung, so daß nicht von einer Wiederholungstäterschaft ausgegangen werden könne. Verbunden mit dieser Argumentation war in der Mehrheit dieser Fälle der Vorschlag "Freilassung bis zur Hauptverhandlung."

Argumentationsfigur 4: Hinweise auf weitere Delikte des Jugendlichen, ohne eine eindeutige Empfehlung abgeben zu können
In 10,5% aller Stellungnahmen (25 von 238) wurde darauf verwiesen, daß die Jugendlichen noch andere Straftaten begangen hätten und/oder ihre Auflagen nicht ableisteten. Hinsichtlich der Tatverdächtigungen zeigten sich bei dieser Gruppe allerdings keine besonders auffälligen Häufungen bei der Schwere der Tat. Im Gruppeninterview machten die MitarbeiterInnen der Jugendgerichtshilfe darauf aufmerksam, daß die Informationen über weitere Straftaten bzw. Nichtableistung von Auflagen den Telefonaten mit der zuständigen Jugendgerichtshilfe entstammten. Die Vorschläge variierten zwischen "Freilassung bis zur Hauptverhandlung" bis hin zu "Nicht gegen U-Haft" oder "Unterbringung in Jugendhilfe".

6.1.3 Empfehlung der Jugendgerichtshilfe und Entscheidung des Haftrichters

Werden die Empfehlungen der Jugendgerichtshilfe mit den haftrichterlichen Entscheidungen verglichen, sind Tendenzen ihres Einflusses erkennbar.[85]

Empfehlung der Jugendgerichtshilfe: Entlassung
Im Falle des Vorschlags der JGH, Jugendliche in 156 Fällen bis zur Hauptverhandlung zu entlassen, wurde vom Richter in 79 Fällen (51%) ebenso entschieden. In den restlichen 77 Fällen erhielten 32 Jugendliche zwar einen Haftbefehl, wurden jedoch vom Vollzug der Haft gem. § 116 StPO verschont. Bei 15 Jugendlichen wurde U-Haft angeordnet, 11 Jugendliche erhielten einen Unterbringungsbefehl in Jugendhilfe, bei 19 Jugendlichen fehlten entsprechende Angaben. Abschließend kann gesagt werden, daß in 58 von 156 Fällen (37%) durch den Richter eine Verschärfung des Vorschlags der Jugendgerichtshilfe stattfand.

---

85 Ein eindeutiger Nachweis ist forschungsmethodisch nicht möglich: Zum einen gibt es keine Vergleichsmöglichkeit mit der haftrichterlichen Entscheidungspraxis *ohne* Beteiligung der Jugendgerichtshilfe, die seit Anfang der 80er Jahre am Bereitschaftsgericht tätig ist. Zum anderen konnten informelle Gespräche und deren Einfluß sowohl auf die Empfehlungen der JGH als auch auf die Entscheidungen des Haftrichters nicht erfaßt werden.

Empfehlung der Jugendgerichtshilfe: Unterbringung in Jugendhilfe
In 39 Fällen plädierte die Jugendgerichtshilfe für eine einstweilige Unterbringung des Jugendlichen in Jugendhilfe als Alternative zur Untersuchungshaft. Der Richter entsprach dieser Empfehlung in 28 Fällen, in 8 Fällen wurde U-Haft angeordnet, bei 3 Fällen war die richterliche Entscheidung unbekannt. Der Richter entsprach also dem Vorschlag der JGH in 72% der Fälle. Eine Verschärfung fand in 21% der Fälle statt.

Empfehlung der Jugendgerichtshilfe: Haftbefehl mit Haftverschonung
Bei 30 Jugendlichen plädierte die JGH für den Erlaß eines Haftbefehls mit Haftverschonung. Hier wurde vom Richter wie folgt entschieden: Es erhielten 21 Jugendliche Haftbefehl mit Haftverschonung, 6 ohne Verschonung. 2 Jugendliche wurden bis zur Hauptverhandlung entlassen, in einem Fall stellte der Richter einen Unterbringungsbefehl aus. Der Richter entsprach dem Vorschlag der JGH in 70% der Fälle.

Empfehlung der Jugendgerichtshilfe: Allgemein nicht gegen U-Haft
Bei dem recht uneindeutigen Vorschlag der JGH, der bei 11 Jugendlichen zusammengefaßt als Argumentation "nicht gegen U-Haft" bezeichnet wurde, entschied der Richter in 10 Fällen den Vollzug von U-Haft und in einem Fall Unterbringung in Jugendhilfe. Damit entsprach er in nahezu allen Fällen der Tendenz des Vorschlags der Jugendgerichtshilfe.

Empfehlung der Jugendgerichtshilfe: Vollzug von U-Haft
Beim Vorschlag der JGH, in 4 Fällen U-Haft anzuordnen, entschied der Richter in zwei Fällen auf Entlassung bis zur Hauptverhandlung, in einem Fall wurde ein Haftbefehl mit Haftverschonung und in einem weiteren Fall ein Unterbringungsbefehl in Jugendhilfe ausgestellt. Hier schloß sich der Richter also in keinem der vier Fälle dem Vorschlag der Jugendgerichtshilfe an.

Keine Empfehlung der Jugendgerichtshilfe
In den Fällen, in denen die Jugendgerichtshilfe keine Empfehlung abgab, wurde in hohem Maße, nämlich bei 41 von 56 Jugendlichen U-Haft vollzogen. Dabei handelte es sich mehrheitlich um Jugendliche, die ihren Wohnsitz nicht in Deutschland hatten.

6.1.4 Zusammenfassung: Möglichkeiten und Grenzen der Haftvermeidungshilfe im Berliner Modell

Haftentscheidungshilfe gemäß § 72a JGG i.V.m. § 72 Abs. 1 JGG (Subsidiarität von U-Haft) bedeutet die Unterstützung des Haftrichters bei der Haftentscheidung durch Ermittlungen zur sozialen Situation des Festgenommenen, aber im Sinne des Verhältnismäßigkeitsprinzips vor allem in bezug auf weniger einschneidende Maßnahmen der Verfahrenssicherung.[86] Die Zielorientierung der Vermeidung von Untersuchungshaft (§ 72 Abs. 1 JGG) deckt sich mit dem Selbstverständnis der Jugendgerichtshilfe als Teil der Jugendhilfe, Leistungen und andere Aufgaben *zugunsten* junger Menschen und Familien wahrzunehmen (§ 2 Abs. 1 SGB VIII).

Vor Erlaß und Vollstreckung eines Haftbefehls ist stets zu prüfen, ob weniger eingreifende Maßnahmen möglich sind. Weil aber Untersuchungshaft im Jugendstrafrecht unter bestimmten Voraussetzungen dennoch zulässig ist ("ultima ratio"), kann die Erforschung der Persönlichkeit des Beschuldigten, die Einbringung von Informationen über den sozialen Hintergrund auch

86 Vgl. Cornel 1995, S. 153.

dazu führen, daß die Jugendgerichtshilfe an der richterlichen Entscheidung über die Verhängung von U-Haft beteiligt ist.[87] Dieses Spannungsfeld der Haftentscheidungshilfe ist unauflösbar und wird von der Jugendgerichtshilfe am Bereitschaftsgericht folgendermaßen reflektiert: "Obwohl der Einsatz von Sozialarbeitern im Prozeß der Haftentscheidung zumeist sinnvoll ist, birgt er aber auch Gefahren in sich: Sozialarbeiter können notwendige Erkenntnisse zur Absicherung eines Haftbefehls liefern; Haftrichter können die Lebensumstände von Beschuldigten durch Sozialarbeiter genauer "aushorchen" lassen, statt ein gewisses Risiko einzugehen; die Gefahr besteht, daß wegen mangelnder Hilfemöglichkeiten der Jugendhilfe oder, um Sozialarbeitern notwendige Zeit für Ermittlungen zu schaffen, zu viele Personen inhaftiert werden; die Gefahr besteht auch, daß die Betroffenen sich durch das methodische Vorgehen von Sozialarbeitern täuschen lassen und belastende Informationen vertraulich preisgeben; die Möglichkeit, daß durch die Ausweitung der Tätigkeit mit anschließendem Projekt eine neue Form ambulanter Kontrolle an die Stelle der Hilfe tritt, auch bei Personen, die vorher ohne Kontrolle auf freiem Fuß geblieben wären, ist nicht auszuschließen; es muß darauf geachtet werden, daß die Absicherung sozialpädagogischer Hilfeangebote oder Maßnahmen mit prozessualen Druckmitteln nicht zu einer Schwächung der Betroffenen führt."[88]

Anspruch der Jugendgerichtshilfe am Bereitschaftsgericht ist es, einen Beitrag zur U-Haftvermeidung bei Jugendlichen zu leisten. Betrachtet man vor diesem Hintergrund ihre Argumentationsfiguren und ihre Empfehlungen, so spiegelt sich darin die Umsetzung einer Strategie wider, die sich wie folgt charakterisieren läßt: Versuch der situativen Schadensbegrenzung, der weitestgehenden Vermeidung von U-Haft, Anwaltschaft für die Jugendlichen und Vorrang der Krisenintervention durch Jugendhilfe vor einem Wegsperren in U-Haft.

Was aber die Jugendgerichtshilfe in der Situation der Haftentscheidung durch ihre Präsenz tatsächlich bewirken kann, ist eine andere Frage. Hier fällt zunächst auf, daß die Entscheidungen der Haftrichter teilweise erheblich von den Vorschlägen der Jugendgerichtshilfe abweichen. Diese Abweichung darf allerdings nicht vorschnell als Mißerfolg der Jugendgerichtshilfe oder als deren Einflußlosigkeit gewertet werden. Denn umgekehrt stößt auch ein zu hohes Maß an Übereinstimmung auf Kritik, weil darin eine Voranpassung an das richterliche Entscheidungsverhalten und eine mangelnde Konfliktfähigkeit der Jugendgerichtshilfe gesehen wird.[89] Die vorhandenen Abweichungsraten könnten insoweit auch als ein Indiz dafür gesehen werden, daß wenig informelle Vorabsprachen zwischen den Verfahrensbeteiligten stattfanden und die Jugendgerichtshilfe ihren Vorschlag nicht im vorhinein an den erwarteten richterlichen Beschluß anpaßte, sondern einen eigenen Standpunkt vertrat. Sie plädierte im Vergleich zu den Entscheidungen des Haftgerichts überwiegend für den milderen Eingriff.[90] Allerdings dürfte es ebenso wenig richtig sein, die Übereinstimmung der haftrichterlichen Entscheidung mit dem Vorschlag der Jugendgerichtshilfe ausschließlich als Einfluß der Jugendgerichtshilfe zu inter-

87 Zur Zielverschiebung von der Intention der U-Haftvermeidung und -verkürzung hin zur Rationalisierung der haftgerichtlichen Entscheidungsprozesse vgl. Plemper (1979, S. 282 ff). Die objektiv ambivalente Situation der Jugendgerichtshilfe in der Haftentscheidungssituation zeigt sich auch daran, daß es nie auszuschließen ist, daß sie bei ihren Recherchen über den Jugendlichen auch auf für ihn nachteilige Informationen stößt - sie darf aber wesentliche, ggf. auch negative Informationen gegenüber dem Gericht nicht zurückhalten. Hierin spiegelt sich die Doppelrolle der Jugendgerichtshilfe zwischen Hilfe und Kontrolle wider. Dies zeigte sich bei der Aktenauswertung zwar selten, jedoch in 10,5% aller Stellungnahmen (25 von 238). Hier wurde auf belastende Faktoren wie Nichterfüllung von Auflagen und Weisungen verwiesen (vgl. § 38 abs. 2 S. 5 und 6 JGG).

88 Reinecke 1994, S. 302 f..

89 Vgl. Momberg 1982, S. 65 ff.

90 Zu gegenteiligen Befunden im Bereich der Diversion vgl. Hügel 1988, S. 310 f.

pretieren. Dieser Einfluß, sofern er besteht, bleibt schwer zu messen, weil hierzu die Möglichkeiten des Vergleichs zu Haftentscheidungen ohne Beteiligung der Jugendgerichtshilfe fehlen.[91]

Auf der Habenseite der Bilanz steht als meßbarer Erfolg, daß nach unserer Aktenauswertung bei 51 Jugendlichen unmittelbar U-Haft vermieden werden konnte. Anders als in den meisten anderen Bundesländern stehen in Berlin Jugendhilfeeinrichtungen für eine sofortige Aufnahme der Jugendlichen zur Verfügung. Die Jugendgerichtshilfe hat jederzeit die Möglichkeit, vor einer haftrichterlichen Entscheidung mit den Jugendhilfeeinrichtungen Kontakt aufzunehmen (Rufbereitschaft). Andernorts gelangen die Jugendlichen erst im Wege einer Haftprüfung/Haftentlassung in Einrichtungen der Jugendhilfe.

Die Bilanz fällt jedoch nur eingeschränkt positiv aus: wegen zeitweiser Überbelegung der beiden Einrichtungen zur U-Haftvermeidung mußte in 23 Fällen eine Ablehnung der Aufnahme erfolgen.[92] Um hier Abhilfe zu schaffen, wäre es notwendig, Platzreserven in anderen Einrichtungen der Jugendhilfe als Notplätze zu schaffen, damit Jugendliche nicht aufgrund fehlender Unterbringungsmöglichkeiten der Jugendhilfe in U-Haft gelangen (vgl. Kap. 9).

Desweiteren versagen Versuche der U-Haftvermeidung offenbar weitgehend, wenn es um einreisende ausländische Jugendliche geht. Hier gab die Jugendgerichtshilfe in vielen Fällen (56 von 300; 19%) keine Stellungnahme oder Empfehlung ab. Die MitarbeiterInnen sprachen in diesem Zusammenhang in der Gruppendiskussion von "aussichtslosen Versuchen" der U-Haftvermeidung, nachdem wiederholt, aber erfolglos vorgeschlagen worden war, Alternativen für diesen Personenkreis zu erproben.[93] Eine Stellungnahme gegen U-Haft abzugeben, sei zwecklos, weil Haftrichter in solchen Fällen immer in ähnlicher Weise, nämlich wegen Fluchtgefahr auf U-Haft entscheiden würden. In der Tat wurde bei fehlender Stellungnahme der Jugendgerichtshilfe überproportional häufig, nämlich zu 73%, Untersuchungshaft angeordnet.[94] Daß die Ersttäterschaft und die geringere Deliktschwere der einreisenden Jugendlichen im Einzelfall auch andere, stärker am Verhältnismäßigkeitsgrundsatz orientierte Entscheidungen zugelassen hätten, dürfte außer Zweifel stehen.

Zweifellos drückt sich im derzeitigen Umgang mit einreisenden Jugendlichen auch auf Seiten der Jugendhilfe ein Stück Ratlosigkeit aus. Es gibt keine Angebote zur U-Haftvermeidung für diesen Personenkreis, auf die die Jugendgerichtshilfe in ihrem Vorschlag verweisen könnte. Da auch im Anschluß an die Hauptverhandlung kaum eine Maßnahme aus dem Bereich des § 10 JGG anordenbar wäre, handelt es sich bei der Verhängung von U-Haft in vielen Fällen um eine vorweggenommene Sanktionierung, die im späteren Urteil als Rechtsfolge erscheint ("Dauerarrest verbüßt durch U-Haft").

Schließlich ist auf strukturelle Grenzen der Haftvermeidungshilfe am Bereitschaftsgericht zu verweisen, die die spezifischen Bedingungen dieser Arbeit reflektieren:

- Die Jugendgerichtshilfe konnte und kann sich zwar am selben Tag, jedoch meist erst kurz vor der Verhandlung in Kenntnis über die geplanten Vorführungen setzen, so daß im

91 Zum Einfluß der Jugendgerichtshilfe auf die richterliche Entscheidungspraxis vgl. Momberg 1982, Heinz/Hügel 1987.

92 Bei 8 der 23 abgelehnten Jugendlichen wurde ein Haftbefehl vollstreckt.

93 Zu Vorschlägen der Jugendgerichtshilfe vgl. Reinecke 1997, S. 11

94 Nicht auszuschließen ist, daß sich hinter dem Haftgrund der Fluchtgefahr auch generalpräventive Erwägungen gegenüber einreisenden Jugendlichen verbergen, die von der Polizei als Tatverdächtige ermittelt wurden .

Durchschnitt ungefähr eine Stunde Zeit blieb, um Informationen über die vorgeführten Jugendlichen zu erhalten.

- In vielen Fällen stand lediglich der Jugendliche als Informationsquelle zur Verfügung, weil Personen aus seinem sozialen Umfeld oder aus den zuständigen Ämtern nicht unmittelbar erreichbar waren.
- Die Gesprächssituation zwischen der Jugendgerichtshilfe und dem Jugendlichen fand in einer winzigen abgeschlossenen Zelle statt. Entsprechend war die Situation für den Jugendlichen nicht gerade vertrauenserweckend. Die Jugendlichen stehen in der Regel unter dem Schock der polizeilichen Verhaftung und der Angst, möglicherweise nach der richterlichen Vorführung in Haft zu kommen.

Aus all diesen Faktoren resultiert der dokumentierte eingeschränkte Wissensstand über die Lebenslage der Jugendlichen. Dennoch muß am Haftgericht unmittelbar eine Entscheidung über den weiteren Verbleib des Jugendlichen, über seine Freilassung, seine weitere Inhaftnahme oder Haftverschonung oder über eine einstweilige Unterbringung in Jugendhilfe getroffen werden. Wie diese Entscheidungen ausfallen, wird im folgenden Abschnitt dargestellt.

6.2 Die Entscheidungspraxis des Haftrichters

Das Bereitschaftsgericht in Berlin besteht aus einem Jugendhaftrichter, der nach einigen Jahren ausgewechselt wird, und einem festen Team von Staatsanwälten mit Erfahrung in Jugendsachen. An Feiertagen und Wochenenden werden zur Vertretung fachfremde Richter eingesetzt.

Die Staatsanwaltschaft beantragte im Untersuchungszeitraum bei 300 von 435 polizeilich festgenommenen Jugendlichen gem. § 128 StPO deren Vorführung vor den Haftrichter zwecks Prüfung des Erlasses eines Haftbefehls.[95]

Mit Blick auf die gesamten haftrichterlichen Entscheidungen wurden von den 300 Jugendlichen

- 88 (29%) in U-Haft genommen,
- 56 (19%) erhielten einen Haftbefehl mit Haftverschonung,
- 51 (17%) in Einrichtungen der Jugendhilfe untergebracht,
- 99 (33%) bis zur Hauptverhandlung nach Hause entlassen.
- Bei 6 (2%) Jugendlichen fehlen entsprechende Angaben (vgl. Tabelle A1 im Anhang).

---

95 Der Haftrichter vernimmt den beschuldigten Jugendlichen gemäß § 115 Abs. 3 StPO und hört den Vorschlag der Jugendgerichtshilfe.

Haftrichterliche Entscheidungen

Schaubild 1

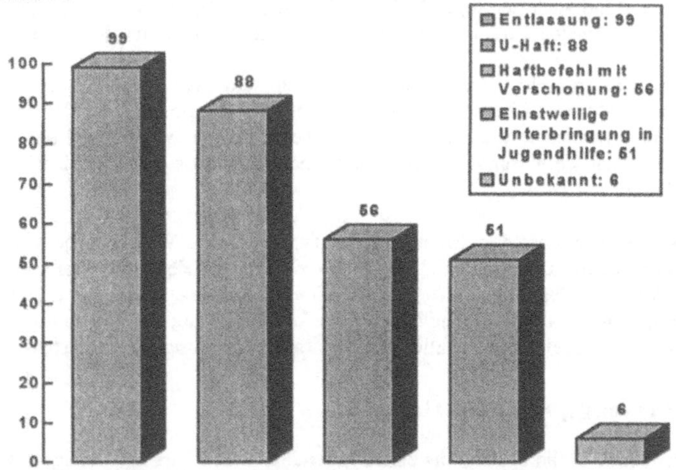

Auf der Basis der kritischen kriminologischen Auseinandersetzung über die Verhältnismäßigkeit der Anordnung von U-Haft[96], sollte untersucht werden, ob die seit Anfang der 90er Jahre geltenden gesetzlichen Regelungen des JGG in der Praxis der Anordnung von U-Haft berücksichtigt wurden. Wir gingen deshalb einerseits der Frage nach, durch welche Merkmale die Fälle charakterisiert waren, bei denen es zur Anordnung von U-Haft gekommen war, und andererseits interessierte uns, in welcher Weise die ausgestellten Haftbefehle begründet wurden.

6.2.1 Bei welchen Jugendlichen wird U-Haft angeordnet?

Vor dem Hintergrund der gesetzlichen Regelungen war davon auszugehen, daß insbesondere die Merkmale "Delikt", "Wohnsitz", "Nationalität" sowie "Alter" die haftrichterliche Entscheidung beeinflußten. Diese als haftentscheidungsrelevant angenommenen Tat- und Tätermerkmale nehmen Bezug zum Grundsatz der Verhältnismäßigkeit (Tatschwere, Rechtsfolgenerwartung), zum Haftgrund der Fluchtgefahr (Wohnort, Wohnsitz) und zum Grundsatz des erhöhten Haftschutzes für 14- und 15jährige nach dem 1. JGG-ÄndG. Auch der Grad der Vorregistrierung dürfte eine Rolle gespielt haben, konnte aber nicht ausreichend erhoben werden. Nacheinander wurden vier Hypothesen zur Praxis U-Haftanordnung überprüft und auf signifikante Zusammenhänge getestet.

Hypothese 1

Je schwerer der Tatverdacht, desto eher wird U-Haft angeordnet

Der ersten Hypothese lag die Annahme zugrunde, daß die "Schwere des Delikts" eng mit der Anordnung von U-Haft zusammenhängt. Diese These konnte durch unsere Untersuchung keine Bestätigung finden. Die Haftquote stieg nicht durchgängig mit der Schwere des Deliktes, wie dies anhand der vier häufigsten Tatvorwürfe verdeutlicht werden kann.

96 Vgl. Gebauer 1987, Cornel 1988, Dünkel 1994.

Die 4 häufigsten Tatverdächtigungen bei Anordnung von U-Haft

Schaubild 2

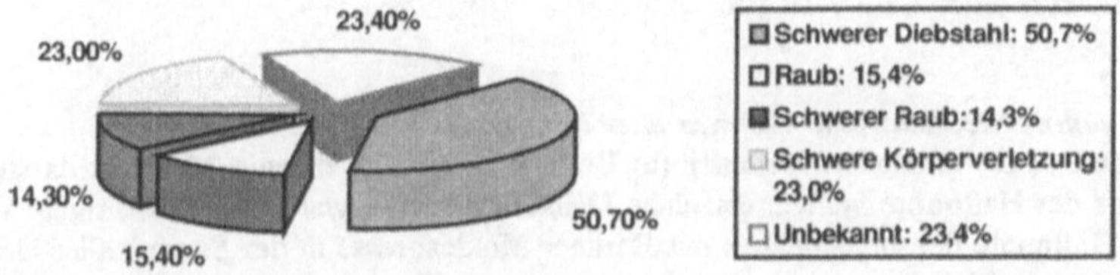

Danach wurden:

- 50,7% (36 von 71)[97] der Jugendlichen mit dem Tatvorwurf schwerer Diebstahl, aber nur
- 15,4% (8 von 52) der Jugendlichen mit dem Tatvorwurf Raub,
- 14,3% (6 von 42) der Jugendlichen mit dem Tatvorwurf schwerer Raub sowie
- 23,0% (6 von 26) Jugendlichen mit dem Tatvorwurf schwere Körperverletzung in Untersuchungshaft genommen (vgl. Tabelle A2 und A3 im Anhang).

Die höchste Quote der U-Haftanordnung bestand somit für den Fall des schweren Diebstahls mit 50,7% gegenüber 29,3% im Durchschnitt aller Delikte. Vor allem aber im Vergleich mit Straftaten, die einen höheren Strafrahmen aufweisen, fiel die U-Haftquote deutlich niedriger aus, wie etwa bei schwerem Raub (14,3%) und bei schwerer Körperverletzung (23,0%). Insoweit bestand zwischen Schwere des Delikts und U-Haftanordnung eine negative Korrelation.

Die weitere Analyse der Daten zeigte, daß es sich bei mehr als zwei Drittel der Beschuldigten, die mit dem Tatvorwurf schwerer Diebstahl in U-Haft genommenen wurden, um einreisende ausländische Jugendliche handelte, die keinen Wohnsitz in Deutschland hatten (25 von 36, d.h. 69,4%). Offenbar war hier der Haftgrund der Fluchtgefahr entscheidungsrelevant. Daß die überproportional hohe U-Haftanordnung vor diesem Hintergrund zu interpretieren war, machten die Ergebnisse zu Hypothese 2 deutlich. Gesichtspunkte der Verhältnismäßigkeit (Schwere des Tatvorwurfs, Rechtsfolgenerwartung) traten hier ganz offensichtlich stärker zurück.

Wenn zur Kontrolle der Faktor "ausländische Jugendliche ohne Wohnsitz in der Bundesrepublik" aus der Analyse herausgenommen wurde, so verschwand die negative Korrelation nicht völlig. Es bestätigte sich auch hier, daß beim Anlaßdelikt schwerer Diebstahl Jugendliche häufiger als im Falle von Raub oder schwerem Raub in U-Haft genommen wurden. Eine Ausnahme hiervon zeigte sich jedoch bei schwerer Körperverletzung. Dieses Delikt weist sowohl einen gegenüber dem schweren Diebstahl höheren Mindeststrafrahmen als auch eine höhere Haftquote auf. So betrug die Haftquote für die vier häufigsten Delikte bei Jugendlichen mit einer Meldeadresse in Berlin (vgl. Tabelle A4 im Anhang):

- 18,4% bei schwerem Diebstahl (7 von 38 Jugendlichen mit dem Tatvorwurf schwerer Diebstahl wurden in U-Haft genommen),
- 12,2% bei Raub (6 von 49 Jugendlichen)
- 12,2% bei schwerem Raub (5 von 41 Jugendlichen)
- 24,0% bei schwerer Körperverletzung (6 von 25 Jugendlichen).[98]

97 25 dieser 36 Jugendlichen waren in Deutschland ohne Aufenthalt und 21 waren polnische Jugendliche.

Die Frage, ob sich unter den Jugendlichen mit dem Tatvorwurf schwerer Diebstahl in höherem Maße Mehrfachauffällige oder Intensivtäter befanden (z.B. bei Einbruchdiebstählen in/aus oder von KfZ) oder im Durchschnitt ein höherer Grad der Vorregistrierung als bei Jugendlichen mit Raubdelikten vorlag, konnte im Rahmen der Untersuchung nicht geprüft werden, weil die Polizeiberichte nicht in jeder Akte vorlagen.

Hypothese 2
Jugendliche ohne Meldeadresse kommen eher in U-Haft
Die Hypothese, daß "fehlender Wohnsitz (in Berlin)" das entscheidende Merkmal darstellte, das die Höhe der Haftquote bei den einzelnen Delikten steuerte, war voll zu bestätigen. Während die U-Haftquote der Jugendlichen mit Berliner Meldeadresse in der Summe aller Delikte bei 17,5% (38 von 217) lag, wurden haftrichterlich vorgeführte Jugendliche ohne eine solche Meldeadresse zu 60,2% (50 von 83) in U-Haft genommen. Ihre U-Haftquote lag damit um das Dreieinhalbfache über dem entsprechenden Wert der Berliner Jugendlichen (vgl. Tabelle A5 im Anhang).

Noch deutlicher wurde dieser Zusammenhang, wenn allein die Zahlen für polnische Jugendliche, der zahlenmäßig stärksten Gruppe unter den nichtdeutschen Jugendlichen ohne Wohnsitz im Bundesgebiet, betrachtet wurden (vgl. Tabellen A6, A7 und A8 im Anhang). Sie wurden mit besonderer Häufigkeit aufgrund von Diebstahlsdelikten dem Haftrichter vorgeführt (93,3%). Delikte mit vergleichsweise höherem Strafrahmen wie Raub, schwerer Raub und schwere Körperverletzung machten dagegen nur 6,6% der ihnen zur Last gelegten Tatvorwürfe aus. Dagegen betrug der Anteil dieser schwereren Delikte bei den übrigen Jugendlichen 60,8% und war damit rund 9mal so hoch (vgl. Tabelle A7 im Anhang). Trotz der hohen Signifikanz leichterer Delikte wurde jedoch gerade gegen polnische Jugendliche schneller ein Haftbefehl vollstreckt: 65% (28 von 43)[99] der polnischen Jugendlichen wurden in U-Haft genommen, aber nur 29% (88 von 300) aller dem Haftrichter vorgeführten Jugendlichen.

Hypothese 3
Ausländische Jugendliche mit Wohnsitz in Berlin kommen eher in U-Haft als deutsche Jugendliche mit Wohnsitz in Berlin
In der kriminologischen Literatur gibt es zahlreiche Hinweise darauf, daß in Deutschland lebende Jugendliche ausländischer Herkunft im Jugendstrafrechtssystem gegenüber ihren deutschen Altersgefährten benachteiligt werden.[100] Die hier vorgestellten Untersuchungsergebnisse deuten auf eher geringe Unterschiede hin (vgl. Tabelle A9 im Anhang). So betrug die U-Haftquote bei den haftrichterlich vorgeführten deutschen Jugendlichen mit Meldeadresse in Berlin 16,9% (15 von 89) und bei ausländischen Jugendlichen 18,0% (23 von 128). Die Altersstruktur beider Gruppen zeigte keine signifikanten Unterschiede.[101] Bei der Deliktverteilung fiel zum einen der gleich hohe Anteil der Raubdelikte an allen Tatvorwürfen auf, der in beiden Gruppen bei knapp

98 Die U-Haftrate für BtmG-Delikte von 60% (3 von 5) ist aufgrund der geringen absoluten Ausgangszahl wenig aussagekräftig.

99 Die 28 Untersuchungshaftanordnungen bei polnischen Jugendlichen basierten auf folgenden Tatvorwürfen: 21mal schwerer Diebstahl (75%), 2mal einfacher Diebstahl (7,1%), und 2mal Raub (7,1%). In 3 Fällen (10,7%) ist der Tatverdacht unbekannt.

100 Vgl. Albrecht/Pfeiffer 1979, S. 84; Autorengruppe Ausländerforschung 1981, S. 124; Geißler/Marißen 1990; Pfeiffer 1981, S. 44 ff; Savelsberg 1987, S. 387 f..

101 Der Anteil der unter 16jährigen betrug bei deutschen und nichtdeutschen Jugendlichen jeweils knapp ein Drittel.

über 40% lag. Unterschiede ergaben sich dadurch, daß deutsche Jugendliche vergleichsweise häufiger mit dem Tatvorwurf "schwerer Diebstahl", ausländische Jugendliche vergleichsweise häufiger mit dem Tatvorwurf "schwere Körperverletzung" dem Haftrichter vorgeführt wurden.[102]

Hypothese 4
Unter 16jährige werden weniger häufig in U-Haft genommen
Hier lautete die These, daß die haftrichtliche Entscheidungspraxis die im 1. JGG-ÄndG für die Altersgruppe der 14- unter 16jährigen restriktiver gefaßten Voraussetzungen der U-Haft berücksichtigte.[103] Der Test zeigte eine hohe Signifikanz. Unter 16jährige wurden weniger oft in U-Haft genommen als über 16jährige. Die Durchschnittsquote der U-Haft lag in der Summe aller Anlaßdelikte bei den über 16jährigen bei 37% (79 von 212), bei den unter 16jährigen dagegen bei lediglich 10% (8 von 83; vgl. Tabelle A10 im Anhang). Unter den 8 Jugendlichen im Alter von unter 16 Jahren mit Anordnung von Untersuchungshaft befanden sich 5 Jugendliche, die keine Meldeadresse in Berlin hatten (62,5 %).

6.2.2 Begründung der Haftbefehle bei Anordnung von U-Haft

Aufgrund der Schwere des Eingriffs in das Recht der Freiheit der Person sowie aufgrund der schädlichen Wirkungen der U-Haft hat der Gesetzgeber die Anordnung von Untersuchungshaft im Jugendstrafrecht auf eine Ultima-Ratio-Funktion begrenzt. Vorrang besitzen haftvermeidende Maßnahmen wie die ambulante Betreuung (§ 71 Abs. 1 JGG), die stationäre Unterbringung im Rahmen der Jugendhilfe (§ 71 Abs. 2 JGG) oder Meldeauflagen bei der Haftverschonung gem. § 116 StPO. Nach den Bestimmungen des 1. JGG-ÄndG ist der Richter im Falle eines Haftbefehles angehalten, schriftlich darzulegen, weshalb andere Maßnahmen "wie insbesondere die einstweilige Unterbringung in einem Heim der Jugendhilfe nicht ausreichen und die Untersuchungshaft nicht unverhältnismäßig ist" (§ 72 Abs. 1 S. 3 JGG).

Im Erfassungszeitraum (April 1994 - März 1995) wurden insgesamt 144 Haftbefehle ausgesprochen. In 56 Fällen wurde der Vollzug des Haftbefehls gem. § 116 StPO ausgesetzt, in 88 Fällen U-Haft vollzogen. Begründungen für den Erlaß des Haftbefehls waren uns in 52 der 88 Fälle bekannt. Es handelte sich dabei um Jugendliche, bei denen die zuständige Jugendgerichtshilfe der Bezirke oder der Senatsverwaltung über einen schriftlichen Haftbefehl in ihren Akten verfügte.[104] Die Auswertung ergab folgendes Bild:

- Als Haftgrund wurde - neben dringendem Tatverdacht - in 49 von 52 Fällen (94,2%) Fluchtgefahr angegeben. Bei den in Berlin gemeldeten Jugendlichen wurde in 38,8% der Fälle der Haftgrund der Fluchtgefahr damit begründet, daß der Jugendliche eine "fluchtanreizbietende Strafe zu erwarten" habe.

---

102 Hierin könnte möglicherweise die etwas höhere U-Haftquote bei ausländischen Jugendlichen begründet liegen, denn die deliktspezifische U-Haftquote lag im Falle der schweren Körperverletzung mit 24,0% höher als beim schweren Diebstahl mit 18,4%. Vgl. hierzu Tabelle A4 im Anhang. Zusätzlich war die unterschiedliche Zusammensetzung der nichtdeutschen Jugendlichen zu bedenken. Sie umfaßte sowohl in Berlin geborene und aufgewachsene Jugendliche aus Migrantenfamilien als auch jugendliche Asylbewerber mit unterschiedlich langer Aufenthaltsdauer und unterschiedlich festem Aufenthaltsstatus. Eine Analyse der haftrichterlichen Entscheidungen getrennt nach diesen beiden Teilgruppen der ausländischen Jugendlichen war jedoch auf der Grundlage der Aktennotizen der JGH nicht möglich.

103 Vgl. § 72 Abs. 2 JGG.

104 Von den 36 fehlenden Haftbefehlen liegen in 22 Fällen keine Akten bei den zuständigen Jugendgerichtshilfen vor.

- In 50% aller Fälle (26 von 52) fehlte eine Begründung, warum Maßnahmen der Jugendhilfe nicht ausreichten, um U-Haft zu vermeiden.
- Die ebenfalls vom Gesetzgeber im Einzelfall verlangte Darlegung von Gründen, warum U-Haft nicht unverhältnismäßig ist, fehlte in mehr als zwei Drittel der Fälle (32 von 52; 69,2%); nur bei einem Drittel der Fälle (16 von 52) war sie vorhanden.
- Wenn Begründungen vorhanden waren, hatten sie oft denselben Wortlaut, so daß die Art der individuellen Einzelprüfung daraus schwer ersichtlich wurde.

6.2.3 Zusammenfassung

Seit Jahren besteht in der Fachöffentlichkeit eine breit geführte Diskussion um die Einhaltung bzw. Nichteinhaltung der gesetzlichen Regelungen bei der Anordnung von U-Haft.[105] Gerade im Rahmen des Jugendstrafrechts spielen sogenannte verdeckte ("apokryphe") Haftgründe eine besondere Rolle.[106] Diese werden als eine der Ursachen für die im Vergleich mit Erwachsenen hohe U-Haftquote bei Jugendlichen angeführt. Ein wichtiges Reformanliegen 1. JGG-ÄndG war es, die Möglichkeiten der Anordnung und Verhängung von Untersuchungshaft bei Jugendlichen deutlich einzuschränken.[107] Ausgangspunkt der Untersuchung über die haftrichterliche Entscheidungspraxis bildete deshalb die Frage, bei welchen Jugendlichen Untersuchungshaft angeordnet wurde und wie die Haftbefehle nach Verabschiedung des neuen 1. JGG-ÄndG begründet wurden.

Anders als es der Grundsatz der Verhältnismäßigkeit vermuten ließ, gab die Rangfolge der Haftquoten keine Abstufung von der schweren zu der leichten Kriminalität zu erkennen. Die Häufigkeit der Anordnung von Untersuchungshaft wurde weniger durch Tat- als vielmehr durch Tätermerkmale gesteuert. Jugendliche, die in Untersuchungshaft genommen wurden, wiesen überproportional häufig folgende Merkmale auf:

- Sie waren Ausländer ohne Wohnsitz in Deutschland.[108]
- Sie hatten im Vergleich mit der Restgruppe weniger schwere Delikte begangen.
- Sie waren über 16 Jahre alt.

Die Haftquote betrug

- 16,9% bei deutschen Jugendlichen mit Berliner Meldeadresse,
- 18,0% bei ausländischen Jugendlichen mit Berliner Meldeadresse,
- 29,3% beim Durchschnitt aller Jugendlichen,
- 60,2% bei Jugendlichen ohne Meldeadresse in Berlin,
- 65,1% bei polnischen Jugendlichen.

---

105 Vgl. Gebauer 1987, S. 26 ff.

106 Unter apokryphen Haftgründen werden unrechtmäßige Zwecke bei der Anordnung von U-Haft verstanden, die nicht der Sicherung des Verfahrens dienen, so z.B. die Vorwegnahme von Strafe, generalpräventive Erwägungen, "Kriseninterventíon", "heilsamer Schock", bessere Legitimierung einer späteren Strafaussetzung zur Bewährung etc. Es wird davon ausgegangen, daß sich der Haftgrund der Fluchtgefahr wegen seiner schwierigen Überprüfbarkeit und Widerlegbarkeit in besonderer Weise zur Verdekkung unechter Haftgründe eignet (Zu den apokryphen Haftgründen vgl. u.a. Cornel 1987, S. 70 ff; Laubenthal 1993, S. 150; Ostendorf 1997, § 72 Rz. 4.).

107 Vgl. BT-Drs. 11/5829, S. 30 ff.

108 In diesem Zusammenhang verweist Dünkel (1994, S. 22) auf eine Auswertung der Deliktstrukturen von Untersuchungshäftlingen in der Jugendanstalt Hameln: "Die in den Medien immer wieder verbereitete Meinung, Ausländer würden in besonderem Maße durch Gewalttaten auffällig, wird insoweit widerlegt als Ausländer im Untersuchungshaftvollzug vor allem bei Eigentumsdelikten ohne Gewaltanwendung überrepräsentiert sind (65% : 35%)." (Vgl. auch Schütze 1993)

Betroffen von U-Haft waren insoweit vor allem einreisende ausländische Jugendliche (meist aus osteuropäischen Ländern), die wegen geringerer Delikte in U-Haft gerieten als inländische Jugendliche. Da sie in der überwältigenden Mehrheit keine Jugendstrafe zu erwarten hatten, und somit der Freiheitsentzug durch U-Haft die härteste Maßnahme im gesamten Verfahren darstellte, drängt sich hier zunächst die Frage nach der Verhältnismäßigkeit der angeordneten Untersuchungshaft auf.[109] Daran schließt die Frage an, ob und inwieweit die Untersuchungshaft bei ausländischen Jugendlichen lediglich aus Gründen der Verfahrenssicherung oder teilweise nicht auch aus Gründen der Abschreckung einreisender Täter erfolgte.[110] Angesichts der vorliegenden Ergebnisse könnte für Berlin Gültigkeit haben, was Walter (1993) in seiner Untersuchung für die Haftentscheidungspraxis in Niedersachsen feststellte: Die Untersuchungshaft nimmt nach Öffnung der Grenzen mehr und mehr die Funktion einer "Festhaltesanktion gegenüber reisenden Ausländern" ein.[111] In der vermehrten Anordnung von U-Haft drücken sich sowohl die schwächere Rechtsstellung der einreisenden Beschuldigten als auch generalpräventive Erwägungen der Rechtspraxis aus.

In den von uns untersuchten haftrichterlichen Entscheidungen kam deutlich der gesetzlich verbesserte U-Haftschutz für die jüngeren Altersgruppen zum Ausdruck. Nur 10% der unter 16jährigen, die dem Haftrichter vorgeführt wurden, erhielten einen Haftbefehl ohne Haftverschonung, bei den über 16jährigen waren dies 38%. Insgesamt wurden 8 von 83 unter 16jährigen Jugendlichen in U-Haft genommen, davon 5 ohne Wohnsitz in Berlin. Nach geltender Rechtslage sind Tatverdächtige ohne Wohnsitz im Geltungsbereich dieses Gesetzes vom erhöhten Haftschutz ausgenommen, auch wenn sie unter 16 Jahre alt sind (§ 72 Abs. 2 Nr. 2 JGG). Die Notwendigkeit der Prüfung der Verhältnismäßigkeit des Eingriffs in die Freiheit der Person bleibt hiervon jedoch unberührt.

Der Gesetzgeber hat im 1. JGG-ÄndG die stärkere Beachtung des Verhältnismäßigkeitsgrundsatzes gefordert und die Alternativen zur Untersuchungshaft bei jungen Beschuldigten hervorgehoben. Danach ist der Richter im Falle eines Haftbefehls nunmehr angehalten, schriftlich darzulegen, weshalb andere Maßnahmen, wie "insbesondere die einstweilige Unterbringung in einem Heim der Jugendhilfe nicht ausreichen und die Untersuchungshaft nicht unverhältnismäßig ist" (§ 72 Abs. 1 S. 3 JGG). Als Bestimmung wurde außerdem aufgenommen, daß "bei der Prüfung der Verhältnismäßigkeit auch die besonderen Belastungen des Vollzugs für Jugendliche zu berücksichtigen sind (§ 72 Abs. 1 S. 2 JGG). Unsere Untersuchungsergebnisse zeigen, daß die gesetzlichen Bestimmungen in weiten Teilen noch nicht eingehalten wurden. Begründungen gemäß § 72 Abs. 1 S. 3 JGG bestanden nur in der Hälfte der uns bekannt gewordenen Fälle. Die Frage, warum die U-Haft für die Betroffenen nicht unverhältnismäßig war, wurde lediglich in einem Drittel der Haftbefehle behandelt.

In allen von uns untersuchten haftrichterlichen Entscheidungen spielte der Haftgrund der Fluchtgefahr die dominierende Rolle.[112] Bereits Mitte der 80er Jahre wies Cornel mit einer

---

109 Aus der Sicht des späteren Ausgangs des Verfahrens stellte der oft mehrere Monate dauernde Freiheitsenzug im Vorverfahren eine vorweggenommene Strafhaft dar, die das spätere richterliche Urteil nicht nur präjudizierte, sondern in vielen Fällen sogar dem Umfang nach überstieg ("4 Wochen Dauerarrest verbüßt durch U-Haft").

110 Diese Frage läßt sich retrospektiv nicht beantworten, da die Differenz zwischen Herstellung und Darstellung der Entscheidung mit dem Instrument der Aktenerhebung nicht erfaßt werden kann.

111 Vgl. Walter 1993, S. 355 ff.

112 Vgl. Gebauer 1987, S. 68; Dünkel 1994.

Expertenbefragungen eine extensive Auslegung des Haftgrundes der Fluchtgefahr durch Haftrichter nach.[113]

Im Rahmen der vorliegenden Untersuchung wurden mit dem Hinweis auf Fluchtgefahr auch wohnrechtlich gemeldete Jugendliche in U-Haft genommen. Die Fluchtgefahr wurde bei einem Teil dieser Jugendlichen mit der "fluchtanreizbietenden Strafe", die der Jugendliche zu erwartende habe, hergestellt. Ob und warum die Rechtsfolgenprognose des Haftrichters einen Rückschluß auf das Verhalten des jugendlichen Beschuldigten im Sinne der Annahme von Fluchtgefahr rechtfertigte, wurde aber in keinem einzigen Fall näher dargelegt, die Begründungen blieben insoweit formelhaft.[114]

Der Rückgriff auf formelhafte Wendungen und das Fehlen von Begründungen könnte sowohl auf apokryphe Haftgründe als auch auf Folgen des zeitlich hohen Entscheidungsdrucks am Bereitschaftsgericht hindeuten. Dort wurden die Jugendlichen teils erst am späten Nachmittag vorgeführt. Die Möglichkeiten der Informationsbeschaffung waren zu diesem Zeitpunkt eingeschränkt. Gleichzeitig bestand hinsichtlich der Entscheidung hohe Eilbedürftigkeit, die die Wahrnehmung der Sorgfaltspflicht in Frage stellte. Die prekäre Lage des Haftrichters - hoher zeitlicher Entscheidungsdruck bei gleichzeitig relativ schmaler Informationsbasis über die Situation des jugendlichen Beschuldigten - stellt ein strukturelles Merkmal der Situation der Haftentscheidung dar. Der beschränkte Kenntnisstand und die Lücken in der Ermittlungsgrundlage wurden bereits in den 70er und mehr noch in den 80er Jahren in der Fachöffentlichkeit[115] kritisiert. Die richterliche Entziehung des Grundrechts der Freiheit erfolge allzuoft auf der Grundlage von "Wahrscheinlichkeitsurteilen"[116].

Diese Situation dürfte sich inzwischen insoweit verändert haben, als durch die Haftentscheidungshilfe der Jugendgerichtshilfe die Informationssituation über die sozialen Lebensumstände der Betroffenen und über die Chancen und Möglichkeiten von Alternativen zur U-Haft erheblich verbessert wurde. Jedoch sind mit der Umsetzung von §§ 38 Abs. 2 S. 3 und 72a JGG weder alle Informationsdefizite behebbar, noch die Struktur der Entscheidungssituation mit ihrem hohen zeitlichen Druck prinzipiell veränderbar. Daher ist davon auszugehen, daß auch künftig Entscheidungen für oder gegen den Freiheitsentzug durch U-Haft unter den Bedingungen hoher Eilbedürftigkeit getroffen werden müssen. Vor diesem Hintergrund sollte unseres Erachtens bei Verhängung von Untersuchungshaft bei Jugendlichen nicht nur - wie schon gesetzlich vorgesehen - ein Verteidiger bestellt werden (§ 68 Nr. 4 JGG) und eine obligatorische Haftprüfung nach 6 Monaten erfolgen (§ 116 StPO), sondern ein erweitertes System von Haftkontrollen garantiert sein.[117] Denn die neuen gesetzlichen Bestimmungen zur Einschrän-

---

113 Vgl. Cornel 1987, S. 65 ff.

114 Aufgrund der individualpräventiven Zielsetzung des Jugendstrafrechts ("Täterstrafrecht") und des Ausschlusses der Generalprävention läßt sich Fluchtgefahr nur schwer aus der zu erwartenden Strafe entwerfen. Zum einen dürfte die spätere Strafe oder Maßnahme für den Haftrichter nur schwer zu prognostizieren sein. Zum anderen müßte er darlegen, welche Tatsachen die Annahme rechtfertigen, daß die von ihm prognostizierte Strafe für den Jugendlichen mit hoher Wahrscheinlichkeit eine handlungssteuernde Wirkung im Sinne der Realisierung einer Fluchtabsicht entfaltet. Jugendliche verfügen in der Regel nicht über die Möglichkeiten, sich durch Flucht dem Verfahren zu entziehen und verlassen nach aller Erfahrung ihr bisheriges soziales Umfeld nicht.

115 Vgl. Gebauer 1987, S. 26 ff.

116 Vgl. Kleinknecht, T./Meyer, K.: Strafprozeßordnung. GVG, Nebengesetze und ergänzende Bestimmungen. 37. Aufl. München 1985. § 112 Rn. 15 u. 18.

117 So auch Jehle (1995, S. 16) in Anknüpfung an Überlegungen des Alternativkommentars zur StPO (Deckers) Vorbem. 10 ff zu § 112 StPO.

kung der U-Haft greifen bei bestimmten Gruppen von Jugendlichen kaum. Darüber hinaus fehlen oftmals Begründungen für Haftbefehle oder werden nur formelhaft verwandt.

Zur Durchsetzung der Intentionen des Gesetzgebers, U-Haft bei Jugendlichen einzuschränken, sollte als Regel gelten, daß mit Erlaß des Haftbefehls ein obligatorischer, zeitlich naher erster Haftprüfungstermin festgelegt wird. Parallel dazu wären Vorkehrungen zu treffen, die es ermöglichten, das Berliner Modell der U-Haftvermeidung bei Bedarf um die Möglichkeiten der U-Haftverkürzung zu ergänzen. Die Arbeitsgruppe "U-Haft" der Landeskommission "Berlin gegen Gewalt" schlug in diesem Zusammenhang vor, bei allen Jugendlichen sicherzustellen, daß innerhalb von 14 Tagen eine Überprüfung der Haftsituation erfolgt.[118]

118 Vgl. Arbeitsgruppe "U-Haft" dre Landeskommission 1995, S. 3.

Exkurs: Alternativen zur Untersuchungshaft bei einreisenden Jugendlichen

Bedingt durch die räumliche Nähe und das Wirtschaftsgefälle kam es nach dem Fall der Mauer und der Öffnung der Grenzen zu einer Vielzahl von Straftaten einreisender Jugendlicher und Heranwachsender aus Osteuropa (zunächst vorwiegend junge Polen). Wie unsere Untersuchung ergab, wurden sie bereits wegen Straftaten kleinerer und mittlerer Kriminalität in U-Haft genommen, auch wenn keine oder nur geringfügige Vorbelastungen vorlagen.[119] Eine Verurteilung zu Jugendstrafe erfolgte selten. Im allgemeinen wurde von den Jugendrichtern ein Arrest, verbüßt durch U-Haft, verhängt. Dabei ist zum einen zu bedenken, daß die Jugendlichen zum Teil bereits über die vier Wochen Dauerarrest hinaus in Untersuchungshaft gesessen hatten. Zum anderen hatten Berliner Jugendliche bei vergleichbaren Delikten bei einer späteren Verurteilung oder bei einer Einstellung des Verfahrens mit einer Weisung nach § 10 JGG oder mit einer Auflage nach § 15 JGG zu rechnen (vgl. Kap.4). Die Sanktionen nach §§ 10, 15 JGG sind aber mit einer mehrwöchigen oder mehrmonatigen Untersuchungshaft nicht zu vergleichen.

Bis 1994 konnten haftrichterlich vorgeführte einreisende Jugendliche teilweise noch in Haus Kieferngrund gem. §§ 71, 72 JGG untergebracht werden. Wenn auch diese Tatverdächtigengruppen schon damals in der Untersuchungshaftanstalt überrepräsentiert waren, so hatte sich nach Schließung des Hauses im Jahr 1994 die Situation insoweit verschlechtert, als Jugendhilfe seither keine Alternativen zur U-Haft für ein- und durchreisende (polnische) Jugendliche mehr vorhielt. Auch dies war eine Ursache für die höhere U-Haftquote bei ausländischen Tatverdächtigen.

Allerdings erscheint nicht nur angesichts der Deliktschwere die einstweilige Unterbringung in einem Heim der Jugendhilfe ebenso wie die Anordnung von U-Haft oft als eine unangemessene Maßnahme. Eine stationäre Betreuung durch die Berliner Jugendhilfe wäre in vielen Fällen auch deshalb verfehlt, weil eine Integration in hiesige Lebensverhältnisse nicht ansteht, diese Jugendlichen nur wenige Kilometer entfernt, in einem anderen Land ihren Lebensmittelpunkt haben und häufig über einen Schul- oder Ausbildungsplatz verfügen. Es drohen ihnen somit erhebliche Nachteile, wenn sie sich über einen längeren Zeitraum in Untersuchungshaft oder in einer einstweiligen Unterbringung befinden.

Vor diesem Hintergrund wurde von der zentralen Jugendgerichtshilfe der Senatsverwaltung für Schule, Jugend und Sport bereits früh der Vorschlag unterbreitet, bei polnischen Jugendlichen vermehrt die Vollstreckung eines Haftbefehls zur Verschonung auszusetzen und sie mit dem Hinweis nach Hause zu entlassen, daß sie über die Jugendgerichtshilfe als Zustellungsbevollmächtigte die Ladung zum Termin der Hauptverhandlung erhalten würden.[120] Im Falle des Nichterscheinens zur Hauptverhandlung drohte der Erlaß eines Haftbefehls sowie dessen Vollstreckung bei erneutem Grenzübertritt. Hiermit wurden bereits in Brandenburg in den Grenzregionen zu Polen gute Erfahrungen gemacht.

---

119 Fallbeispiele finden sich bei Reinecke 1997, S. 8 ff.

120 Bei der Berliner Kriminalpolizei sind Zustellungsbevollmächtigte für Jugendliche und Heranwachsende in den dritten Kommissariaten der örtlichen Direktionen nicht vorhanden.

Unterstützt wurde die Jugendgerichtshilfe in ihrem Vorschlag von der Arbeitsgruppe "Untersuchungshaft" der Landeskommission Berlin gegen Gewalt. Diese interdisziplinär besetzte Arbeitsgruppe wurde gemäß dem Auftrag der Unabhängigen Kommission eingerichtet, um die bestehenden Probleme in diesem Bereich zu erörtern und Lösungsvorschläge zu unterbreiten.[121] In ihrem Schlußbericht nahm die Arbeitsgruppe zu verschiedenen, intern erörterten Vorschlägen Stellung (Rechtshilfeabkommen, Schnellgerichtsverfahren, Zustellungsbevollmächtigte, U-Haftvermeidungsprojekte), die zu anderen Entscheidungen als der Verhängung von U-Haft bei einreisenden Jugendlichen und Heranwachsenden beitragen könnten.
"Rechtshilfe
Unter Berücksichtigung des generell im Jugendverfahren geltenden Beschleunigungsgrundsatzes ist die derzeit bestehende Rechtshilfe ungeeignet, um zu einem halbwegs zügigen Abschluß des Verfahrens zu kommen. Eine förmliche Ladung zum Hauptverhandlungstermin im Wege der Rechtshilfe ist ausgesprochen langwierig und kompliziert. Dieses Vorgehen wird daher nicht zu einer Lösung des Problems führen können. Aus Sicht der Arbeitsgruppe wäre es jedoch sinnvoll, ein neues Rechtshilfeabkommen mit Anrainerstaaten, insbesondere Polen, zu schließen, das es ermöglicht, sofort das Verfahren insgesamt, d.h. mit dem einreisenden Straftäter, in das Heimatland abzugeben. Ein solches Vorgehen wäre vorteilhaft, weil den Jugendlichen und Heranwachsenden die Sanktionsmaßnahmen des Heimatlandes im allgemeinen gut bekannt sind. D.h. sie könnten die Situation einer möglichen Bestrafung abschätzen.

Schnellgerichtsverfahren
Da das Aushandeln eines neuen Staatsvertrages mit Anrainerstaaten ein langwieriger Prozeß sein dürfte, aufgrund der bestehenden Situation jedoch möglichst schnell greifende Lösungsvorschläge vorliegen sollten, spricht sich die Arbeitsgruppe für eine vermehrte Anwendung von Schnellgerichtsverfahren bzw. anderer Arten der Verfahrenserledigung bereits am Bereitschaftsgericht (...) aus. Bei heranwachsenden reisenden Straftätern ist die Situation relativ einfach, weil diese nach Erwachsenenstrafrecht belangt werden können und daher ein vereinfachtes Verfahren gem. §§ 212 ff StPO möglich ist. Anders sieht es bei den Jugendlichen aus. Soweit die rechtlichen Möglichkeiten dafür vorhanden sind, sollte im vereinfachten Verfahren gem. § 76 JGG (...) verhandelt werden. Dies dürfte jedoch in den meisten Fällen ausgesprochen schwierig sein, weil im allgemeinen die Erziehungsberechtigten nicht erreichbar sind. Sollte jedoch das Diebesgut sichergestelt sein und der/die Täter geständig, müßte nicht zwingend mit einem Urteil auf die Straftat reagiert werden. Eine Einstellung des Verfahrens gem. §§ 45, 47 JGG wäre auch bei einer Schadenshöhe bis zu 500,- DM im Bereitschaftsgericht nach Aussprechen einer jugendrichterlichen Ermahnung oder Zahlung einer Geldauflage zur Normverdeutlichung ausreichend und auch sinnvoll. Es ist zu beachten, daß auch bei jugendlichen reisenden Straftätern der Grundsatz "Erziehen statt Strafen" Gültigkeit haben muß. (...)

Zustellungsbevollmächtigte
Die Arbeitsgruppe schlägt vor, ausländische Straftäter - insbesondere aus Polen - über einen Zustellungsbevollmächtigten im Heimatland laden zu lassen. Aufgrund der relativen Nähe zum Gerichtsstand sei es für die jungen Polen zumutbar, zum Hauptverhandlungstermin in Berlin zu erscheinen. Dies würde auch die sozialen Probleme, die bei vielen der inhaftierten

121 Vgl. Senatsverwaltung für Inneres 1994, S. 165 f.. Die interdisziplinär besetzte Arbeitsgruppe "Untersuchungshaft" traf im Zeitraum April 1995-Oktober 1995 mehrmals zusammen, um die bestehenden Probleme in diesem Bereich zu erörtern und Lösungsvorschläge zu unterbreiten (vgl. AG „U-Haft" 1995).

polnischen Straftäter auftreten, vermeiden helfen. Häufig verfügen die jugendlichen und heranwachsenden Polen über einen Ausbildungs- bzw. Schulplatz im Heimatland. Diesen verlieren sie aber, wenn sie sich über einen längeren Zeitraum in Untersuchungshaft befinden. § 132 StPO - Zustellungsbevollmächtigter und Hinterlegung einer Sicherheitsleistung - ist nicht auf jugendliche Straftäter anwendbar. Dies wird von der Arbeitsgruppe bedauert. Auch die jugendlichen vorläufig festgenommenen ausländischen Straftäter verfügen häufig über ausreichende Geldbeträge, die als Sicherheitsleistung hinterlegt werden könnten. Da § 132 StPO davon ausgeht, daß ggf. eine Geldstrafe, nicht jedoch aber eine Geldauflage im Sinne des JGG verhängt werden kann, kann diese Vorschrift z.Zt. auf Jugendliche nicht angewendet werden. Es wird angeregt, eine entsprechende Gesetzesinitiative des Landes Berlin über den Bundesrat (Senatsverwaltung für Justiz in Verbindung mit der Senatsverwaltung für Inneres) einzubringen."[122]

Zwei Jahre nach dem Schlußbericht der Arbeitsgruppe Untersuchungshaft der Landeskommission Berlin gegen Gewalt hat sich nach Angaben der Jugendgerichtshilfe die Behandlung tatverdächtiger Jugendlicher und Heranwachsender aus Polen etwas verbessert. Dies hat im wesentlichen drei Gründe. Im Frühjahr 1997 wurde am zentralen Bereitschaftsgericht der Stadt die Stelle des Jugendhaftrichters neu besetzt. Dies hat dazu geführt, daß insbesondere bei Diebstahlsdelikten in weit geringerem Umfang als bisher von Untersuchungshaft Gebrauch gemacht wird und statt dessen vermehrt andere Verfahrensweisen Berücksichtigung finden. Zum Teil werden polnische Jugendliche und Heranwachsende haftverschont nach Hause entlassen und später zur Hauptverhandlung geladen, zum Teil wird die Jugendgerichtshilfe als Zustellungsbevollmächtigte beauftragt. Zudem wird in geeigneten Fällen im vereinfachten Verfahren verhandelt.

Ferner ist seit Ende 1996 eine polnische Sozialarbeiterin in der Jugendgerichtshilfe der Senatsjugendverwaltung tätig. Ihre Einstellung hat sich positiv auf eine vermehrte Praxis der Haftverschonung ausgewirkt. Dabei werden die nach Hause entlassenen jugendlichen und heranwachsenden Polen unabhängig von der gerichtlichen Ladung von der zentralen Jugendgerichtshilfe in polnisch über den Verfahrensablauf in Deutschland informiert und erhalten den Termin der Hauptverhandlung mitgeteilt. In vielen Fällen nimmt die Sozialarbeiterin bereits im vorhinein mit den Eltern in Polen telefonisch Kontakt auf. Die Jugendgerichtshilfe prüft und korrigiert außerdem die von der Polizei vermerkten Adressen, um sicherzustellen, daß die Ladungen zur Hauptverhandlung in Polen zugestellt werden können. Die Praxis der Haftverschonung hat sich bislang als Erfolg erwiesen, da die jugendlichen und heranwachsenden Beschuldigten zur Hauptverhandlung durchweg erscheinen.

Durch die Einstellung der polnischen Sozialarbeiterin ist zum anderen auch eine bessere Betreuung der jungen polnischen Untersuchungshäftlinge gewährleistet. "Sie kann sich ohne Sprachprobleme intensiver um die Belange der Jugendlichen und Heranwachsenden kümmern und Kontakte zu Angehörigen und Institutionen in Polen herstellen, um mögliche oder nötige Anschlußhilfen zu vermitteln. So können u.a. negative Folgen der Inhaftierung dadurch gemildert werden, daß eine etwaige Entschuldigung wegen nicht stattfindenden Schulbesuchs unverzüglich nach Polen übermittelt wird, um dort eine sofortige Schulentlassung zu vermeiden. Durch die fernmündlichen Kontakte mit Eltern ist es möglich, daß diese zunehmend an den Gerichtsverhandlungen in Berlin teilnehmen. Das hat nicht nur möglichen Einfluß auf den Ver-

---

122 Arbeitsgruppe "U-Haft" 1995, S. 2 ff.

fahrensausgang, sondern insbesondere auf den weiteren erzieherischen Einfluß durch die Eltern im Heimatland."[123]

Schließlich sind auch die Tatverdächtigenzahlen gegenüber den ersten Jahren nach Öffnung der Grenzen deutlich zurückgegangen. Die Einreise in das westliche Nachbarland hat für junge polnische Bürger vielfach den Reiz der ersten Jahre verloren und beginnt sich nunmehr zu normalisieren. Zudem ist es aufgrund der wirtschaftlichen Entwicklung inzwischen möglich, in Polen die gleichen Konsumgüter zu erwerben. Wurden 1990 von der Polizei in Berlin noch 3.364 einreisende Jugendliche aus Polen als Tatverdächtige registriert, so ging diese Zahl in den Folgejahren zurück und bezog sich 1996 auf 493 polnische Jugendliche. Für die Altersgruppe der Heranwachsenden lauten die entsprechenden Zahlen 3.929 (1990), und 1.286 (1996).[124] Hingegen hat in den letzten beiden Jahren die registrierte Zahl tatverdächtiger Kinder und Jugendlicher aus Rumänien zugenommen. Hier zeigt sich erneut, daß es notwendig ist, mit den Ländern Osteuropas zu Rechtshilfeabkommen zu gelangen und auf der Ebene der Jugendhilfe länderübergreifende Kontakte aufzubauen.

123 Reinecke 1997, S. 12.
124 Vgl. Polizeiliche Kriminalstatistik Berlin 1990 und 1996.

6.3 Haftrichterliche Entscheidung und Ausgang des Hauptverfahrens

Über die unmittelbare Praxis des Bereitschaftsgerichts hinaus sollte untersucht werden, ob es Hinweise darauf gab, daß die haftrichterlichen Entscheidungen Einfluß auf den späteren Ausgang des Verfahrens hatten. In diesem Kontext wird in der Fachliteratur auf die präjudizierende Wirkung der Anordnung von Untersuchungshaft verwiesen. Darunter wird verstanden, daß zum einen Anlaßdelikte durch die Anordnung von U-Haft im Schweregrad aufgewertet werden und daß zum anderen, und damit einhergehend, die Wahrscheinlichkeit zunimmt, im Hauptverfahren härter bestraft zu werden.[125] Außerdem verfügen Jugendliche in U-Haft im Vergleich zu denjenigen, die bis zur Hauptverhandlung in Freiheit entlassen werden oder in Jugendhilfe untergebracht sind, nur über äußerst eingeschränkte Möglichkeiten, ihre Situation bis zur Hauptverhandlung zu verbessern und damit auch die richterliche Entscheidung entsprechend zu beeinflussen.

Entlang der haftrichterlichen Entscheidung ließen sich die Jugendlichen im Rahmen der vorliegenden Untersuchung in vier Gruppen[126] unterteilen, deren Verfahrensausgänge vergleichend untersucht werden konnten. Dieser Vergleich zwischen haftrichterlicher Entscheidung und dem späteren Verfahrensausgang war aus unserer Sicht jedoch mit vielen Unwägbarkeiten verbunden: Zum einen war es schwierig, den Informationsstand des Haftrichters einzuschätzen. Die Polizeiberichte, die dem Haftgericht bei Haftprüfung vorlagen, wiesen eine unterschiedliche Informationsdichte auf. Nur zum Teil wurde neben dem aktuellen Tatvorwurf auf frühere polizeiliche Registrierungen hingewiesen, in anderen Fällen wurde eine genaue Aufstellung gegeben. Allein im letzteren Fall war es uns möglich, den exakten Grad der polizeilichen Vorregistrierungen der Jugendlichen zu bestimmen. Welche eigenen, zusätzlichen Eindrücke und Informationen der Richter durch die Vernehmung des jugendlichen Beschuldigten gewann, konnte nicht erhoben werden. Ferner wurden im Hauptverfahren oft alte, noch nicht abgeschlossene Verfahren mit in die Anklage einbezogen, die aus der Zeit vor der haftrichterlichen Vorführung des Jugendlichen datierten, oder es kamen bis zur Hauptverhandlung neue Deliktauffälligkeiten hinzu, die in das Urteil miteinbezogen wurden. In allen diesen Fällen entschied das Jugendgericht letztlich über andere Sachverhalte oder aufgrund eines anderen Informationsstandes als das Bereitschaftsgericht.

Die nachfolgend dargestellten Ergebnisse lassen insoweit offen, welcher Einfluß zwischen haftrichterlicher Entscheidung und jugendrichterlicher Sanktionspraxis im Einzelfall anzunehmen ist. Sie können jedoch zeigen, daß sich im Durchschnitt der Fälle bestimmte Strukturunterschiede zwischen den Verfahrensausgängen der vier Gruppen herausgebildet haben. Ähnliche Unterschiede werden auch durch andere Untersuchungen bestätigt.[127]

---

125 Vgl. Wolff 1975, S. 26; Kerner 1978; Herrmanns 1983; Gebauer 1986; S. 69. In der Tat wird in der Strafverfolgungsstatistik über die Verfahrensausgänge deutlich, daß U-Haft in vielen Fällen die höchste freiheitsentziehende Sanktion im gesamten Verfahren darstellt. Nach der Strafverfolgungsstatistik 1991 gingen 20,4% aller Bewährungsaussetzungen nach dem Jugendstrafrecht bzw. 12,0% aller Bewährungsaussetzungen nach dem Erwachsenenstrafrecht Untersuchungshaft voraus (vgl. Dünkel 1994, S. 22).

126 Jugendliche, die bis zur Hauptverhandlung in Freiheit entlassen wurden, Jugendliche bei denen der Vollzug eines Haftbefehls gegen Meldeauflagen ausgesetzt wurde (Haftverschonung gem. § 116 StPO), Jugendliche, bei denen Untersuchungshaft angeordnet wurde und Jugendliche, die in einer Einrichtung der Jugendhilfe untergebracht wurden.

127 Vgl. Kerner 1978, S. 554.

6.3.1 Tatvorwurf in der Hauptverhandlung

Die angeklagten Jugendlichen wurden in der Hauptverhandlung aufgrund folgender Delikte[128] verurteilt:

- Diebstahlsdelikte 34,2% (einfacher Diebstahl 3,1 %, schwerer Diebstahl 31,1%);
- Raubdelikte 31,2% (Raub 13,3%, schwerer Raub 17,9%);
- Körperverletzung 28,6% (einfache vorsätzliche Körperverletzung 2,6%, schwere Körperverletzung 26,0%).[129]

Über die Art der Deliktverteilung bei den einzelnen Untersuchungsgruppen gibt Tabelle 5 Auskunft.[130]. Die spezifischen Deliktschwerpunkte der vier Untersuchungsgruppen waren schwerer Diebstahl (51,6%) bei Jugendlichen mit Untersuchungshaft, schwere Körperverletzung (37,7%) bei vom Haftrichter in Freizeit entlassenen Jugendlichen und schwerer Raub (31,8%) bei den Haftverschonten. Bei Jugendlichen mit einem Unterbringungsbefehl lag eine Gleichverteilung der Delikte schwerer Diebstahl, Raubdelikte insgesamt und schwere Körperverletzung mit jeweils 28,9% vor. Der geringste Schweregrad der Tatvorwürfe fand sich bei Jugendlichen mit Untersuchungshaft.

Tabelle 5

Hauptverfahren
Deliktverteilung[131] bei den vier Untersuchungsgruppen

		Schwerer Diebstahl	Raub	Schwerer Raub	Schw.Körperverletz.	andere Delikte	Insgesamt
U-Haft	abs.	33	3	8	8	12	64
	in %	51,6	4,7	12,5	12,5	18,8	100,0
Einstweilige Unterbringung	abs.	11	5	6	11	5	38
	in %	28,9	13,2	15,8	28,9	13,2	100,0
Entlassung	abs.	11	10	9	23	8	61
	in %	18,0	16,4	14,8	37,7	13,1	100,0
Haftbefehl mit Haftverschonung	abs.	6	10	14	11	3	44
	in %	13,6	22,7	31,8	25,0	6,8	100,0

128 Vgl. Tabelle A12 im Anhang.

129 Erfaßt wurde nur das jeweils schwerste Delikt. Im Vergleich zu den Deliktqualifizierungen im Vorverfahren (Tabelle A11 und A12) fiel auf, daß in 50% (26 von 52) der Fälle der Tatvorwurf des Raubes in der Hauptverhandlung nicht mehr aufrechterhalten wurde und statt dessen die Zahl der Anklagen wegen schwerer Körperverletzung fast im gleichen Umfang (von 25 auf 51) zunahm.

130 Bei der Tabelle wird von denjenigen Fällen ausgegangen, bei denen sowohl die Entscheidung des Haftrichters als auch die Art des Deliktes bekannt sind.

131 Bei 41,5% der Jugendlichen Angeklagten wurden mehrere Verfahren zusammengezogen. Die Angaben in der Tabelle beziehen sich nur auf das schwerste von allen angeklagten Delikten.

6.3.2 Jugendrichterliche Sanktionspraxis

Der Ausgang der Verfahren war bei zwei Drittel der Jugendlichen bekannt (207 von 300). Bei den in der folgenden Tabelle sowie in den Tabellen A14 bis A18 (im Anhang) dargestellten Sanktionen ist zu berücksichtigen, daß diese in vielen Fällen auch nebeneinander angeordnet werden können (Anzahl der Verurteilten 207, Anzahl der Sanktionen 267). Grundsätzlich nicht nebeneinander angeordnet werden können: Jugendstrafe ohne Bewährung, Jugendstrafe auf Bewährung, Aussetzung der Verhängung der Jugendstrafe gem. § 27 JGG und Jugendarrest.[132]

Jugendstrafe

Rund 42% der haftrichtlich vorgeführten jugendlichen Angeklagten wurden im Hauptverfahren zu Jugendstrafe verurteilt (87 von 207). 7% wurden zu Jugendstrafe ohne Bewährung, knapp 35% zu Jugendstrafe mit Bewährung verurteilt[133]. Der Anteil der Jugendstrafe mit und ohne Bewährung betrug im Vergleich dazu

- bei Jugendlichen mit vorheriger Verbüßung von U-Haft 46,9%,
- bei den in Freiheit entlassenen 41,0%,
- bei den in Jugendhilfe untergebrachten Jugendlichen 39,5%,
- bei Jugendlichen mit ausgesetztem Haftbefehl 38,7% [134].

Bei der Sanktion "Jugendstrafe ohne Bewährung" wurden in 10 von 15 Fällen weitere Verfahren einbezogen. Bei der Sanktion "Jugendstrafe auf Bewährung" wurden andere Verfahren in 36 von 72 Fällen mitverhandelt. Bei der Aussetzung der Verhängung der Jugendstrafe waren es 14 von 20 Fällen.[135]

132 Vgl. hierzu im einzelnen die Bestimmungen des § 8 JGG.

133 Vgl. Tabelle 6.

134 Vgl. Tabellen A14-A18 im Anhang.

135 Ausgehend von allen uns bekannten Hauptverhandlungen wurden bei 41,5% (86 von 207) weitere Verfahren meist aus der Zeit vor der polizeilichen Vorführung am Bereitschaftsgericht mit in die Verhandlung einbezogen. Dabei konnten einem Verfahren mehrere Deliktvorwürfe zugrunde liegen. Das Ergebnis der Hauptverhandlung bezog sich also in nahezu der Hälfte der Fälle nicht lediglich auf die von uns am Bereitschaftsgericht erhobenen Tatverdächtigungen, sondern auf weitere, die nicht im Untersuchungszeitraum lagen.

Tabelle 6

Sanktionen des Jugendgerichts bei den haftrichterlich vorgeführten Jugendlichen Verfahren: 207; Sanktionen: 267		
Art der Sanktionen	Häufigkeit abs.	in % (von 207)
Jugendstrafe ohne Bewährung	15	7,3
Jugendstrafe auf Bewährung	72	34,8
Auss. d. Verh. d. Jugendstr. gem § 27 JGG	20	9,7
Jugendarrest	51	24,6
Betreuungsweisung	33	15,9
Sozialer Trainingskurs	15	7,3
Täter-Opfer-Ausgleich	4	1,9
Schadenswiedergutmachung[136]	3	1,5
Arbeitsweisung	27	13,0
Weisung stationäre Unterbringung	--	--
Geldbuße	3	1,5
Sonstige Auflagen und Weisungen	20	9,7
Freispruch	4	1,9

Aussetzung der Verhängung der Jugendstrafe gem. § 27 JGG

Zu den Entscheidungen im Bereich der Jugendstrafe sind auch diejenigen Fälle hinzuzuzählen, in denen das Verfahren mit der Feststellung eines Schuldspruches abgeschlossen wurde, der Richter die Entscheidung über die Verhängung der Jugendstrafe jedoch ausgesetzt und die endgültige Entscheidung über die Rechtsfolge einem Nachverfahren vorbehalten hat.[137] Eine Entscheidung nach § 27 JGG wurde in 9,7% der Verfahren getroffen.

Besonders häufig wurde von der Möglichkeit des § 27 JGG bei Jugendlichen Gebrauch gemacht, die zuvor in Jugendhilfe untergebracht waren, nämlich in 8 von 38 Verfahren (21,1%). Bei den anderen Gruppen betrug die Häufigkeit der Anwendung von § 27 JGG:

- **9,8% bei den in Freiheit entlassenen Jugendlichen,**
- **6,8% bei Jugendlichen mit Haftverschonung,**
- **4,7% bei Jugendlichen mit U-Haft.**

Jugendarrest

Rund ein Viertel der Verfahren endete mit der Verhängung eines Jugendarrestes (Tabelle 6). Auffällig war jedoch, daß in der Mehrzahl dieser Urteile (37 von 51) der Arrest bereits als "verbüßt durch U-Haft" (27 Jugendliche) oder als "verbüßt durch Heimunterbringung" (7

136 Es wurde unterschieden zwischen einem durch Sozialarbeit organisierten Prozeß der persönlichen Auseinandersetzung zwischen Täter und Opfer (Täter-Opfer-Ausgleich) und einer vom Richter angeordneten, anonym gehaltenen finanziellen Wiedergutmachung gegenüber dem Opfer (Schadenswiedergutmachung).

137 Die Aussetzung gem. § 27 JGG gilt nach Eisenberg (1995, § 27 Rn. 8) als erzieherisch konstruktive Rechtsfolge, da sie den Jugendlichen ohne Strafmakel beläßt. Als "Schuldspruch mit Strafvorbehalt" läßt sie sowohl Chancen der Legalbewährung (Tilgung des Schuldspruchs nach Ablauf der Bewährungszeit) als auch die Möglichkeit der späteren Verhängung der Jugendstrafe bei mangelnder Bewährung offen.

Jugendliche) galt. Bei weiteren 3 Jugendlichen war unbekannt, ob eine Anrechnung von U-Haft oder von einer einstweiligen Unterbringung erfolgte.

Die höchste Quote von Urteilen mit Jugendarrest[138] entfiel auf Verurteilte mit vorheriger Untersuchungshaft. Dies betraf 27 von 64 Jugendlichen (42,2%). Das Urteil lautete in allen diesen Fällen "Dauerarrest verbüßt durch U-Haft". Bei 74% von ihnen (20 von 27) handelte es sich um Jugendliche, die ihren Lebensmittelpunkt nicht in Deutschland hatten. In den übrigen Fällen betrug der Anteil von Jugendarrest

- 9,8 % bei den in Freiheit entlassenen,
- 20,5% bei Jugendlichen mit ausgesetztem Haftbefehl und
- 23,7% bei in Jugendhilfe untergebrachten Jugendlichen.

Ambulante Maßnahmen (Weisungen und Auflagen gem. §§ 10, 15 JGG)

Von den nicht-stationären, ambulanten Maßnahmen des Jugendgerichtsgesetzes wurden relativ häufig die Arbeits- und Betreuungsweisung[139] sowie Soziale Trainingskurse angeordnet.[140] Täter-Opfer-Ausgleich und Schadenswiedergutmachung kamen weniger zur Anwendung, die Hilfe zur Erziehung gem. § 12 JGG spielte keine Rolle.

Insgesamt gesehen wurde das Spektrum der möglichen ambulanten Sanktionen nach dem JGG, der Weisungen und Auflagen einschließlich des Täter-Opfer-Ausgleichs nur bei den in Freiheit entlassenen sowie bei den haftverschonten Jugendlichen in stärkerem Maß ausgeschöpft. Bei den in U-Haft Genommenen fiel auf, daß ambulante Sanktionen (Betreuungsweisung, Arbeitsweisung oder sozialer Trainingskurs) nur in 9,3% der uns bekannten Fälle zur Anwendung kamen.[141]

Die Quote der ambulanten Sanktionen (vgl. Tabellen A14-A18) betrug

- 9,4% bei Jugendlichen mit Untersuchungshaft,
- 34,2% bei Jugendlichen mit Unterbringungsbefehl,
- 50,0% bei Jugendlichen mit Haftverschonung gem. § 116 StPO,
- 55,7% bei den in Freiheit Entlassenen.

Einstellungen des Verfahrens gem. §§ 45, 47 JGG

Zu einer Einstellungen des Verfahrens gem. §§ 45, 47 JGG kam es in 20 von 207 Verfahren. Es bestand eine durchschnittliche Diversionsrate von rund 10%, überdurchschnittlich hoch war sie bei den in Freiheit entlassenen Jugendlichen mit 18,0%.

---

138 Vgl. Tabellen A14-A18 im Anhang.

139 Die Berliner Praxis war bei den Betreuungsweisungen insofern eingespielt, als deren Durchführung - neben einzelnen Jugendhilfeprojekten - vor allem auch von der Jugendbewährungshilfe übernommen wurde. Im letzteren Fall mußte die Finanzierung nicht getrennt als Hilfe zur Erziehung im Sinne des § 30 SGB VIII (Betreuungshelfer) beantragt werden, sondern dies war ein Angebot, das zum Regelangebot der öffentlichen Jugendhilfe in Berlin gehörte. Wie in den Stadtstaaten Hamburg und Bremen, so liegt auch in Berlin die Dienstaufsicht über die Jugendbewährungshilfe bei der Senatsjugendverwaltung, die Fachaufsicht über die Bewährungen übt Justiz aus. Im Unterschied zu Bremen und Hamburg wird in Berlin als historische gewachsene Entwicklung auch ein Teil der angeordneten Betreuungsweisungen (§ 10 JGG) von den Jugendbewährungshelfern übernommen.

140 Diese Weisungen gewinnen seit Beginn der 80er Jahren durch Initiativen freier Träger verstärkt an Bedeutung. Zur Entwicklung der ambulanten Jugendhilfe in Berlin im Bereich des § 10 JGG vgl. Heßler/Rilling 1987, Thiem-Schräder 1989, Reinecke 1993.

141 Diese Maßnahmen setzen im übrigen einen Aufenthalt in Deutschland voraus.

Die Dauer des Verfahrens
Die durchschnittliche Dauer des Verfahrens von der Vorführung vor das Bereitschaftsgericht bis zur Hauptverhandlung betrug 20 Wochen, also rund 5 Monate. Es gab jedoch erhebliche Unterschiede:

- Die Verfahrensdauer war im Falle der U-Haft vergleichsweise am kürzesten. Durchschnittlich befanden sich die Jugendlichen bis zur Hauptverhandlung ca. 7 Wochen in Haft. Hier gilt neben den Verfahrensvorschriften der StPO (§§ 114 ff StPO) insbesondere das Beschleunigungsgebot gem. § 72 Abs. 5 JGG: "Befindet sich ein Jugendlicher in Untersuchungshaft, so ist das Verfahren mit besonderer Beschleunigung durchzuführen."
- Waren die Jugendlichen in Einrichtungen der Jugendhilfe untergebracht, dauerte das Verfahren im Schnitt 2 Wochen länger, nämlich 9 Wochen.
- Bei den nach Hause entlassenen Jugendlichen betrug die Verfahrensdauer dagegen durchschnittlich 24 Wochen, d.h. knapp 6 Monate. Das Maximum lag hier bei nahezu 2 Jahren (20 Monate). Unter pädagogischen wie auch kriminalpräventiven Gesichtspunkten ist eine durchschnittliche Verfahrensdauer von einem halben Jahr und länger äußerst ungünstig für eine Normverdeutlichung gegenüber Jugendlichen.

6.3.3 Zusammenfassung: Anordnung von U-Haft und Verfahrensausgang

"U-Haft schafft Rechtskraft." Auch die vorliegenden Daten deuten in diese Richtung. Die in U-Haft genommenen Jugendlichen wurden trotz des durchschnittlich geringeren Schweregrades der Tatvorwürfe insgesamt härter bestraft als die übrigen Jugendlichen. Sie wurden vergleichsweise nicht nur am häufigsten zu Jugendarrest, sondern auch am häufigsten zu Jugendstrafe verurteilt.

Für die überwältigende Mehrheit der Betroffenen stellte die erlittene U-Haft die härteste Sanktion im gesamten Strafverfahren dar. Dies bestätigt die von Forschung und Praxis vertretene Einschätzung, daß es sich bei der Anordnung von U-Haft bei Jugendlichen vielfach um eine Art "vorweggenommene Strafe" handeln kann.[142] Besonders deutlich wurde dies zum einen bei 27 der 64 (42,2%) inhaftierten Jugendlichen[143], deren Urteil "Arrest verbüßt durch U-Haft" lautete und zum anderen bei den zu Jugendstrafe Verurteilten, die in den meisten Fällen zur Bewährung ausgesetzt wurde. Lediglich in 6 von 64 Fällen, in denen Jugendliche zuvor in U-Haft genommen worden waren, wurde anschließend die Jugendstrafe vollstreckt.

Die Tatsache, daß bei einem großen Teil der Jugendlichen Anlaßdelikte und Rechtsfolgen in keinem angemessenen Verhältnis zur Anordnung der U-Haft standen, wirft grundsätzlich die Frage der Verhältnismäßigkeit des Eingriffs auf. An dieser Stelle sei erwähnt, daß es ein hervorgehobenes Anliegen des Gesetzgebers war, durch Einfügung neuer Bestimmungen in § 72 JGG dafür Sorge zu tragen, daß der Grundsatz der Verhältnismäßigkeit in der Praxis der Anordnung von U-Haft bei Jugendlichen stärkere Beachtung findet.[144] Nach Jehle (1995, S. 15 f) geht ein Teil der Literatur von der Erwägung aus, "daß die U-Haft in ihrer Eingriffsintensität einer Strafhaft ähnelt, ja diese partiell sogar übertrifft, und hält es angesichts dieser Eingriffsintensität für unzulässig, U-Haft zur Verwirklichung eines Strafanspruchs anzuordnen, der nicht gleichfalls eine Freiheitsentziehung zur Folge hat“ (so insbesondere Dürig in Maunz-Dürig-Herzog Art. 2 Abs. 2 GG; vgl. auch Arbeitskreis Strafprozeßreform 1983, S. 61 ff; Hassemer

142 Schulz 1981, S. 399 ff; Kury 1981 S. 421 ff.
143 Die richterlichen Sanktionen waren lediglich bei 64 von 88 U-Häftlingen bekannt.
144 BT-Drs. 11/5829, S. 30 ff.

1984, S. 67,; Krümpelmann 1970, S. 1067; Wolter 1981 S. 467 f). Demgegenüber herrscht in der Rechtsprechung und Kommentarliteratur die Ansicht vor, daß die Erwartung von Geldstrafe oder zur Bewährung ausgesetzter Freiheitsstrafe zwar in der Regel oder grundsätzlich die Anordnung von Untersuchungshaft ausschließt, sie aber ausnahmsweise aus Gründen der Bedeutung der Sache (z.B. im Hinblick auf die Verteidigung der Rechtsordnung) zuläßt (s. Karlsruher Kommentar-Boujong § 112 Rdnr. 48 mit weiteren Nachweisen)."[145]

Wegen der Unzulässigkeit der kurzen Freiheitsstrafe (§ 18 Abs. 1 JGG), dem in § 72 JGG verankerten Subsidiaritätsprinzip und wegen der für Jugendliche besonderen Belastungen des Vollzugs der Untersuchungshaft (§ 72 Abs. 1 S. 2 JGG) wird die Zulässigkeit ihrer Anordnung bei Jugendlichen zunehmend nur bei zu erwartender vollstreckbarer Jugendstrafe gesehen.[146] Danach dürfte der mehrmonatige Freiheitsentzug durch U-Haft in der Regel nur in den Fällen vertretbar sein, in denen eine verhältnismäßige Strafe, nämlich die Verurteilung zu einer unbedingten Jugendstrafe, zu erwarten ist. Davon ging offenbar auch der Regierungsentwurf zum 1. JGG-ÄndG aus, der Zweifel an der Verhältnismäßigkeit der U-Haft angesichts von Forschungsergebnissen äußerte, nach denen Jugendliche nach verbüßter U-Haft mit einer Quote zwischen 20 und 40% zu einer unbedingten Jugendstrafe verurteilt wurden.[147] Nach den Ergebnissen der vorliegendenden Untersuchung wurde in Berlin diese Rate jedoch nochmals weit unterschritten. Sie lag bei jugendlichen U-Häftlingen bei lediglich 9,4%. Weitere 37,5% wurden zu einer zur Bewährung ausgesetzten Jugendstrafe verurteilt.

---

145 Jehle 1995, S. 15. Allerdings wird gleichzeitig eingeräumt, daß in dem Verfahrensstadium, in dem über die Anordnung von Untersuchungshaft entschieden wird, die Prognose der Rechtsfolgenerwartung ausgesprochen schwierig ist und sich im Urteilstenor der Hauptverhandlung nicht selten ein anderes Delikt findet als im Haftbefehl. Zudem stellen sich die entscheidungsrelevanten sozialen und persönlichen Umstände im Laufe weiterer Ermittlungen oft anders dar als zum Zeitpunkt des Haftbefehlserlasses, so daß Bedenken gegen eine konkrete Straferwartung als Haftschwelle bestehen, da die Gefahren einer Präjudizwirkung im Sinne einer sich selbst erfüllenden Prophezeiung nicht auszuschließen sein dürften (vgl. Jehle 1995, S. 16; Eisenberg 1995, § 72 Rz. 5).

146 AK I/3 B DVJJ 1993; Eisenberg/Toth 1993, S. 296; Ostendorf 1997.

147 Vgl. BT-Drs. 11/5829, S. 31; vgl. ebenso die Zweifel an der Verhältnismäßigkeit der U- Haftanordnung in der BRD bei Dünkel (1994, S. 23), der unter Heranziehung der Strafverfolgungsstatistik aus dem Jahr 1991 zu dem Ergebnis kommt, daß nur etwa die Hälfte der verurteilten U-Haftgefangenen mit einer zu vollziehenden Freiheitsstrafe belegt wurden.

7. Lebenslagen und Deliktstrukturen der Jugendlichen mit Unterbringungsbefehl

Aus der Gesamtgruppe der Jugendlichen, die im ersten Jahr des neuen Modells dem Haftrichter am Bereitschaftsgericht vorgeführt wurde, sollten diejenigen nochmals besondere Beachtung finden, die per Unterbringungsbefehl in Jugendhilfe kamen. Hierzu wurde eine gesonderte Fragebogenerhebung durchgeführt, bei der Daten über 102 Fälle (93 Jugendliche)[148] bei den drei Trägern der Jugendhilfe erhoben wurden: 68 Betreuungen beim Sozialpädagogischen Jugendzentrum, 32 bei Aktion`70 - Jugendhilfe im Verbund e.V. und zwei bei der Clearingstelle Pankow, die nur in Einzelfällen und lediglich im ersten Jahr des neuen Modells Jugendliche per richterlichem Unterbringungsbefehl aufnahm.[149]
Ziel dieser Erhebung war es, nochmals genauere Aussagen über die Zielgruppe der einstweiligen Unterbringung zu gewinnen (Lebenslagen, Alter, Nationalitäten, Delikte), weil die Mikrostrukturen der sozialpädagogische Betreuung und Beratung, neben den spezifischen Rahmenbedingungen (zwischen Jugendhilfe und Justiz) und den konzeptionellen Vorgaben (Betreuungsschlüssel, Qualifikation, Methoden), unmittelbar von den Lebenslagen und Verhaltensweisen der anwesenden Jugendlichen geprägt werden.

7.1 Lebenslagen der Jugendlichen mit Unterbringungsbefehl

Der gesellschaftliche Status der fast ausschließlich männlichen Jugendlichen[150] war tendenziell randständig. Charakteristisch für die oftmals noch sehr jungen Jugendlichen[151] war das Zusammentreffen mehrerer Probleme. Hierzu zählte neben dem Konfliktfeld Familie vor allem die mangelnde Integration in den schulischen Bereich. In den Fachgesprächen mit den Jugendgerichtshilfen[152] der Bezirke wurde als ein auffälliger Schritt in die Delinquenz immer wieder der mangelnde Schulbesuch von Jugendlichen angegeben. Ursachen dafür lagen nach Meinung der ExpertInnen auf verschiedenen Ebenen: Mißerfolge in der Schule konnten vom Elternhaus nicht aufgefangen werden (bei ausländischen Jugendlichen oft auch nicht durch "intakte" Familien). In den Ostbezirken der Stadt führte der neue hohe Konkurrenzdruck bei gleichzeitiger Konzentration der Schulen auf den Bildungsauftrag und nicht mehr auf Erziehung zu einem Kontroll- und Sozialisationsverlust des Sekundärsystems und zu einer Rückverlagerung von Verantwortlichkeiten und Zuständigkeiten auf das Primärsystem Familie. Hiermit waren Familien teilweise überfordert, sie waren vor allem nicht darauf vorbereitet. Auf Seiten der Jugend-

---

148 In 9 der erfaßten 102 Fälle handelt es sich um Jugendliche, die innerhalb des gleichen Untersuchungszeitraums bei verschiedenen Trägern untergebracht waren. Um eine Verdoppelung sensibler Daten zu vermeiden, wird im folgenden überwiegend von einer Gesamtheit von 93 Jugendlichen ausgegangen. Die Anzahl der Untergebrachten stimmt deshalb nicht mit der Anzahl der vom Bereitschaftsgericht ausgestellten Unterbringungsbefehle überein, weil am Bereitschaftsgericht für einen Teil der Jugendlichen Aktenunterlagen fehlten und weil ein Teil der in den Einrichtungen befindlichen Jugendlichen über Einzelrichter oder aus der U-Haft direkt in die Einrichtungen kam.

149 Weil die Clearingstelle eine Einrichtung des Betreuten Wohnens mit angegliederter Beratungsstelle im Hause ist, jedoch keine Rund-um-die-Uhr-Betreuung bietet, war die richterliche Unterbringung nur in Einzelfällen möglich. Mit Übernahme der Clearingstelle in die Trägerschaft des JAW wurde diese Möglichkeit der Aufnahme Jugendlicher zur U-Haftvermeidung entzogen.

150 Unter den 93 erfaßten, richterlich untergebrachten Jugendlichen befand sich lediglich ein Mädchen.

151 Das Durchschnittsalter der 93 Jugendlichen lag bei 16 Jahren.

152 Im Mittelpunkt standen Fragen nach aktuell dominierenden Problemgruppen, besonderen Problemlagen der Jugendlichen, nach den Ursachenzusammenhängen, welche die ExpertInnen wahrnehmen und nach den Erfahrungen mit den neuen Einrichtungen.

lichen fehlten zum Teil autonome Handlungskompetenzen und schulische Motivationen. Fernbleiben von der Schule war dann begleitet von der Hinwendung zu peer-groups mit anderen Verhaltensanforderungen und -erwartungen.
Gleichzeitig verlor der Lebensraum Familie als einer der sozial relevanten Orte, an denen sich Jugendliche zwar weniger, jedoch nach wie vor aufhalten, an Bedeutung. In unserer Untersuchungsgruppe macht sich ein hoher Grad an Auflösungen und Freisetzungen[153], insbesondere auch bei sehr jungen Jugendlichen bemerkbar: Knapp 40% der in Jugendhilfe richterlich untergebrachten Jugendlichen (36 von 93)[154] lebten vor dieser Unterbringung weniger in der Familie als vielmehr an wechselnden Bezugsorten oder auf der Straße.[155] Ihnen war gemein, daß sie zum Zeitpunkt ihrer Aufnahme in den Einrichtungen über keinen festen Aufenthalt verfügten. Von einem großen Teil (21 von 36) der Jugendlichen wurde die Familie jedoch zur minimalen Reproduktion (soziale und materielle Versorgung) genutzt. Sie hielten Kontakt zu den Eltern, kamen ab und zu zum Essen, Duschen oder Schlafen nach Hause. Auch in Notsituationen wandten sie sich an die Eltern und erhielten hier begrenzt Hilfestellungen.[156]

Die große Mehrheit der Jugendlichen ohne festen Wohnsitz war unter 16 Jahre alt (21 von 36). Es handelte sich dabei mehrheitlich um deutsche Jugendliche oder um in Deutschland aufgewachsene Jugendliche aus Migrantenfamilien. Von einem Teil der Jugendlichen (26 von 36) ist bekannt, seit wann sie ohne festen Wohnsitz lebten: Der Mittelwert liegt bei 265 Tagen. Die einzelnen Jugendlichen waren zwischen einem Monat (5 Jugendliche) und 3,5 Jahren (1 Jugendlicher) ohne feste Unterkunft. 15 Jugendliche waren bis zu einem halben Jahr, neun Jugendliche waren ein Jahr und länger ohne festen Aufenthalt, bevor sie in den Einrichtungen untergebracht wurden. Bei vielen dieser Jugendlichen bestand dringender Klärungsbedarf hinsichtlich der Wohnsituation, da sie nicht wußten, wo sie nach der Hauptverhandlung verbleiben konnten. Es wurde aber auch deutlich, daß 16 der 36 Jugendlichen ihre aktuelle Lebenssituation der "Ungebundenheit" nicht ändern wollten. Sie bevorzugten formal eine "Rückkehr" zu den Eltern, bei denen sie offiziell gemeldet waren.

Die Frage nach den Wohnverhältnissen aller 93 betreuten Jugendlichen ergab, daß die Mehrheit (59 von 93) auch künftig bei den Eltern wohnen würde. Jedoch beurteilten die BetreuerInnen bei 25 dieser 59 Jugendlichen die vorhandene Wohnmöglichkeit als "sehr ungünstig" für deren weitere Entwicklung. Die Jugendlichen seien weitgehend sich selbst oder einem ungünstigen Einfluß ihrer peer-group überlassen, die Eltern hätten keinerlei Erziehungseinfluß mehr.[157]

Auf äußerst belastete Verhältnisse im Elternhaus verwies auch die Anzahl an Fremdunterbringungen: 19 (21%) der 93 Jugendlichen befanden sich in der Vergangenheit in außerfamiliärer Unterbringung[158] und hatten Erfahrungen mit Heimen bzw. anderen stationären Einrichtungen.

153 Vgl. Heytmeier u.a. 1995.
154 Diese Zahl kann höher sein, da bei 11 Jugendlichen (12%) hierzu keine Informationen vorliegen. Die Prozentzahlen sind im folgenden auf- bzw. abgerundet.
155 Im Pius-Heim (München), wo Jugendliche überwiegend zur Verkürzung von U-Haft untergebracht sind, waren mehr als ein Drittel (23 von 66) bei der Verhaftung ohne festen Wohnsitz (vgl. Sozialwissenschaftliches Forschungszentrum Erlangen-Nürnberg 1996, S. 64).
156 Die Frage nach den familiären Ressourcen wird in der Erhebung dahingehend beantwortet, daß insgesamt 61 von 93 Jugendlichen eine Unterstützung durch die Eltern erfahren. Bei 19 (20%) besteht keinerlei Unterstützung von Seiten der Eltern, darunter in fünf Fällen deshalb, weil die Eltern sich nicht im Lande aufhalten oder tot sind.
157 Vgl. Fragebogen im Anhang.
158 Bei vier weiteren von 93 Jugendlichen gab es andere Maßnahmen der Jugendhilfe, wie z.B. Familienhelfer, bei 39 (42%) gab es bisher keine Maßnahmen und bei 31 (33%) ist dies unbekannt.

Die Durchschnittsdauer betrug rund zwei Jahre. Nur zwei Jugendliche befanden sich unter einem Jahr in Fremdunterbringung. Die meisten von ihnen waren in der Zeit zwischen Kindheit und Jugend in Fremdunterbringung gekommen.

Aufgrund der bisherigen Schilderung wird deutlich, daß familiäre Konflikte und Belastungen bei einem Großteil der Jugendlichen vorlagen. Konflikte im System der Familie als basaler Sozialisationsinstanz wirkten sich auf die außerfamiliären Integrations- und Plazierungchancen der Jugendlichen aus. Eine kontinuierliche Anbindung an die in diesem Alter wesentliche soziale Institution Schule konnte von der Zielgruppe kaum geleistet werden. Ohne familiäre und schulische Unterstützung waren Ausbildungs- und Arbeitsplatzperspektiven erheblich erschwert, ohne geregelte Unterkunft waren sie auch kaum zu halten. Unsere Daten verweisen auf eine geringe Verankerung der Jugendlichen in diesen Bereichen: Weniger als die Hälfte, nämlich 42 der 93 Jugendlichen (45%) verfügte über einen (Berufs)Schul-, Ausbildungs- oder Arbeitsplatz. Darunter dominierten 33 Jugendliche mit Schulplatz. Die Tatsache, daß ein Schulplatz vorhanden war, sagte jedoch noch nichts darüber aus, ob dieser auch genutzt wurde. So wurde beispielsweise bei 8 der 33 Jugendlichen mit einem Schulplatz noch während der Betreuungszeit eine Klärung von Problemen im Schulbereich als dringend notwendig angesehen. Mehr als ein Drittel der Betreuten, nämlich 33 von 93 Jugendlichen (36%) hatten weder einen Schulplatz, noch Ausbildung oder Arbeit. Bei weiteren 18 Jugendlichen (19%) war diese Situation unbekannt. Zum Zeitpunkt der Aufnahme in die Einrichtung hatten 12 von 93 Jugendlichen (13%) einen Haupt- oder Realschulabschluß.

Neben der prekären familiären und schulischen Situation prägte die Zunahme von Jugendlichen ausländischer Herkunft die Arbeit in den Einrichtungen. Seit Grenz- und Maueröffnung zog das Gefälle zwischen den armen und reichen Ländern in West- und Osteuropa verstärkt einen Anstieg durchreisender Jugendlicher nach sich. Nach der Polizeistatistik des Landes Berlin hatten in den 90er Jahren zeitweilig über 50% der registrierten nichtdeutschen Tatverdächtigen im Alter von 14 bis unter 18 Jahren keinen Wohnsitz in Deutschland. Entsprechend hat sich in den Einrichtungen der Jugendhilfe die Nationalitätenstruktur der untergebrachten Jugendlichen gegenüber den 80er Jahren gewandelt. So befanden sich noch 1989 unter insgesamt 101 in Haus Kieferngrund betreuten Jugendlichen nur 3 polnische Jugendliche[159]. Dagegen waren 1990 in Haus Kieferngrund von den 145 Untergebrachten 37 (26%) deutsche, 36 (25%) türkische und 36 (25%) polnische Jugendliche. Der Rest verteilte sich auf Jugendliche aus dem ehemaligen Jugoslawien, aus Rumänien sowie anderen Nationalitäten.[160] Dieser Trend setzte sich in den neuen offenen Einrichtungen im ersten Jahr, wenn auch vermindert, fort: Untergebracht waren dort 46 deutsche und 47 ausländische Jugendliche, darunter 15 Jugendliche, die in Deutschland aufgewachsen waren und fast alle aus türkischen Migrantenfamilien kamen. Bei den restlichen 32 nichtdeutschen Jugendlichen handelte es sich um polnische Jugendliche, die als Touristen eingereist waren (10) sowie um Flüchtlinge aus Krisen- und Kriegsgebieten (22).

Anhand ihrer Lebenslagen können die Jugendlichen in den Berliner Einrichtungen zur U-Haftvermeidung nach folgenden, sich zum Teil überschneidenden Merkmalen unterschieden werden:

159 Vgl. unveröff. Jahresbericht des Hauses Kieferngrund 1989.
160 Vgl. Haustein/Thiem-Schräder 1992, S.129 und 131.

Jugendliche mit wechselnden Aufenthaltsorten

Die in Berlin richterlich untergebrachten Jugendlichen lassen sich nur schwer mit Begrifflichkeiten wie „Straßenkinder"[161] oder „Trebegänger"[162] definieren. Sie waren weder laufend auf der Straße zu finden, noch dauerhaft ohne Wohnraum, obwohl beides vorübergehend oder auch über einen längeren Zeitraum zutreffen konnte.[163] Verbindend war eine gewisse Entwurzelung, die unterschiedlich ausgeprägt war: intensiv, wenn der Kontakt zu Familie und Schule völlig abgebrochen war, weniger tiefgreifend, wenn Unterstützungkontakte gehalten wurden. Bei den Jugendlichen wurde die Straße zum Ort der Beschaffung von (Über-) Lebensnotwendigkeiten, sei es im ökonomischen oder auch im sozialen Sinn (Gruppendelinquenz als Selbstaufwertung und -bestätigung). Diejenigen Jugendlichen, die sich vor allem in der Hauptbahnhofszene aufhielten, konnten als besonders gefährdet gelten.[164]

Jugendliche aus Migranten-Familien

Eine zweite relativ stark vertretene Gruppe waren türkische Jugendliche. Deren Hauptprobleme lagen darin begründet, daß sie zwischen kulturellen Widersprüchen zerrieben wurden. Sie hatten zwar stärkere familiäre Einbindungen und Verwandtschaftsbeziehungen als die deutschen Jugendlichen, jedoch widersprachen die oftmals autoritären und patriarchalen Normen des Binnenraums Familie den eher offenen und zur Selbstgestaltung auffordernden Strukturen in Kindergarten, Schule und Umfeld. Die hohen Anpassungsfähigkeiten an das jeweilige Teilsystem, die den Jugendlichen abgefordert wurden, waren nicht immer vorhanden. Im Falle von Konflikten konnten sich Eltern und Jugendliche gerade wegen der kulturellen Widersprüche kaum verständigen.

Jugendliche aus Krisen- und Kriegsgebieten

Ein Teil der Jugendlichen kam aus Kriegsgebieten des ehemaligen Jugoslawien, oder hatte Kindheit und Jugend z.B. in libanesischen Kriegslagern verbracht. Sie wurden sehr früh mit extremen Bedrohungs- und Gewaltsituationen konfrontiert, die z.T. auch Menschenleben gefordert hatten. Innerhalb ihrer Familien hielten die Asylsuchenden zwar oftmals zusammen, es ergaben sich jedoch vielfältige Probleme, sich in Deutschland perspektivisch zurechtzufinden. Ihr aktueller Lebens- und gesellschaftlicher Status war äußerst labil, oftmals waren nur beschränkte Rechte vorhanden. Vor diesem Hintergrund war eine sprachliche, schulische und berufliche Integration in das gesellschaftliche Umfeld sehr erschwert.

Jugendliche Touristen

Einreisende polnische Jugendliche, die inzwischen von den Jugendhilfeeinrichtungen nur noch selten aufgenommen werden, verfügten in ihren Heimatgebieten oft über relativ günstige familiäre Bedingungen. Nach Aussagen der Jugendlichen und der zuständigen JugendgerichtshelferInnen der Senatsjugendverwaltung waren sie überdies oft in Schule oder in Ausbildung integriert. Wenn sie in Deutschland festgehalten wurden, in U-Haft kamen oder in Jugendhilfe

---

161 Vgl. Institut für Soziale Arbeit e.V. 1996; Deutsches Jugendinsitut 1995.

162 Vgl. Jordan/Trauernicht 1981.

163 In verschiedenen Studien zum Thema "Straßenkinder" oder "Trebegänger" wird ebenfalls kritisiert, daß die Begrifflichkeiten einseitig und eher medienwirksam denn treffend sind. Es wird außerdem deutlich, daß es sich um kein neues soziales Phänomen handelt. Es geht um Jugendliche, die vielfältigen Problemlagen, darunter auch verdeckter Obdachlosigkeit, unterliegen, und bei denen sicherlich Handlungsbedarf sowohl von Seiten der Gesellschaft als auch von Seiten der Jugendhilfe besteht.

164 "Das Klima in den Hauptbahnhof- und City-Szenen westdeutscher Großstädte dagegen sahen alle mit diesen Szenen vertrauten ExpertInnen als eindeutig durch Hierarchien, Konkurrenz, gegenseitige Ausbeutung und wachsende Brutalität und nicht etwa durch Solidarität der Jugendlichen geprägt." (Deutsches Jugendinstitut 1995, S. 141).

untergebracht wurden, konnte die problematische Situation entstehen, daß ihre Integration im Heimatland gefährdet war.[165]

7.2 Tatverdächtigungen und Deliktstrukturen

Die Skizzierung der Lebenslagen der Jugendlichen hat verdeutlicht, daß es sich bei den Adressaten der einstweiligen Unterbringung um mehrfach benachteiligte und belastete junge Menschen handelt. Im folgenden Teil geht es um die Klärung der Frage, auf welchem Schweregrad von Tatvorwürfen die Einweisung in stationäre Unterbringung basierte. Kamen lediglich harmlose Bagatelltäter in die offenen Einrichtungen, während für die restlichen Jugendlichen nach Schließung des Heimes Kieferngrund nun eine Verschlechterung eintrat, weil sie Haftbefehle erhielten? Oder setzte sich die einstweilige Unterbringung in offenen Einrichtungen der Jugendhilfe als reelle Alternative zu U-Haft durch?

Tabelle 7 ermöglicht einen Vergleich der Tatverdächtigungen zwischen den in Jugendhilfe eingewiesenen und den in U-Haft genommenen Jugendlichen im ersten Jahr der neuen Einrichtungen. Danach überwogen bei den in Jugendhilfe untergebrachten Jugendlichen Raub und schwerer Raub als schwerster Tatvorwurf mit einem Anteil von zusammen rund 45%. In rund 40% der Fälle lag der Tatvorwurf des einfachen und des schweren Diebstahls vor.

Tabelle 7

Schwerster Tatverdacht[166]
bei einstweiliger Unterbringung und bei Anordnung von U-Haft

Schwerster Tatverdacht	Jugendhilfe		Untersuchungshaft	
	Absolut	Prozent	Absolut	Prozent
Einfacher Diebstahl	10	10.8	2	3.1
Schwerer Diebstahl	27	29.0	36	56.3
Raub	29	31.2	8	12.5
Schwerer Raub	13	14.0	6	9.4
Einfache Körperverletzung	1	1.1	1	1.6
Schwere Körperverletzung	8	8.6	6	9.4
Versuchter Totschlag	3	3.2	1	1.6
Verstoß BtmG	1	1.1	3	4.7
Brandstiftung	1	1.1	1	1.6
Insgesamt	93	100.0	64	100.0

Insgesamt zeigt sich, daß den Unterbringungs- im Vergleich zu den Haftbefehlen relativ schwerere Tatverdächtigungen zugrunde lagen. So kam bei den in Jugendhilfe untergebrachten Jugendlichen der Tatverdacht "Raub" mehr als doppelt so häufig vor wie bei den uns bekannten 64 Fällen, bei denen im gleichen Zeitraum auf U-Haft entschieden wurde. Bei letzteren lag der Deliktschwerpunkt auf "Diebstahl unter erschwerenden Bedingungen".

---

165 Vgl. hierzu Reinecke 1997.

166 Die Deliktqualifzierung richtet sich nach den Definitionen des Strafgesetzbuches.

Neben der Schwere des Tatvorwurfes wurden in der Untersuchung die Vorbelastungen und die Anzahl der zur Last gelegten Delikte nachgefragt. Bei nahezu einem Drittel der untergebrachten Jugendlichen lagen der polizeilichen Vorführung vor den Haftrichter mehrere Tatverdächtigungen zugrunde: Insgesamt entfielen auf 93 Jugendliche 125 Tatverdächtigungen. Hinsichtlich der Vorregistrierungen fiel auf, daß 68 (73%) von 93 Jugendlichen in verschiedener Weise bereits vor ihrer Unterbringung in Jugendhilfe polizeilich registriert waren.[167] Bei rund 74% der 93 Jugendlichen fand mindestens ein Fall der vorliegenden Straftatverdächtigungen im Kontext von Gruppen statt.

Der Übergang in offene Einrichtungen hat somit nicht dazu beigetragen, daß Jugendliche mit Bagatelldelikten oder Ersttäter in Jugendhilfe kamen. Auch im Vergleich mit Unterbringungen in halb-geschlossenen Einrichtungen der Jugendhilfe zeigt sich, daß in die offenen Einrichtungen in Berlin - gemessen an der Deliktschwere - kein leichteres Klientel eingewiesen wurde.[168] Daß bei diesen jungen Menschen dennoch die desintegrierenden Folgen von Freiheitsentzug vermieden werden konnten und statt dessen Sozialisationshilfen der Vorzug gegeben wurde, kann als Erfolg der Umsetzung der neuen gesetzlichen Bestimmungen des 1. JGG-ÄndG, seiner strafrechtlichen Anwendung und seiner jugendhilferechtlichen Umsetzung gewertet werden.

Zusammenfassend läßt sich feststellen, daß die strafrechtliche Auffälligkeit der in Jugendhilfe untergebrachten Jugendlichen im Einzelfall mit erheblichen Belastungssituationen, Abbrüchen und Benachteiligungen (Familie, Schule, Arbeit) korrelierte. Die Problemlagen verwiesen auf vergangene wie aktuelle Desintegrationsprozesse[169], die delinquentes Verhalten mitverursachten, das über jugendtypische und ubiquitäre Abweichungen hinausreichte. Hier bestand für Jugendhilfe ein spezifischer Handlungsbedarf, dessen Ausgestaltung in den folgenden Kapiteln näher ausgeführt wird.

---

167 7 haben keine Vorregistrierungen, bei 18 ist das unbekannt.

168 So werden im Pius-Heim in Müchen ohne Unterscheidung nach einfachem und schwerem Diebstahl ganz allgemein "Diebstahls- und Vermögensdelikte" mit 44% als häufigste Delikte der in Jugendhilfe untergebrachten Jugendlichen genannt. Raubdelikte machen rund 30% aller Tatvorwürfe aus. In Berlin rangieren die Raubdelikte mit 45% vor Diebstahlsdelikten (40%). (Vgl. Sozialwissenschaftliches Forschungszentrum Erlangen-Nürnberg 1996, S. 66).

169 Vgl. Heitmeyer 1992, S. 76.

8. Rahmen und Leistungen der Einrichtungen der Jugendhilfe

8.1 Rahmenbedingungen der Träger

Die Rahmenbedingungen, Konzeptionen und Angebote der beiden Träger der Jugendhilfe sind von einer unterschiedlichen Entwicklungsgeschichte geprägt. Während Aktion`70 e.V. mit 14 Arbeitsplätzen noch Anfang der 90er Jahre als recht kleiner Träger gelten konnte, der dann mit dem Ausbau zu einem Jugendhilfeverbund auf rund 50 feste MitarbeiterInnen anwuchs, steht das Sozialpädagogische Jugendzentrum (SPJZ) für eine umgekehrte Entwicklung. In der Anfangsphase mit 220 Heimplätzen ausgestatt, wurden diese in den Folgejahren reduziert und eine weitere Dezentralisierung und Binnenstrukturierung vorgenommen.

Von seiner Tradition her stellte das Sozialpädagogische Jugendzentrum im Ostteil Berlins eine sonderpädagogische Heimeinrichtung dar, die lange vor Mauerfall bestanden hatte. Das Zentrum war auf einem großen Waldgebiet in Treptow mit vier mehrgeschossigen Gruppenhäusern angesiedelt. Nach der Wende ging es in die Trägerschaft der Senatsverwaltung für Jugend und Familie über. Die Heimplätze wurden über einen Zeitraum von mehreren Jahren sukzessive ausdifferenziert und die Organisationsstruktur dezentralisiert. Das Heim verfügte zwischenzeitlich über 20 Plätze im Betreuten Einzelwohnen, in Verbundwohngemeinschaften innerhalb und außerhalb des Heimes. Damit war konzeptionell ein "einzelfallbezogener Übergang in andere Wohnformen" (vgl. Faltblatt des SPJZ 1994) möglich. Dennoch lag der Schwerpunkt mit 99 Plätzen auf der heilpädagogischen Arbeit mit Kindern- und Jugendlichen ab 12 Jahren. Daneben bestanden Angebote des Mutter-Kind-Wohnens und seit 1994 die beiden Wohngruppen für Jugendliche zur Vermeidung von Untersuchungshaft mit insgesamt 16 Plätzen.

Auf dem Gelände wurde eine offene Jugend- und Kulturarbeit praktiziert, desweiteren gab es eine Werkstatt und schulische Zusatzangebote. Die Vernetzungspotentiale des Sozialpädagogischen Jugendzentrums waren insbesondere im Bereich von Arbeit und Ausbildung günstig für diejenigen Jugendlichen, die auf dem ersten Ausbildungs- und Arbeitsmarkt kaum Chancen haben. Hier wurde eng mit der Ziegner-Stiftung e.V. kooperiert, die die Werkstatt auf dem Gelände betrieb und deren Ausbildungsstätten in der Nähe des Heimes lagen. In der Werkstatt standen Beschäftigungsangebote in Bereichen wie Tischlerei, Malerei, Klempnerei zur Verfügung, so daß die Jugendlichen ihre Fähigkeiten und Vorlieben für bestimmte handwerkliche Berufe erproben konnten. Eine weitere Vernetzung bestand durch die Zusatzangebote im Betreuten Wohnen in normaler Wohnumgebung außerhalb der Einrichtung (Außenwohngruppen und Betreutes Einzelwohnen). Darüber hinaus gab es die Möglichkeit, erlebnispädagogische und therapeutisch-pädagogische Reisen zu einem Feriengelände außerhalb Berlins durchzuführen.

Eine Einrichtung von der Größe des Sozialpädagogischen Jugendzentrums benötigte einen hohen Grad an Spezialisierung der Aufgabenbereiche, an Verwaltungs- und Organisationsaufwand. Trotz der Bemühungen um Dezentralisierung bildeten sich nach Aussagen der MitarbeiterInnen kooperative Strukturen weniger nach den jeweiligen Bedarfen der Klienten, als nach festgefügten Zuständigkeiten. Übergreifende Kontakte innerhalb des Heimes und eigenverantwortliche, flexible Reaktionen der MitarbeiterInnen auf veränderte Anforderungen der Praxis waren durch althergebrachte hierarchische Strukturen gehemmt. Die interne Umgestaltung und

Ausdifferenzierung der Angebote nach 1989 stellte deshalb einen langwierigen Prozeß dar, der sich über einen Zeitraum von mehreren Jahren hinzog. Ein "Neubeginn" wurde auch dadurch erschwert, daß im Zuge jugendpolitischer Vorhaben der Verkleinerung und Dezentralisierung der Berliner Heime zu Beginn der 90er Jahre eine "Abwicklung" des SPJZ erwogen wurde. Die drohende Schließung hemmte ganz erheblich die aktive Umgestaltung der Einrichtung. Sowohl auf Leitungs- als auch auf Mitarbeiterebene bestand eine Verunsicherung hinsichtlich der Zukunft des SPJZ und damit auch des eigenen Arbeitsplatzes. Die MitarbeiterInnen in den Einrichtungen zur U-Haftvermeidung waren gezwungen, unter diesen erschwerten Bedingungen die neuen Konzeptionen zu erarbeiten und umzusetzen.

Mit der Berliner Verwaltungsreform und der einhergehenden Neuorgansiation der Fremdunterbringung für Kinder und Jugendliche erfolgte Mitte 1995 ein zweiter Wechsel in die freie Trägerschaft des Jugendaufbauwerkes Berlin (JAW).[170] Nach einer mehrjährigen Phase der zunehmenden Konsolidierung wurde das SPJZ am Ende der Modellphase der U-Haftprojekte im Frühjahr 1998 insbesondere aus Kostengründen doch noch geschlossen. Das JAW hat sich für den Erhalt der U-Haftvermeidungseinrichtungen in Form eines eigenständigen Bereiches entschieden. Aktuell werden 12 Plätze übergangsweise in Berlin-Zehlendorf in normaler Wohnumgebung angeboten.

Das Personal der U-Haftvermeidungseinrichtungen des SPJZ setzte sich sowohl aus MitarbeiterInnen zusammen, die bereits vor der Wende im Heim gearbeitet hatten, als auch aus verbeamteten MitarbeiterInnen der 1994 abgewickelten, geschlossenen Einrichtung "Haus Kieferngrund". Die MitarbeiterInnen von Aktion`70 e.V. wurden neu eingestellt, kamen aus den Feldern Drogen-, Obdachlosenarbeit und Streetwork und vereinzelt auch aus dem ehemaligen Haus Kieferngrund. Das neue Personal hatte sowohl bei Aktion`70 als auch beim SPJZ kaum Erfahrung mit der Betreuung straftatverdächtiger Jugendlicher in offenen Einrichtungen. Hier bestand ein Fortbildungsbedarf, dem aufgrund der Schließung des Hauses Kieferngrund und der damit verbundenen zeitlichen Drucksituation, unter der die neuen Angebote vorgehalten werden mußten, nur unzureichend entsprochen wurde. Die fehlende Vorbereitung der Teams war für die Anfangsschwierigkeiten im ersten Jahr des neuen Modells mitverantwortlich.

Die Entstehungsgeschichte des Vereins Aktion'70 - Jugendhilfe im Verbund e.V. reicht bis in die Zeit der Heimkampagne zu Beginn der 70er Jahre zurück. Damals hatte eine Initiative von engagierten JugendarbeiterInnen Wohnungen für Jugendliche als Alternative zur Fürsorgeerziehung in Heimen angemietet. In einer Zeit, in der diese Wohnform weder in der Öffentlichkeit bekannt, noch fachlich ausdifferenziert war, wurden mit diesen Aktivitäten neue Jugendhilfeformen initiiert und in den folgenden Jahren zunehmend professionalisiert. Die kulturelle Tradition von Aktion`70 spiegelt sich in dem Motto:"Lernen von Selbständigkeit in Selbständigkeit." Dies gilt nicht nur für die Zielgruppen, sondern auch für die internen Organisations- und Entscheidungsstrukturen. Für das Selbstverständnis des Vereins Aktion`70 bedeutet dies auch ein breites Feld von selbständigen und selbstverantwortlichen Tätigkeiten in kleinen, selbstregulativen Teams.[171]

Als westlicher Träger hat Aktion`70 keinen so einschneidenden Umstrukturierungsprozeß erfahren, wie dieser - bedingt durch den System- und Trägerwechsel - beim Sozialpädagogi-

---

170 Das Jugendaufbauwerk wurde zentraler Träger von rund 55 Berliner Einrichtungen mit insgesamt 2.223 Plätzen (vgl. Senatsverwaltung für Jugend und Familie 1995, S. 112).

171 Vgl. Aktion`70 e.V.: Unveröff. Basiskonzept 1995.

schen Jugendzentrum beschrieben wurde. Im Jahre 1992 begann eine Ausweitung der Arbeitsfelder des Trägers zu einem Jugendhilfe-Verbund mit einem Leistungsspektrum nach §§ 27ff SGB VIII. Der innovative Prozeß wurde von den MitarbeiterInnen getragen, sei es im konzeptionellen Entwurf oder auch bei der konkreten Umsetzung. Hintergrund für den Ausbau war die Erfahrung, daß bestimmte Jugendliche in den insgesamt sechs gruppenpädagogisch ausgerichteten Wohngemeinschaften (mit je 5-6 Plätzen) kein adäquates Angebot fanden, nichtsdestoweniger aber eine sozialpädagogische Begleitung benötigten. Deshalb wurde neben dem Betreuten Wohngemeinschaften, die in verschiedenen Bezirken Berlins angesiedelt sind, das Konzept der "Flexiblen Einzelbetreuung" nach § 35 SGB VIII entwickelt.[172] Dadurch entstand in relativ kurzem Zeitraum ein zweiter Arbeitsschwerpunkt im Verein, der heute durch ein Team von 10 MitarbeiterInnen repräsentiert wird.

Auf Anfrage der Senatsjugendverwaltung wurde dann im Jahre 1993 eine Konzeption für die Betreuung straftatverdächtiger Jugendlicher zur Vermeidung/Verkürzung von U-Haft und ein Angebot zur Vermeidung/Verkürzung von Jugendstrafe erarbeitet. Das Konzept, das seit April 1994 umgesetzt wurde, umfaßte zwei neue Wohnangebote mit je 5 Plätzen in normaler Wohnumgebung zur unmittelbaren Vermeidung von U-Haft, eine Beratungsstelle und zwei weitere Wohngemeinschaften - auch als mögliche Nachfolgeeinrichtungen für Jugendliche, die nach der Hauptverhandlung betreuten Wohnraum benötigen. Letztere bestanden gleichzeitig für Jugendliche zur Strafhaftverkürzung und waren in relativ kurzer Zeit voll ausgelastet. Für den gesamten Bereich wurden 16 neue MitarbeiterInnen eingestellt. Zwischenzeitlich wurden die beiden Einrichtungen zur U-Haftvermeidung auf ein Wohngruppenangebot mit 5 Plätzen reduziert. Dies hatte zwei Ursachen: Zum einen fehlte die kontinuierliche Auslastung, zum anderen waren die Rahmenbedingungen für das Praxisfeld nicht adäquat. Die normale Wohnumgebung in einem Wohnhaus hatte sich für die Betreuung im Bereich der U-Haftvermeidung als unzureichend herausgestellt. Aktuell wird vom Träger ein Haus mit Garten in Pankow angemietet, in dem Platz für ein abgestuftes betreutes Gruppen- und Einzelwohnen für rund 12 Jugendlchen besteht. Hier werden die Jugendlichen bei Bedarf auch nach ihrer Hauptverhandlung wohnen können, so daß die Eingrenzung auf ein spezialisiertes Angebot relativiert wird.

Im Jahre 1997 wurde ein Krisenzentrum in Berlin-Neukölln eröffnet, das sowohl ambulante Beratungsangebote, als auch 14 stationäre Notplätze für Kinder und Jugendliche ab dem 12. Lebensjahr umfaßt. Damit umfaßt Aktion`70 e.V. insgesamt vier Arbeitsbereiche, die einen Teil des Spektrums der Hilfen zur Erziehung nach § 27ff SGB VIII abdecken.

Das interne Vernetzungspotential des Vereins liegt zum einen in der Möglichkeit, daß Jugendliche im Bedarfsfall zwischen den Wohngemeinschaften, dem Betreuten Einzelwohnen und der Flexiblen Einzelbetreuung wechseln können. In der vereinseigenen Beratungsstelle werden sowohl schulische Angebote unterbreitet als auch kulturelle Gruppenaktivitäten unternommen. Daneben bestehen berufsorientierende und handwerkliche Aktivitäten in einer Etage der Kriseneinrichtung, die auch von den Jugendlichen aus den Einrichtungen der U-Haftvermeidung genutzt werden. Desweiteren gibt es eine externe Vernetzung durch den zentralen Telefondienst zur Vermittlung freier Wohngemeinschaftsplätze in Berlin. Damit können Jugendliche aus den Spezialeinrichtungen der U-Haftvermeidung nicht nur in Regelangebote im Betreuten Wohnen von Aktion`70 e.V., sondern ins Betreute Jugendwohnen stadtweit wechseln.

---

172 Vgl. Aktion`70 - Jugendhilfe im Verbund e.V. : Unveröff. Konzeption der Flexiblen Betreuung.

8.2 Konzeptionelle Herausforderungen in der U-Haftvermeidung

Während die Integration der neuen Angebote in die bestehenden Trägerstrukturen eine arbeitsintensive Phase einleiteten, zogen die gesetzlichen Bedingungen im Bereich der U-Haftvermeidung eine Reihe von Schwierigkeiten in der sozialpädagogischen Betreuung und Hilfeplanung nach sich, die zum Teil in Widerspruch zu den Standards der Jugendhilfe standen und stehen:

Kein Aufnahmeverfahren

Durch die richterliche Anordnung gibt es keinen Kennenlern- und Entscheidungsprozeß für die Jugendlichen und die BetreuerInnen, der eine Aufnahme gemeinsam begründet. Die unmittelbare Entscheidungssituation am Bereitschaftsgericht läßt kaum Vorabklärungen mit den Jugendlichen zu. Mit dem Ziel der völligen Vermeidung von U-Haft lassen sich die Berliner Jugendhilfeeinrichtungen auf schwierige Ausgangsbedingungen ein. Wenn Plätze frei sind, erfolgt regelmäßig die Aufnahme eines Jugendlichen. Ablehnungen aufgrund von Ausschlußkriterien[173] bilden die Ausnahme (vgl. Kap. 6.1.1 Tabelle 2).

Kein Wunsch- und Wahlrecht

Das Wunsch- und Wahlrecht ist im Falle der Vorführung beim Bereitschaftgericht weitgehend eingeschränkt. Zwar werden die Jugendlichen von der Jugendgerichtshilfe nach ihrem Einverständnis zur Unterbringung gefragt, doch stellt sich bei drohendem Haftbefehl das Angebot der Jugendhilfe grundsätzlich günstiger dar als Untersuchungshaft. Aus der Zustimmung der Jugendlichen kann deshalb kaum entnommen werden, inwieweit sie die Gruppenbetreuung für sich richtig einschätzen. Ob im Einzelfall andere, geeignetere Formen der Betreuung bis zur Hauptverhandlung angezeigt sind, stellt sich immer erst nach Aufnahme der Jugendlichen heraus und erfordert flexibles Handeln: vom jeweiligen Jugendhilfeträger, der eine andere Jugendhilfemaßnahme vorschlägt und von Justiz, die dann über die Abänderung des Unterbringungsbefehls entscheiden muß.

Außenbestimmte Dauer der Unterbringung

Der zur Verfügung stehende Betreuungszeitraum beträgt durchschnittlich drei Monate. Im Einzelfall kann es allerdings zu einer ganz unterschiedlichen Verweildauer kommen, die oft nicht näher einschätzbar ist. Unter diesen Bedingungen kann die Zusammenarbeit mit den einzelnen Jugendlichen kaum schrittweise in einem individuell ausgerichteten Zeitraum wachsen, sondern sie ist von vornherein bis zur Hauptverhandlung[174] begrenzt. Die Betreuung und Hilfeplanung muß sich deshalb auf das „Machbare" ausrichten. Der Beginn einer Perspektivenplanung, die zumindest den ersten Schritt nach der Hauptverhandlung genauer ins Auge faßt bzw. über die Hauptverhandlung hinausreicht, ist Teil des pädagogischen Konzeptes.

Das begrenzte Angebotsspektrum: Die Frage der Geeignetheit

In Berlin ist die Vermeidung von U-Haft aktuell an eine "Rund-um-die-Uhr-Betreuung" in Wohngruppen bzw. Gemeinschaftswohnungen gebunden. Für viele Jugendliche bedeutet die umfassende Betreuung eine enorme Umstellung ihrer Lebensgewohnheiten. Sie unterliegen

---

173 Ausschlußkriterien sind: Alltagsbestimmender Drogenkonsum und das Fehlen jeglicher deutscher Sprachkenntnisse. Ferner werden Gemeinschaftstäter nicht gemeinsam in einer Einrichtung untergebracht.

174 Bei einer Unterbringung in Regelangeboten der Jugendhilfe können die Jugendlichen meist auch über den Zeitpunkt der Hauptverhandlung hinaus in der gleichen Einrichtung verbleiben.

jetzt einer sozialen Kontrolle, die im Gegensatz zu ihren bisherigen Entscheidungsspielräumen steht. Nicht für jeden ist die Unterbringungsform der betreuten Wohngruppe adäquat:

- Ein Teil der Jugendlichen hat bereits vielfältige Jugendhilfemaßnahmen hinter sich und ist nicht mehr in der Lage, sich kurzfristig auf eingriffsintensive, stationäre Maßnahmen einzulassen. In diesen Fällen wird versucht, die Jugendlichen so bald als möglich in andere Betreuungsformen (z.B. Betreute Wohngemeinschaften) zu vermitteln oder ihre Rückkehr zu den Eltern mit einer Betreuungs- oder Familienhilfe zu unterstützen.
- Ein Teil der Jugendlichen entwickelt insbesondere im Rahmen von Gruppen provokante Verhaltensmuster. Deshalb wird für diese Jugendlichen geprüft, ob alternativ eine intensive Einzelfallbetreuung in Frage kommt.
- Für sehr junge, "hyperaktive" Jugendliche ist eine normale Mietwohnung zu eng und die gängige Nähe zu Nachbarn problematisch. Diese Jugendlichen benötigen Beschäftigung und Aktivitätsspielräume im nahen Umfeld. Die Träger suchten deshalb entsprechende neue Räumlichkeiten in Berlin. Aktion`70 wird seine Einrichtungen in Kürze nach Pankow in ein freistehendes Gebäude mit Grünfläche verlegen.
- Bei dem in Berlin gewählten Modell der unmittelbaren Vermeidung von U-Haft massieren sich Jugendliche mit ähnlichen Problemlagen und Konfliktlösungsstrategien an einem Ort. Dies steht einer Normalisierung des Alltags entgegen und kann nur als vorübergehender Status akzeptiert werden. Deshalb ist bei jedem untergebrachten Jugendlichen zu prüfen, ob die Unterbringung individuell adäquat ist und wo er perspektivisch verbleiben kann, wenn eine begleitete Rückkehr zu den Eltern nicht möglich ist.

8.3 Konzeptionelle Bausteine: Krisenintervention, Betreuung, Clearing und Hilfeplanung

Die Bedingungen im Bereich der U-Haftvermeidung stellen hohe Forderungen sowohl an das Personal als auch an die zu betreuenden Jugendlichen. Das Qualifikationsprofil der MitarbeiterInnen kann entlang des anzuwendenden methodischen Repertoires beschrieben werden: sei es in Form von Krisenintervention bei der Aufnahme, sei es in der täglichen Betreuungsarbeit und in der Anleitung der Gruppen(aktivitäten) oder in Form der Einzelberatung, des Clearing und der Perspektiven- bzw. Hilfeplanung. Dabei richten die MitarbeiterInnen ihre Ziele und Methoden immer erneut nach den individuellen Erfahrungen und Fähigkeiten der einzelnen Jugendlichen und nach der jeweiligen Gruppenkonstellation. Von den Jugendlichen wird im Falle eines Unterbringungsbefehls eine plötzliche Flexibilität verlangt: Getrennt von ihren bisherigen Alltagsbezügen sind sie mit einer fremden Gruppe konfrontiert und müssen sich nach den Regelungen und Gewohnheiten der neuen Umgebung richten. Im Gegensatz zum Leben in Untersuchungshaft können sie sich in den Wohngruppen der Jugendhilfe nur schwerlich auf eine vordergründige Anpassung an Vorgegebenes zurückziehen. Sie sind immer wieder damit konfrontiert, einen eigenen Beitrag zum Zusammenleben leisten zu müssen, für sich selbst aktiv zu werden und sich für das Bleiben oder Gehen zu entscheiden.

Konnten die Jugendlichen, die in Haus Kieferngrund untergebracht waren, in Konfliktfällen weggesperrt werden, müssen jetzt Aushandlungsprozesse stattfinden, die auf die Eigenverantwortung der Jugendlichen rekurrieren. Hinter dem Begriff der Offenheit verbergen sich in den Berliner Einrichtungen Beziehungsangebote mit festen Regelungen, deren Nicht-Einhaltung ggf. auch sanktioniert wird (weniger Taschengeld, weniger Ausgang). So besteht beispielsweise in den ersten vier Tagen der Unterbringung ein Ausgehverbot, damit dem Jugendlichen seine neue Situation deutlich wird. Er soll sich eingewöhnen, seine Eigenverantwortlichkeit soll

aktiviert werden.[175] Auch in den Wochen danach sind die MitarbeiterInnen über den jeweiligen Aufenthalt des Jugendlichen außerhalb der Einrichtung stets informiert. Grundsätzlich gilt, daß Jugendhilfe bei außerfamiliärer Unterbringung von Jugendlichen die Verantwortung für die Betreuung übernimmt.
Parteilichkeit stellt zwar eine Prämisse der sozialpädagogischen Arbeit dar, reicht jedoch im Kontakt mit Jugendlichen, die sowohl sich selbst als auch andere erheblich gefährden könnten, als Orientierungslinie nicht aus. Sowohl klare Grenzziehung und Kontrolle, als auch gegenseitiger Respekt und ernsthafte Auseinandersetzung charakterisieren die Arbeit mit den Jugendlichen.

Wegen des relativ kurzen Aufenthaltes und der Unterschiedlichkeit des jeweiligen Zeitpunktes von Aufnahme und Abgang können sich stabile Gruppenbeziehungen kaum entwickeln. Deshalb stellt die Gruppe selbst für die Jugendlichen nur begrenzt ein Lernfeld dar. Hinzu kommt, daß sie oft "gruppen-, bzw. heim- oder familienmüde" sind, so daß darauf zu achten ist, daß das Zusammenleben mit den anderen nicht als Überforderung erfahren wird. Aus all diesen Gründen nimmt die Einzelbetreuung einen hohen Stellenwert ein. Sie trägt auch dem Umstand Rechnung, daß jeder Jugendliche anders gelagerte Schwierigkeiten und Stärken hat. Bei Aktion`70 und dem SPJZ wird eine "Bezugsbetreuung" angestrebt, eine persönliche Begleitung und Beratung durch eine kontinuierlich zuständige BetreuerIn.

Insgesamt umfaßt die stationäre, offene Unterbringung von Jugendlichen zur U-Haftvermeidung Leistungen, die im Rahmen von Untersuchungshaft nicht oder nur sehr eingeschränkt erbracht werden könnten. Sie werden in den folgenden Kapiteln ausführlicher dargestellt:

- Jugendhilfe wird in Form von Krisenintervention tätig. Sie bietet Möglichkeiten der Unterkunft, Verpflegung, sozialer Kontakte, Beratung und Hilfestellung in alltäglichen Situationen und bietet damit einen Schutzraum für die Jugendlichen an.
- Jugendhilfe bietet Möglichkeitsstrukturen für Lernprozesse im Bereich der Übernahme von Selbstverantwortung und Möglichkeiten von positiven Erfahrungen in sozial anerkannten Bereichen: Zusammenleben, Schule, Ausbildung und Freizeit.
- Jugendhilfe wird neben diesen betreuenden Tätigkeiten nachholend als prüfende Instanz tätig, was die Geeignetheit der Hilfe für den Jugendlichen betrifft. Denn neben den bereits aufgezählten Leistungen übernimmt sie auch Clearing-Funktion, was den künftigen Hilfebedarf des Jugendlichen betrifft. Dabei wird eng mit der zuständigen Jugendgerichtshilfe und dem zuständigen Allgemeinen Sozialpädagogischen Dienst (ASD) kooperiert.
- Schließlich trägt Jugendhilfe mit der "unbesehenen" Aufnahme dazu bei, daß U-Haft bei Jugendlichen unmittelbar vermieden wird und dadurch Gefährdungen ihrer Entwicklung abgewandt werden.

8.3.1 Krisenintervention und Betreuungsarbeit

Angesichts der schwierigen Lebenslagen und negativen Lebenserfahrungen der Jugendlichen erweisen sich die im folgenden genannten Zielsetzungen immer als Richtwerte, die oft nur in Annäherung erreicht werden können. Für die Anfangsphase sind vor allem folgende Zielsetzungen zu nennen:

- Erste konkrete Hilfe bei der Sicherung existentieller Bedürfnisse wie Wohnen, Verpflegung, Hygiene, eigener Sozialraum, soziale Kontakte,
- Motivation zur Zusammenarbeit und Aufbau einer Bezugsbetreuung.

175 Vgl. Aktion'70 e.V. Berlin 1996, S. 8 ff.

Für die weitere Betreuung in der Gruppe oder einzelner Jugendlicher enthalten die Konzeptionen der Einrichtungen Ziele wie:

- das Erlernen von selbständigem Verhalten, Ausbilden der Fähigkeit, Absprachen zu treffen und einzuhalten,
- Erlernen lebenspraktischer Fähigkeiten: z.B. Erledigung von Ämter- und Behördengängen,
- das Erlernen des Umgangs mit Konflikten ohne Gewaltanwendung,
- die Förderung der Bereitschaft, eigenes Verhalten zu überdenken und damit Änderungen einzuleiten.

Zentral für die Betreuung ist die Vermittlung von Erfahrungen in sozial anerkannten und alltagsrelevanten Tätigkeiten. Lernmöglichkeiten eröffnen sich in relativ simplen Handlungsfeldern, die den Jugendlichen jedoch in ihren Verhältnissen oft gar nicht mehr zugänglich sind bzw. nie zugänglich waren, beispielsweise durch

- den gemeinsamen Einkauf oder das Kochen des Mitagessens;
- Unterrichtshilfe für Schüler, bei der Basiswissen entlang von Inhalten angeeignet wird, die dem Horizont und den Interessen der Jugendlichen entstammen;
- die Gestaltung des Zimmers nach eigenen Ideen und durch entsprechende Renovierungsarbeiten;
- die Fertigstellung eines Möbelstückes in der Tischlerei;
- Gespräche mit BetreuerInnen, von denen sich der Jugendliche ernst genommen fühlt.

Hinsichtlich der Unterstützung bei der Alltagsbewältigung wird von den MitarbeiterInnen darauf verwiesen, daß die sehr jungen Jugendlichen noch einen großen Betreuungs- und Zuwendungsbedarf haben. Sie suchen die Nähe der BetreuerInnen, benötigen immer wieder Ansprache und Lob und finden in den Regelungen des gemeinsamen Lebens (Vorgaben wie beispielswiese festgelegte gemeinsame Essenszeiten) auch ein Stück Geborgenheit. Die älteren Jugendlichen sind bereits unabhängiger. Sie erlernen insbesondere bei Aktion`70 e.V. Handlungskompetenzen wie Einkaufen, Haushalten, Kochen etc., die sie zu einer selbständigen Lebensführung benötigen. Im Unterschied dazu werden die im SPJZ haushaltstechnisch stärker versorgten Jugendlichen in Sozialen Trainingskursen auf den Alltag nach der Unterbringung vorbereitet.

Während Krisenintervention und Betreuung auf die Strukturierung und Stabilisierung des Alltags innerhalb der Einrichtung abzielen, wird außerhalb - so weit dies möglich ist - auf bestehende soziale Orientierungen und vertraute Kontakte des Jugendlichen in seinem näheren Umfeld zurückgegriffen oder abgerissene Bezüge werden neu aufzubauen versucht. So beispielsweise die Beibehaltung eines Schulplatzes, der unsicher ist oder die Versöhnung mit und Rückkehr zu den Eltern. Für andere Jugendliche ist es wiederum eher günstig, wenn eine örtliche Distanz zu einer kriminalisierenden Clique entsteht, so daß sie ihr Selbstbewußtsein stärken und neue Wege einschlagen können. Ob Erfolge erreicht werden und sich auch künftig stabilisieren können, hängt von den persönlichen Fähigkeiten und Lebenserfahrungen der Jugendlichen ab und gleichermaßen davon, ob es den BetreuerInnen gelingt, Gelegenheiten zu schaffen, diesen Fähigkeiten zu einem Ausdruck zu verhelfen und sie zu bestärken.
Wenn sich im Kontakt mit dem Jugendlichen die Spielräume der Zusammenarbeit erweitern, wird schrittweise eine Beratung bei der Klärung zeitnaher Perspektiven aufgebaut. Die gemeinsame Hilfeplanung beginnt in der Regel nach einer Kennenlern- und Akklimatisierungsphase von ca. 2-3 Wochen.

8.3.2 Clearing und Hilfeplanung

Den Prozessen des Clearing und der Hilfeplanung, die im folgenden vorgestellt werden, geht ein intensiver Betreuungs- und Beratungsprozeß voraus. Dabei wird die Zeit bis zur Hauptverhandlung stufenweise genutzt: Die Jugendlichen durchlaufen in der Betreuung zunächst eine Kontakt- und Motivationsphase, bevor ein Clearing-Prozeß und eine Perspektivenplanung stattfinden können und sie sich dann z.B. auf die Suche nach betreutem Wohnraum, Schul- oder Ausbildungsplatz begeben. All diese Aktivitäten setzen einerseits bestimmte Fähigkeiten voraus, andererseits benötigen die Jugendlichen Unterstützung und Anleitung, wenn sie z.B. die entsprechenden Adressen aufsuchen und Vorstellungsgespräche führen. Ergebnisse, die bis zum Termin der Hauptverhandlung erarbeitet werden, können als erste Schritte eines Entwicklungs- und Lernprozesses verstanden werden.

Clearing und Hilfeplanung mit dem Jugendlichen bilden einen zentralen Baustein der sozialpädagogischen Arbeit. Dazu gehört in der Regel:

- Kennenlernen und Schaffung einer Basis zwischen Jugendlichem und BezugsbetreuerIn, mit dem Ziel, eine Verständigung und Zusammenarbeit zu erreichen.
- Motivation und aktiver Einbezug des Jugendlichen bei der Suche nach etwaigen Bedarfen bzw. bei der Diagnose bestehender Versorgungslücken, wie auch bei der Planung seiner Zukunft. Ohne dessen Mitgestaltung und Einverständnis werden wichtige Schritte in den Bereichen Schule, Wohnen, Arbeit und Ausbildung oder Freizeit erfahrungsgemäß scheitern.
- Enge Kooperation mit der zuständigen Jugendgerichtshilfe, die den Jugendlichen und seinen sozialen Kontext meist schon länger kennt und in Absprache mit dem ASD und den Einrichtungen Hilfekonferenzen einberuft.
- Durchführung von ein bis mehreren Hilfekonferenzen in Kooperation mit der Jugendgerichtshilfe unter Teilnahme des Jugendlichen, der BetreuerInnen, der Eltern, der Jugendgerichtshilfen und ggf. anderer wichtiger Fachleute oder Bezugspersonen.

Dieses methodische Vorgehen ist durchgehendes Prinzip in den Konzeptionen der Einrichtungen. Neben Motivation und Beratung gehört zur Hilfeplanung ein hohes Maß an Vernetzungskompetenz. Damit ist gemeint, die notwendig werdenden (Anschluß-) Hilfen und Einrichtungen z.B. im Bereich der allgemeinen Jugend-, Arbeitslosen- oder Straffälligenhilfe zu kennen oder die entsprechenden Informationen einzuholen und Kontakte neu zu knüpfen. In diesem Feld ist die Arbeit der jeweils zuständigen Jugendgerichtshilfe von zentraler Bedeutung.

Charakteristik der Hilfeplanung unter Bedingungen der U-Haftvermeidung

Die Feststellung des Hilfebedarfs, die Durchführung eines individuellen Hilfeplanverfahrens und ggf. die Auswahl einer für den Einzelfall geeigneten und notwendigen Hilfe aus dem Leistungsspektrum des KJHG stellen einzelne Verfahrensschritte dar, die normalerweise dem Beginn einer Leistung wie der stationären Unterbringung nach § 34 SGB VIII vorgeschaltet sind. Die Berliner Einrichtungen verzichten in der Aufnahmesituation ganz bewußt auf die Umsetzung des gängigen Aufnahmeverfahrens. Als Vorleistung läßt sich Jugendhilfe konzeptionell auf eine sofortige Aufnahme Jugendlicher ein. Dabei geht es der Jugendhilfe bzw. Jugendgerichtshilfe am Bereitschaftsgericht um die unmittelbare Abwendung der Gefährdung des Jugendlichen (§ 1 Abs. 3 SGB VIII).[176]

---

176 Dies wäre hier konkret, die hinlänglich bekannten Gefahren des Aufenthaltes in einer Vollzugsanstalt (vgl. Reindl/Nickolai/Gehl 1995) abzuwenden, wie dies auch der Gesetzgeber vorsieht. Neben der Gefährdung durch Inhaftnahme können weitere unmittelbare Gefährdungen des Jugendlichen durch

Weil bei der Aufnahme der Jugendlichen Ist- und Soll-Situation dermaßen auseinanderfallen, müssen konsequenterweise die Verfahrensweisen der Jugendhilfe dann nachgeschaltet bzw. nachgeholt werden, wenn der Jugendliche bereits in der Einrichtung ist. Für Jugendhilfe stellt sich in der Durchführungsphase die zentrale Frage: Ist die im Berliner Modell "vordefinierte" Geeignetheit der Einrichtung zur Vermeidung von U-Haft nach §§ 71 Abs. 2 und 72 Abs. 4 JGG auch die geeignete Hilfe zur Erziehung nach §§ 27 ff SGB VIII? Mit anderen Worten, es findet eine Überprüfung des aktuellen Hilfebedarfes des Jugendlichen statt (vgl. § 36 SGB VIII).

Die Feststellung des Bedarfs und die Hilfeplanung im Bereich der unmittelbaren Vermeidung von U-Haft bilden ein komplexes Aufgabenfeld, weil durch die spezifischen Rahmenbedingungen gegenüber dem Normalfall eine Reihe zusätzlicher Probleme gelöst werden müssen:

- Die Jugendlichen werden zwar nach ihrer Einwilligung gefragt und sie sind i.d.R. erleichtert, daß Untersuchungshaft vermieden werden kann. Dies bedeutet jedoch nicht, daß sie auch für die stationäre Betreuung und für eine Hilfeplanung offen sind. Die Aufnahmephase erfordert deshalb eine besondere Einfühlung, um den Jugendlichen zur Kooperation zu motivieren.
- Bei den Jugendlichen komprimieren sich eine Reihe von Notlagen, die jeweils für sich genommen schon als schwierig bezeichnet werden können. Die Hilfeplanung kann sich oftmals also nicht auf ein spezifisches Problem konzentrieren, sondern es müssen viele in sich zusammenhängende Problemfelder koordiniert werden. In Kooperation mit der Jugendgerichtshilfe wird es notwendig, Leistungen aus Jugend- und Straffälligenhilfe hinzuzuziehen.
- Die einstweilige Unterbringung ist nicht auf Dauer angelegt. Sie endet spätestens mit der Hauptverhandlung, die je nach Verfahrensstand anberaumt wird. Ihr Zeitpunkt ist wenig absehbar. Die Hilfeplanung muß deshalb so konzipiert sein, daß sie wenige, aber wesentliche Weichenstellungen einleitet. Sie kann meist nicht im Vorfeld der Hauptverhandlung abgeschlossen werden, sondern sollte in Regie der Jugendgerichtshilfe oder eines Betreuungshelfers weitergeführt werden.
- Die Hilfeplanung muß in der U-Haftvermeidung so komprimiert wie möglich organisiert werden, sie hat aber Grenzen: Das Lern- und Motivationstempo des Jugendlichen ist nur begrenzt über den Druck einer in Kürze stattfindenen Hauptverhandlung forcierbar. Der individuelle Prozeß des Abwägens, welche Angebote überhaupt passend wären, die Suche nach diesen Angeboten der Jugendhilfe und die Bewilligung zu deren Finanzierung benötigen Zeit. Hilfeplanung muß hier einen komplexen Balanceakt vollziehen: Zwischen den justiziellen Erwartungen, dem oft auch selbst hergestellten Handlungsdruck nach handfesten Ergebnissen bis zur Hauptverhandlung und einem sinnvollen Lern-, Motivations- und Suchprozeß des Jugendlichen.

8.4 Ergebnisse der Hilfeplanung

Im Mittelpunkt der Hilfeplanung stehen meist schwierige Problemkonstellationen, die sich im Laufe der Jahre im Leben der Jugendlichen angehäuft und verfestigt haben. Lösungsversuche von Seiten der Eltern, LehrerInnen oder SozialarbeiterInnen waren nicht immer erfolgreich. Die jungen Menschen haben oft schon eine ganze Anzahl von Erziehungshilfen durchlaufen, und dabei eine Reihe von (Beziehungs-)Abbrüchen erfahren. Es ist deshalb beachtlich, daß nahezu jeder zweite Jugendliche (46%) vor der Hauptverhandlung im Rahmen der offenen

---

Notlagen wie Obdachlosigkeit, Schulabbruch, hohe Konflikte innerhalb der Familien und ähnliches vorliegen. Daraus wiederum resultiert die Gefahr für die Begehung weiterer Straftaten und einer Selbstgefährdung des Jugendlichen.

Einrichtungen in eine Hilfeplanung einbezogen werden konnte. Bei diesen Jugendlichen (43 von 93) konnten differenziert nach Bereichen "Wohnen, Schule, Ausbildung" Aussagen zur Bearbeitung, Planung und zu den Ergebnissen gemacht werden, die sich bei einigen überschneiden:

Wohnen

An der Lösung des für einen Teil der Jugendlichen drängenden Wohnproblems wurde in 30 Fällen intensiv gearbeitet. Mit 19 Jugendlichen konnten Zusagen hinsichtlich einer neuen, betreuten Wohnmöglichkeit erreicht werden, die jedoch nicht immer unmittelbar nach der Hauptverhandlung zur Verfügung stand. Bei weiteren 5 Jugendlichen wurde durch die Betreuung eine Aussprache und Versöhnung mit den Eltern erreicht, so daß sie dorthin zurückgekehrt sind. Mit 6 Jugendlichen konnten erste Perspektiven hinsichtlich ihrer Bedürfnisse im Wohnbereich geklärt werden.

Schule

Im Schulbereich konnten mit 12 Jugendlichen wichtige Verbesserungen erreicht werden. Die PraktikerInnen wiesen insbesondere auf Schwierigkeiten beim regelmäßigen Schulbesuch hin. So mancher Platz stand auch in Frage, weil die betreffenden Jugendlichen für die Klasse bzw. Lehrer aufgrund ihrer Verhaltensauffälligkeiten als unzumutbar galten.

Bei sechs Jugendlichen gelang es den MitarbeiterInnen, den Schulbesuch durch Kontaktaufnahme und Kooperation mit LehrerInnen wieder zu verstetigen.6 weitere Jugendliche haben sich während der Betreuungszeit an verschiedenen Schulen außerhalb der Trägerangebote beworben und eine konkrete Zusage für einen Schulplatz erhalten oder besuchen bereits diese neue Schule.

Ausbildung

Ausbildungsprobleme wurden mit 17 Jugendlichen angegangen. Weil nur ein geringer Teil über einen Schulabschluß verfügte, war die Möglichkeit einer Integration in den ersten Ausbildungsmarkt zumeist versperrt. Als Alternative blieb die Vermittlung in Sondermaßnahmen der beruflichen Ausbildung. Im einzelnen bestehen hier folgende Ergebnisse: 9 Jugendliche haben eine Ausbildung bereits während ihres Aufenthaltes begonnen, weitere 5 Jugendliche des SPJZ haben eine Zusage für eine Ausbildung durch die Ziegner Stiftung, erste Ausbildungsperspektiven konnten bei 3 Jugendlichen geklärt werden.

8.5 Ergebnisse der Hauptverhandlung

Bei 43 Jugendlichen waren sowohl die Delikte als auch die richterlichen Entscheidungen bekannt, so daß sie in die folgende Darstellung einbezogen werden konnten. 40 Verfahren wurden vor einem Schöffengericht verhandelt, drei Verfahren fanden vor dem Einzelrichter statt. Es wurde wie folgt entschieden:

Tabelle 8

Sanktionspraxis bei den in Jugendhilfe untergebrachten Jugendlichen (N=43) (Mehrfachnennung)	
Sanktionsart	Anzahl der Jugendlichen
Jugendstrafe ohne Bewährung	2
Jugendstrafe auf Bewährung	15
Aussetzung d. Verhängung von Jugendstrafe	9
Vollzug von Jugendarrest	2
Jugendarrest verbüßt durch U-Haft bzw. stationäre Jugendhilfe	6
Betreuungsweisung	10
Sozialer Trainingskurs	1
Weisung: Stationäre Unterbringung in Jugendhilfe (ggf. Fortsetzung der bestehenden Unterbringung)	4
Täter-Opfer-Ausgleich	2
Arbeitsweisung	5
Verwarnung	1
Insgesamt	57

In den insgesamt 43 Verfahren wurden 57 Sanktionen verhängt, d.h. in knapp einem Drittel der Fälle erfolgte ein sogenannter "Sanktionsmix". Bei 2 Jugendlichen wurde eine Jugendstrafe ohne Bewährung verhängt. In beiden Fällen bestand bereits eine Bewährungsstrafe. Von den 15 Jugendlichen, die zu Jugendstrafe auf Bewährung verurteilt wurden, bezog sich das Urteil bei 7 Jugendlichen auf einen Tatvorwurf von "mehr als 10 Fälle", wobei jeweils mehrere Verfahren zusammengezogen wurden. 14% der verhängten Sanktionen entfielen auf Jugendarrest und 40% auf ambulante Maßnahmen gem. § 10 JGG sowie gem. § 14 JGG (Verwarnung). Darüber hinaus wurde in 16% der Fälle § 27 JGG angewandt.[177]
Wie die Tabelle deutlich macht, war es für 24 Jugendliche aufgrund drohender freiheitsentziehender Sanktionen in der Hauptverhandlung besonders entscheidend, daß sie während ihrer Zeit der Unterbringung in Jugendhilfe für sich selbst konkrete Perspektiven entwickeln konnten. Vor dem Hintergrund dieser Überlegungen darf durchaus behauptet werden, daß der Vollzug von Jugendstrafe bei lediglich 2 der bis zur Hauptverhandlung betreuten Jugendlichen auch ein Erfolg der Einrichtungen war, weil die Hilfeplanung gelungen war.

177 "Kann nach Erschöpfung der Ermittlungsmöglichkeiten nicht mit Sicherheit beurteilt werden, ob in der Straftat eines Jugendlichen schädliche Neigungen von einem Umfang hervorgetreten sind, daß eine Jugendstrafe erforderlich ist, so kann der Richter die Schuld des Jugendlichen feststellen, die Entscheidung über die Verhängung der Jugendstrafe aber für eine von ihm zu bestimmende Bewährungszeit aussetzen." (§ 27 JGG).

8.6 Clearing und Hilfeplanung: Ein komplexes Verfahren mit wechselnden Kooperationspartnern

Die Einleitung eines Clearing- und Hilfeplanungsprozesses mit dem Jugendlichen legte eine Kooperation mit der zuständigen Jugendgerichtshilfe und dem Allgemeinen Sozialdienst nahe. Wenn sich im Zuge der Betreuung und Hilfeplanung noch vor der Hauptverhandlung eine anderweitige Unterbringungs- oder Betreuungsform für den Jugendlichen abzeichnete, stand ein Antrag auf Änderung oder auf Aufhebung des Unterbringungsbefehls an. In diesem Fall wurde von Seiten der Einrichtungen Kontakt zu StaatsanwältInnen und RichterInnen aufgenommen.

Schon die Vielfalt der Kontakte mit unterschiedlichen Institutionen, die jeweils eigene Aufgaben und Interessen verfolgen, macht die Störanfälligkeit des Clearing- und Hilfeplanungsprozesses deutlich. Erschwerend kommt hinzu, daß die zuständigen Instanzen in Berlin eine Vielzahl von Personen umfassen: Beteiligt sind 36 JugendrichterInnen, 60 StaatsanwältInnen in Jugendsachen und 122 Jugengerichtshilfen. In den unterbringenden Einrichtungen sind zwischen 15 und 20 MitarbeiterInnen tätig.

Die Kooperation war bei Hilfeplanungsprozessen im Feld der U-Haftvermeidung auf zwei Ebenen angesiedelt:

- Kooperation innerhalb von Jugendhilfe: Einerseits zwischen den Einrichtungen der Jugendhilfe, der Jugendgerichtshilfe und dem Allgemeinem Sozialdienst, andererseits zwischen den Einrichtungen der Jugendhilfe, der Jugendgerichtshilfe und dem Netz an Berliner Regeleinrichtungen und -angeboten der Jugendhilfe.
- Kooperation zwischen Jugendhilfe und Justiz - konkret zwischen den Einrichtungen der Jugendhilfe, der Jugendgerichtshilfe, der Staatsanwalt- bzw. Richterschaft.

8.6.1 Kooperation innerhalb von Jugendhilfe

Erfahrungen in der Zusammenarbeit mit der Jugendgerichtshilfe

Während die MitarbeiterInnen der Einrichtungen zur U-Haftvermeidung in der Aufnahmesituation mit der überbezirklichen Jugendgerichtshilfe am Bereitschaftsgericht kooperierten, wurde im Zuge der Betreuung des Jugendlichen der Kontakt zu den jeweils zuständigen bezirklichen Jugendgerichtshilfen und den Allgemeinen Sozialdiensten relevant. Die BetreuerInnen der Einrichtungen konnten durch die Intensität der Bezugsbetreuung den Hilfebedarf und die aktuellen Interessen des Jugendlichen recht genau ermitteln. Dagegen kannten die MitarbeiterInnen der Jugendgerichtshilfe wie auch des Allgemeinen Sozialdienstes den Jugendlichen oft schon länger und besaßen einen Überblick über die sozialen Infrastrukturen in seinem Wohnumfeld. Während die Jugendgerichtshilfe in Berlin die Betreuung des Jugendlichen während des gesamten Verfahrens[178] als zuständiger Spezialdienst übernimmt, entscheidet der Allgemeine Sozialdienst letztendlich über die Art der Hilfe und deren Finanzierung.[179]

In der Regel fanden im Zuge der konzeptionellen Weiterentwicklung nach rund drei Wochen des Aufenthaltes Hilfekonferenzen mit dem Jugendlichen, der Jugendgerichtshilfe und ggf. dem Allgemeinen Sozialdienst statt, um die Angemessenheit der aktuellen Unterbringung zu über-

178 Vgl. BMJ 1993, S. 85 ff.

179 Diese Aufgabenverteilung zwischen ASD und JGH ist in der Mehrheit der Berliner Bezirksämter gängig.

prüfen, Perspektiven zu klären und das Vorgehen während der Hauptverhandlung abzustimmen. Wenn eine möglichst "nahtlose" Weiterbetreuung durch ambulante oder stationäre Maßnahmen der Jugendhilfe erfolgen sollte, mußten die finanziellen Leistungen mit den zuständigen Jugendämtern frühzeitig geklärt sein. Weil hier die Bearbeitungsdauer nicht immer zügig vonstatten ging, standen die Verwaltungsvollzüge in einem gewissen Gegensatz zur prozeßhaften sozialpädagogischen Arbeit.

Trotz dieser Schwierigkeiten, die innerhalb von Jugendhilfe insbesondere zwischen den Flexibilitätsansprüchen der freien Träger und den Verwaltungsvollzügen der öffentlichen Jugendhilfe angesiedelt waren, konnten im ersten Jahr bei rund der Hälfte der Jugendlichen schon während der Betreuung erste Ergebnisse der Hilfeplanung insbesondere in den Bereichen Betreutes Wohnen, Schule und Elternkontakte erreicht werden, wie sie im vorangegangen Kapitel dargestellt wurden.

Die Arbeitskontakte zur Jugendgerichtshilfe wurden bei einer ersten Befragung im Jahre 1995 in 49 von 60 Fällen von den beteiligten BetreuerInnen der Träger als "sehr gut" oder "gut" bezeichet, in 10 Fällen als "weniger gut", nur in einem Fall als "schlecht".[180] Auch im Jahre 1998 bewertete die Mehrheit der befragten MitarbeiterInnen aus den Einrichtungen die Kooperation mit der Jugendgerichtshilfe als "positiv". Auf Seiten der Jugendgerichtshilfe fiel die Beurteilung der Kooperationserfahrungen mit den Trägern der U-Haftvermeidung 1998, also am Ende der Modellphase, ähnlich aus: Nur 3 von 37 Antworten waren negativ.[181]
Die Jugendgerichtshilfe wurde überdies nach spezifischen Erfahrungen mit den Einrichtungen bei der Aufgabenteilung und der Perspektivenplanung befragt. Hierzu fielen jeweils zwischen 75-80% der Antworten positiv aus. Insbesondere schien Klarheit über die Aufgabenteilung zu herrschen und das Engagement der MitarbeiterInnen bei der Perspektivenplanung wurde von Seiten der Jugendgerichtshilfe positiv wahrgenommen.

Kooperation mit Regeleinrichtungen bzw. -angeboten
Für einen großen Teil der Jugendlichen gilt, daß deren Vermittlung in passende Wohn- und/oder Betreuungsangebote, über den Zeitpunkt der Hauptverhandlung hinaus, von ausschlaggebender Bedeutung für die Konsolidierung ihrer Lebensverhältnisse ist.
Aussagen über die Situation nach der Hauptverhandlung können auf der Grundlage unserer Fragebogenerhebung über die in Jugendhilfe betreuten Jugendlichen im ersten Jahr der neuen Modelle bei 49 Jugendlichen gemacht werden.[182] Deren Verbleib wurde in 29 Fällen als „zufriedenstellend" bezeichnet, in 15 Fällen als „nicht zufriedenstellend", in 5 Fällen blieb die Beurteilung unbekannt. Dafür gab es Ursachen, die auch damit zusammenhängen, daß der Prozeß der Hilfeplanung auf Grenzen stieß.

---

180 Ein Teil der Jugendlichen hat die Einrichtungen relativ schnell durch erneuten Haftbefehl (10 Jugendliche) oder aufgrund eigener Entscheidung wieder verlassen (26 Jugendliche), so daß es nur bei 60 von 93 Unterbringungen zu einer Kooperation mit der Jugendgerichtshilfe kommen konnte.

181 13 MitarbeiterInnen der Jugendgerichtshilfe haben aufgrund mangelnder Erfahrungen keine Angaben gemacht. Insgesamt haben 50 von 122 Berliner JugendgerichtshelferInnen den Fragebogen beantwortet.

182 Es fehlen Aussagen zu 44 Jugendlichen, u.a. deshalb, weil sie wegen Rückkehr zu den Eltern, Wechsel in andere Einrichtungen, Verlassen der Einrichtung u.a.m. nur kurze Zeit hier betreut wurden.

Die folgende Tabelle zeigt zunächst den Verbleib der Jugendlichen nach der Hauptverhandlung.

Tabelle 9

Verbleib nach der Hauptverhandlung		
Ort	Anzahl	Prozent
Jugendstrafanstalt	2	4.1
Eltern oder Pflegeeltern	20	40.8
Außerfamiliär betreute Unterbringung	25	51.0
Sonstiges	2	4.1
Insgesamt	49	100.0

25 Jugendliche wurden nach der Hauptverhandlung außerfamiliär untergebracht bzw. blieben aufgrund mangelnder unmittelbarer Anschlußhilfen vorübergehend noch beim gleichen Träger, der die U-Haftvermeidung durchgeführt hat:

Tabelle 10

Art der institutionellen außerfamiliären Unterbringung	
Art der Unterbringung	Anzahl
Heim	10
Betreute Wohngemeinschaft	8
Betreutes Einzelwohnen	2
Sonstiges	5
Insgesamt	25

Für die 25 Jugendlichen gestaltete sich die Suche nach passendem Wohn- und Betreuungsangeboten meist schwierig und stellte hohe Anforderungen an deren Durchhaltevermögen. Einige wurden regelmäßig abgelehnt, andere erhielten eine Zusage für einen späteren Termin, so daß der begonnene Hilfeprozeß stagnierte und ein Rückstau dieser Jugendlichen (10 von 25) bei den Trägern der U-Haftvermeidung entstand. Deren Angebote an Betreuten Wohnmöglichkeiten außerhalb der U-Haftvermeidung können nicht immer bedarfsgerecht sein: Die Selbständigkeit mancher Jugendlicher ist für eine Wohngemeinschaft oder für das Betreute Einzelwohnen zu gering ausgebildet, dessen Unterbringung in einer Gruppe mit sehr viel jüngeren oder jahrelang im Heim sozialisierten Jugendlichen macht ihn von vornherein zum Außenseiter, er findet hier keinen Anschluß. Es fehlt eine gewisse Palette unterschiedlicher Einrichtungen bzw. nachgehender und flexibler Angebote, die bereit sind, die Jugendlichen aufzunehmen. Hinzu kommt das Problem der Bewilligung der Finanzierung von Hilfen durch das Jugendamt. Mitunter wird eine Rückkehr ins Elternhaus lediglich aus Kostengründen einer Fremdunterbringung vorgezogen. Offensichtlich bestehen diese Schwierigkeiten schon länger, ohne daß es bisher zu einer merkbaren Veränderung gekommen wäre. Im Bericht über das Haus Kieferngrund faßten Haustein/Thiem-Schräder (1992, S. 144) zusammen: "Übereinstimmend gaben Jugendrichter und Erzieher an, daß die Klientel des Hauses Kieferngrund aus desolaten Familienbeziehungen kommt, und es ist wahrscheinlich, daß die Jugendlichen oft in ein Umfeld zurückkehren, das ihre strafnormabweichenden Verhaltensweisen begünstigt hatte, weil die elterliche Adresse lediglich in Ermangelung einer Alternative nach der Verfahrensbeendigung als fester Wohnsitz gewählt wird. Hier scheint ein dringender Bedarf an Übergangswohnmöglichkeiten bis zu einer eigenen festen Adresse oder einem Ausbildungsplatz mit Wohnmöglichkeit für die betroffenen Jugendlichen vonnöten." [183]

8.6.2 Kooperation zwischen Jugendhilfe und Justiz

In der Anfangsphase des neuen Modells waren die Bemühungen der Jugendhilfe darauf gerichtet, den justiziellen Erwartungen der linearen Betreuung der Jugendlichen bis zur Hauptverhandlung entgegenzukommen. Mit wachsender Erfahrung wurde jedoch bald deutlich, was die organisatorischen Strukturen ohnehin nahelegten: daß die im Modell als "geeignet" vordefinierte Gruppenunterbringung nicht für jeden Jugendlichen geeignet war. Dies konnte sowohl im positiven Sinn als auch im negativen Sinn zutreffen:

- Es gab Fälle, bei denen Jugendliche bereits vor der Hauptverhandlung[184] eine für ihre individuellen Befürfnisse geeignetere Unterbringung fanden: so beispielsweise einen Platz in einer Betreuten Wohngemeinschaft, den der Jugendliche nur durch intensive Bemühungen im Zuge eines Aufnahmeverfahrens erhielt oder auch einen Platz im Betreuten Einzelwohnen, der in Ausbildungsplatznähe lag und stundenlange Fahrzeiten überflüssig machte. Ein weiterer Aufenthalt in der durch hohe Fluktuation und starke Kontrolle gekennzeichneten Unterbringung zur U-Haftvermeidung konnte damit verkürzt, die Lebensverhältnisse des betreffenden Jugendlichen schneller stabilisiert bzw. normalisiert werden.
- Es gab Fälle, bei denen Jugendliche eine Zusammenarbeit verweigerten und darüber hinaus durch Gewalttätigkeiten gegenüber anderen Jugendlichen und BetreuerInnen in der Einrichtung nicht mehr tragbar waren. Bei manchen war gerade die Gruppenunterbringung Anlaß für Provokation und Aggression. Eine Einzelbetreuung hätte solche Verhaltensweisen erst gar nicht entstehen lassen.

In diesen Fällen hätte im Zuge eines Clearing- und Hilfeplanungsprozesses im Rahmen von Jugendhilfe kurzfristig eine anderweitige Unterbringung bzw. Betreuung oder auch vorübergehende Entlassung erfolgen können. Unter Bedingungen der U-Haftvermeidung nach dem JGG war ein solch eigenständiges Vorgehen jedoch nicht möglich. Die richterlichen Unterbringungsbefehle mußten grundsätzlich erst aufgehoben oder auf andere Träger übertragen werden, bevor die Jugendlichen die Einrichtungen verlassen durften. In den positiv verlaufenden Fällen war die Kooperation beim Wechsel in eine andere Einrichtung der Jugendhilfe relativ einfach. Es gab informelle Absprachen zwischen Jugendhilfe und Justiz, die die offizielle Antragstellung und Veränderung des Unterbringungsbefehls oft ersetzten. Dieses informelle Vorgehen war wohl deshalb möglich, weil nicht zu erwarten war, daß es zur Begehung neuer Straftaten oder zur Gefährdung der Anwesenheit bei der Hauptverhandlung kommen würde. In den eher negativ verlaufenden Fällen hat sich die justizielle Bearbeitung von Anträgen der Jugendhilfe auf Unterbringungsänderung als langwieriger und komplizierter Prozeß erwiesen.

---

183 Um eine größere Öffnung und Vernetzung der Jugendhilfe für die Arbeit mit straffälligen Jugendlichen zu erreichen, wäre z.B. der Einsatz eines mobilen Teams auf Zeit denkbar. Dessen Arbeitsauftrag müßte auf die Weiterqualifikation der MitarbeiterInnen der öffentlichen und freien Jugendhilfe zielen. Hier sollte über Möglichkeiten der präventiven Arbeit mit straffällig gewordenen Jugendlichen informiert und eine entsprechende Umsetzung trainiert werden. Die Vernetzungsarbeit könnte an den bereits aktiven regionalen und überregionalen Arbeitskreisen im Bereich der Jugend- und Straffälligenhilfe ansetzen und von hier aus Zugang zu den MitarbeiterInnen der einzelnen Arbeitsfelder schaffen.

184 Deren Terminierung ist wegen der Ermittlungs- und Verwaltungsarbeit der StaatsanwältInnen oft kaum im voraus bestimmbar.

Ein schriftlicher Antrag durch den Jugendhilfeträger wurde als ausführlicher Bericht abgefaßt. Die Analyse von 13 Berichten im Zeitraum der ersten eineinhalb Jahre[185] ergab, daß grundsätzlich kein Vorschlag gemacht wurde, U-Haft anzuordnen. Dagegen wurden stationäre Unterbringungen bei anderen Trägern, ambulante Betreuung und Rückkehr zu den Eltern oder vereinzelt auch psychiatrische Unterbringung vorgeschlagen. Dabei handelte es sich um Plätze, die aufgrund von Vorabsprachen kurzfristg belegt werden konnten. Die Argumentation in den Anträgen der Einrichtungen bezog sich auf die Tatsache, daß der Jugendliche in dem bestehenden Gruppenangebot nicht fachgerecht untergebracht war. Die Feststellung, daß der Jugendliche das Angebot für sich in keiner Weise nutzen konnte bzw. nutzte, wurde in beiden Einrichtungen getroffen, wenn aufgrund von Kooperationsversuchen keine Verhaltensänderung erfolgte. Der Staatsanwaltschaft bzw. den RichterInnen wurden in den vorliegenden schriftlichen Änderungsersuchen der beiden Träger neben nicht fachgerechten Unterbringungen und Regelverstößen folgende Begründungen mitgeteilt, die sich auf 12 von 13 Jugendlichen[186] bezogen: Gefährdung der körperlichen Unversehrtheit der anderen untergebrachten Jugendlichen und der MitarbeiterInnen sowie Gefährdung des Mietvertrages durch entsprechende Sachbeschädigungen. Aus den vorliegenden Berichten beider Träger ging hervor, daß eine sofortige Änderung des Unterbringungsbefehls dringend geboten gewesen wäre. Ein Überblick über die Dauer zwischen Stellung des Änderungsantrags durch Jugendhilfe und faktischer Änderung durch Justiz zeigte folgendes Bild im Vergleich:

Tabelle 11

Dauer zwischen Antragstellung und Änderung der Unterbringung	
Aktion`70 e.V.	Sozialpädagogisches Jugendzentrum
4 Tage	1 Tag
7 Tage	4 Tage
11 Tage	9 Tage
20 Tage	9 Tage
37 Tage	16 Tage
Keine Änderung[187]	
Keine Änderung[188]	
Keine Änderung[189]	

Hinsichtlich der justiziellen Reaktionsdauer bestanden deutliche Unterschiede zwischen den beiden Trägern. Während bei Aktion`70 eine Wartezeit zwischen 11 und 37 Tagen bzw. keiner Reaktion eher die Regel war, betrug die justizielle Reaktionsdauer beim SPJZ in allen 5 Fällen bis zur effektiven Änderung maximal 16 Tage. Es stellte sich heraus, daß die Kooperation mit Justiz nicht grundsätzlich kompliziert verlief, sondern sich beim SPJZ eher reibungslos gestaltete. Ursachen dafür konnten nicht in den inhaltlichen Ausführungen der schriftlichen Anträge liegen, weil diese weitestgehend ähnlich waren. Deshalb mußten andere Zusammenhänge als ausschlaggebend angenommen werden:

- Das SPJZ genoß als große Heimeinrichtung und mit MitarbeiterInnen aus dem ehemaligen geschlossenen Haus Kieferngrund mehr Vertrauen bei Justiz als Aktion '70 e.V.. Der antragstellende Mitarbeiter des SPJZ war bereits in Haus Kieferngrund tätig und dort zentraler Ansprechpartner für Justiz. Damit enstand bei Justiz der Eindruck von Kontinuität

185 Ein Antrag auf Änderung oder Aufhebung der Unterbringung wurde in den ersten eineinhalb Jahren bei 13 (9,4%) von 138 untergebrachten Jugendlichen gestellt.

186 Ein Jugendlicher hatte schwere psychische Probleme (Wahnvorstellungen, Ängste).

187 Erneuter Straftatverdacht mit Verhaftung nach 64 Tagen.

188 Nach 35 Tagen erfolgte eine Mitteilung, daß das Verfahren eingestellt sei.

189 Dieser Jugendliche war inzwischen "untergetaucht".

und Verläßlichkeit. Bereits im Vorfeld der Antragstellung wurde mit den RichterInnen und StaatsanwältInnen telefoniert, um sie auf eine mögliche Änderung vorzubereiten bzw. sich mit ihnen abzustimmen. Damit wurden sie verstärkt in die Entscheidungsprozesse einbezogen.

- Die dezentralen Wohngemeinschaften in normaler Wohnumgebung, die von Aktion`70 e.V. angeboten wurden, bildeten für Teile der Justiz ein neues Konzept im Vergleich zur traditionellen Heimunterbringung beim SPJZ. Aktion`70 erschien gegenüber Justiz als relativ fremde Organisationsform. Die Mitbestimmungsstrukturen des Vereins standen in sehr viel stärkerem Gegensatz zu justiziellen Strukturen, als die eher hierarchische Gliederung des SPJZ. In der Anfangsphase gab es noch wenig feste Zuständigkeiten und kaum Erfahrungen in der Kommunikation und Verhandlung mit Justiz. Justiz wurde grundsätzlich erst informiert, wenn ein hoher zeitlicher Druck entstanden war, die Jugendichen nicht mehr in der Einrichtung verbleiben konnten. Die Zuständigkeiten bei Aktion`70 e.V. waren so organisiert, daß der jeweilige Bezugsbetreuer Kontakt mit Staatsanwaltschaft oder Justiz aufnahm. Dies Aufgabenverteilung auf alle MitarbeiterInnen wurde von Seiten der Justiz als chaotische Struktur wahrgenommen.

Wegen der Erfahrung ausbleibender Reaktionen der Staatsanwaltschaft wurde als Notlösung bei Eskalationen in den Einrichtungen vereinzelt das Mittel der "Beurlaubung" der Jugendlichen nach Hause eingesetzt, wobei kontinuierlicher Kontakt gehalten wurde. Diese Vorgehenweise stieß bei der jeweils zuständigen Staatsanwaltschaft auf große Ablehnung. Es kam sogar zu einem Verfahren wegen Gefangenenbefreiung, das jedoch weder vom Amts- noch vom Landgericht eröffnet wurde. Begründung war, daß es sich bei den Einrichtungen des Vereins Aktion`70 e.V. um offene handele und deshalb die Jugendlichen auch keine Gefangenen seien.

All diese Schwierigkeiten hatten den Vorteil, daß es zu einer weiteren Verdichtung der Kooperation zwischen Jugendhilfe und Justiz kam. Es fanden mehrmalige Arbeitstreffen zwischen Aktion'70 e.V., den leitenden OberstaatsanwältInnen, der Jugendverwaltung, der Justizverwaltung und der Begleitforschung statt. Während von Seiten der Jugendhilfe die verzögerte Antragsbearbeitung kritisiert wurde, die die laufende Arbeit in den Einrichtungen extrem belastete, richteten sich die Bedenken der Staatsanwaltschaft vor allem darauf, daß für unter 16jährige außerhalb der U-Haft keine weiteren adäquaten Betreuungen zur Verfügung stünden. Offensichtlich wurden die von Jugendhilfe benannten Alternativen von den StaatsanwältInnen nicht akzeptiert. Die Notlösung für die Staatsanwaltschaft war deshalb, die Jugendlichen zunächst in den Einrichtungen zu belassen, was jedoch nicht praktikabel war. Blieben Körperbedrohung und Sachbeschädigung innerhalb der Einrichtungen ohne Folgen, machten negative Vorbilder sehr schnell Schule, liefe die Gruppenbetreuung Gefahr, nicht mehr aufrecht erhalten werden zu können. Desweiteren wurde darauf aufmerksam gemacht, daß die unverzügliche und unbesehene Aufnahme der Jugendlichen vom Bereitschaftsgericht nachträglich im Zuge des Clearing-Prozesses möglicherweise der Korrektur bedürfe und in diesen Fällen wiederum Justiz entsprechend unverzüglich zu handeln hätte. Diese Argumentation wurde von Seiten der Justiz durchaus nachvollzogen und anerkannt, obwohl nach wie vor das Fehlen geschlossener Jugendhilfeeinrichtungen angemahnt wurde.
Aufgrund der Vorkommnisse wurde in den von Jugendhilfe, Justiz und Inneres ausgehandelten Berliner Landesvereinbarungen bei Eskalationen die Möglichkeit einer kurzfristigen Beurlaubung nach Hause eingeräumt, wobei die Staatsanwaltschaft rechtzeitig informiert werden

sollte.[190] Inzwischen haben sich die Bearbeitungszeiten der Änderungsanträge reduziert, zum Teil wurde bei älteren Jugendlichen U-Haft angeordnet, es wurden auch alternative Vorschläge der Jugendhilfe akzeptiert.
Im Zuge der Kooperationserfahrungen zwischen den Akteuren, die am Modell beteiligt sind, kam es zu einer konzeptionellen Verankerung des Ablaufs von Clearing- und Hilfeplanungsprozessen, die gerade wegen des fehlenden Aufnahmeverfahrens dringend geboten sind. Wegen Nichtgeeignetheit der Einrichtungen oder auch frühzeitig gefundenen adäquateren Angeboten der Jugendhilfe wurden in den letzten drei Jahren in rund 12% der Fälle Anträge auf Änderung bzw. Aufhebung des Unterbringungsbefehls gestellt. Im Laufe der Zeit haben sich die Einrichtungen mit ihren nachweislichen Leistungen und insbesondere auch Aktion`70 e.V. die Akzeptanz von Seiten der Justiz erworben.

8.7 Betreuungsverläufe der Jugendlichen

Der Prozeß wie auch das Ergebnis der Hilfeplanung wirken sich auch auf die Art und Dauer der Betreuungsverläufe aus. Wir unterscheiden im folgenden Verläufe,

- bei denen die Jugendlichen in den aufnehmenden Einrichtungen oder nach Unterbringungsänderung durch andere Formen der Jugendhilfe bis zur Hauptverhandlung betreut werden,
- bei denen Jugendliche schon vor der Hauptverhandlung zu den Eltern zurückkehren
- und abgebrochene Betreuungsverläufe durch Verhaftung oder durch unerlaubtes Verlassen der Einrichtungen.

8.7.1 Die Verläufe in den Berliner Einrichtungen

Tabelle 12

Betreuungsverläufe		
	Anzahl	Prozent
a. Betreuung in den Einrichtungen	38	40.9
b. Andere Formen der Jugendhilfe	9	9.7
c. Rückkehr zu den Eltern	7	7.5
d. Verlassen der Einrichtungen	26	28.0
e. Abbruch durch Straftaten	10	10.8
f. Fehlerhafte Unterbringung	3	3.2
Insgesamt	93	100.0

Bei 54 (58%) von 93 Jugendlichen können die Betreuungsverläufe bis zur Hauptverhandlung bzw. bis zur einer Änderung der Unterbringung als positiv bewertet werden. Unter Berücksichtigung der Verläufe Jugendlicher, die in vergleichbaren, jedoch geschlossenen oder halbgeschlossenen Einrichtungen (vgl. Tabelle 13) zur Verkürzung und Vermeidung von U-Haft untergebracht waren, lassen sich folgende Charakterisierungen treffen:

190 Vgl. „Vereinbarung über Grundsätze der Unterbringung und des Unterbringungsverfahrens in Einrichtungen der Berliner Jugendhilfe gemäß Jugendgerichtsgesetz" zwischen Senatsverwaltung für Jugend-, für Justiz- und für Inneres, Berlin 1997, 3.7 Abs. 2.

a. Durchgehende Betreuung in den dafür vorgesehenen Einrichtungen
Die Verläufe von 38 (41%) der 93 Jugendlichen entsprachen den bisherigen konzeptionellen Vorstellungen des Berliner Modells: Die unmittelbare Vermeidung von U-Haft sollte im Rahmen von 24stündiger stationärer Gruppenbetreuung bis zur Hauptverhandlung erfolgen. Aus einer Betreuung bis zur Hauptverhandlung konnte nur vordergründig auf eine gelungene Hilfeplanung geschlossen werden. Ergänzend wurde deshalb in der Erhebung die Einschätzung abgefragt: Die 38 Betreuungsverläufe wurden weitgehend als positiv beurteilt. Die Betreuungsdauer umfaßte durchschnittlich 84 Tage, d.h. knapp drei Monate.

b. Vermittlung in adäquatere Angebote
Bereits vor dem Termin der Hauptverhandlung konnten mit insgesamt 9 Jugendlichen verbesserte Arrangements der Betreuung getroffen werden. Aufgrund verschiedener Faktoren stellten sich die Einrichtungen als ungeeignet heraus:

- Die Jugendlichen benötigten zwar Betreuung, waren jedoch mit der Gruppe überfordert. Bei 7 Jugendlichen kam es deshalb zu anderen Leistungen der Jugendhilfe, sei es in Form einer nachgehenden flexiblen Einzelfallbetreuung, sei es in Form des Betreuten Einzelwohnens oder sei es in Form eines Wechsels der Heimunterbringung.
- Bei 2 Jugendlichen waren die Einrichtungen nicht adäquat, weil therapeutische Maßnahmen notwendig wurden: Bei einem Jugendlichen war das Ausmaß der Drogenabhängigkeit bei Aufnahme bzw. am Bereitschaftsgericht nicht erkennbar, er ist zum Entzug ins Krankenhaus gekommen. Ein anderer Jugendlicher konnte aufgrund seiner psychischen Verfassung nicht betreut werden und wurde vor seinem Termin der Hauptverhandlung in eine Therapieeinrichtung vermittelt.

c. Rückkehr zu den Eltern
Bei 7 Jugendlichen erfolgte nach Rücksprache mit dem zuständigen Richter eine Aufhebung des Unterbringungsbefehls und eine Rückkehr zu den Eltern. Diese Jugendlichen waren innerhalb der Einrichtungen meist überbetreut.

d. Beendigung der Unterbringung durch Verlassen der Einrichtung
26 Jugendliche (28%) hatten sich der Betreuung entzogen, indem sie die Einrichtungen verließen. Ob bestimmte Ursachen oder Bedingungen für sogenannte "Entweichungen" benannt werden können, und ob entsprechende pädagogische Maßnahmen zu deren Reduzierung getroffen werden können, soll in einem anschließenden Exkurs behandelt werden.

e. Abbruch der Unterbringung wegen neuer Straftaten
10 Jugendliche waren wegen neuer Straftaten verhaftet worden, die sie während ihrer Ausgangszeiten, in Einzelfällen auch innerhalb der Einrichtungen verübt hatten.
Die Begehung strafbarer Handlungen traf auf eine Minderheit der Fälle zu. Sie kann weder in offener noch in geschlossener Unterbringung völlig verhindert werden, wie Tabelle 16 unter der Kategorie "Haftbefehl" aufzeigt. Straftaten entstanden oftmals auch im Zusammenhang mit Entweichungen bzw. dem unterlaubten Verlassen der Einrichtungen (vgl. auch Bericht St. Severinhaus, S. 74).

8.7.2 Vergleich mit anderen Jugendhilfe-Einrichtungen in der BRD

Wenn die Ergebnisse aus drei anderen Untersuchungen über Einrichtungen zur Vermeidung und Verkürzung von U-Haft vergleichend herangezogen werden, lassen sich in bezug auf die Verläufe der Jugendlichen Kategorien bilden, die in Tabelle 16 aufgeführt sind.

Tabelle 13

Betreuungsverläufe der Jugendlichen in vier Einrichtungen zur Vermeidung und Verkürzung von Untersuchungshaft				
Verlaufsart	Offene Modelle Berlin (N=93)	St. Severin - Haus[191] (N=70)	Heinrich-Wetzlar-Haus[192] (N=177)	Haus Kieferngrund[193] (N=145)
Betreuung in den Einrichtungen	41%	49%	59%	50%
Vermittlung in adäquatere Angebote	10%	7%	--	--
Unterbringungsprüfung Rückkehr zu den Eltern	8%	--	7%	15%
Entlassung ohne Angabe des Ortes	--	9%	--	10%
Haftbefehl	11%	3%	20%	7%
„Entweichung"	28%	29%	14%	17%
Fehlerhafte Unterbringung	3%	3%	--	--
Insgesamt	100%	100%	100%	100%

Aus der Tabelle können folgende Schlüsse gezogen werden:

- Die Verläufe sind weder in offenen, noch in halbgeschlossenen (Heinrich-Wetzlar-Haus, St.-Severin-Haus) oder geschlossenen Unterbringungen (Haus Kieferngrund) linear, d.h. sie vollziehen sich nicht ungebrochen bis zur Hauptverhandlung in der dafür vorgesehenen Betreuungsform.
- Die Verläufe sind weder bei der unmittelbaren Vermeidung von U-Haft (Offene Modelle Berlin, Haus Kieferngrund), die ohne Aufnahmeverfahren auskommen muß, noch bei der Verkürzung von U-Haft (Heinrich-Wetzlar-Haus, St.-Severin-Haus), bei der Jugendliche von der aufnehmenden Einrichtung eher ausgewählt werden können, kontinuierlich.
- Unabhängig von der Art der Betreuung wird durchschnittlich jeder zweite Jugendliche bis zur Hauptverhandlung in ein und derselben Einrichtung der Jugendhilfe betreut. Ein dynamischer Betreuungsverlauf, der Änderungen der Unterbringung einschließt, kann als normal gelten.

Bei Jugendlichen, die sich nicht in die vorgesehenen Einrichtungen einpassen, kann dies nicht kurzschlüssig als deren persönliches Versagen gewertet werden. Dies gilt in besonderem Maße

191 Vgl. Sozialwissenschaftliches Forschungszentrum Erlangen-Nürnberg 1996, S. 73 f Untersuchungsgruppe sind alle Jugendlichen, die ab 1.Juli 1989 aufgenommen und bis zum 30. Juni 93 entlassen wurden.

192 Vgl. Blumenberg / Wetzstein 1991, S. 32 f Untersuchungsgruppe sind alle Jugendlichen, die zwischen Juli 1984 bis Dezember 1988 im Heinricht-Wetzlar-Haus untergebracht waren.

193 Vgl. Haustein / Thiem-Schräder 1992, S. 132 f. Untersuchungsgruppe sind alle Jugendlichen, die von 1.1.1990 bis 31.12.1990 in Haus Kieferngrund untergebracht waren.

für die unmittelbare Vermeidung von U-Haft, weil in Berlin eine weitgehende Begrenzung auf eine bestimmte Betreuungsform der Jugendhilfe vorliegt.
Jugendhilfe muß für Ursachen des Verhaltens, für Kompetenzen und möglicherweise verdeckte Zielsetzungen der Jugendlichen sensibilisiert sein. Die vorhandenen Energien und Dynamiken der Jugendlichen können für Hilfeprozesse genutzt, konstruktiv gelenkt werden und zu adäquateren Unterbringungen bzw. Betreuungsformen führen. Mit den Jugendlichen soll ganz bewußt ein Clearing-Prozeß in Gang gesetzt werden, bei dem Standards der Mitbestimmung und Wahlmöglichkeit berücksichtigt werden.

Exkurs: Welche Jugendlichen verlassen vorzeitig die Einrichtungen?

Im Rahmen der Fragebogenerhebung gab es einige Hinweise darauf, welche speziellen Gruppen und warum bestimmte Jugendliche die Einrichtungen vorzeitig verließen: Bei einem Vergleich derjenigen 26, die sich der Betreuung entzogen hatten, mit denjenigen, die geblieben waren, konnten zunächst so gut wie keine Unterschiede hinsichtlich der Altersstruktur und der Nationalität nachgewiesen werden. Auch diejenigen Jugendlichen, die einen Wechsel der Unterbringung zwischen den Trägern[194] vollzogen hatten, waren nicht überproportional häufig unter den sogenannten "Entweichern" vertreten. Letztendlich konnten jedoch einige Hinweise bei der näheren Untersuchung und Diskussion der folgenden Merkmale der Jugendlichen gewonnen werden:

Merkmal: Fremdunterbringung

Nur 3 von 19 Jugendlichen, die in der Vergangenheit in Fremdunterbringung waren, hatten sich der Betreuung durch Verlassen der Einrichtung entzogen. Hier schien kein enger Zusammenhang zu bestehen, obwohl er wegen der vermutlich vorhandenen "Heimmüdigkeit" dieser Jugendlichen ja denkbar gewesen wäre. Eine Ursache, warum diese Jugendlichen nicht entwichen waren, konnte darin begründet sein, daß sie nach Verlassen des Heimes keine feste Wohnmöglickeit mehr besaßen. Eine zweite Ursache konnte sein, daß sie aufgrund ihrer Erfahrungen durchaus fähig waren, sich den neuen Strukturen anzupassen und keinen Grund hatten, die Einrichtung zu verlassen.

Merkmal: Schwere des Tatvorwurfs

Auffällig war, daß nur einem von 26 Jugendlichen, die die Einrichtung verließen, sehr schwerwiegende Straftaten[195] zur Last gelegt worden waren. Dies verwies auf folgenden Zusammenhang: Jugendliche mit schweren Delikten hatten auch höhere Strafen zu erwarten. Ihnen war möglicherweise klar, daß eine sogenannte "Entweichung" sie in U-Haft oder gar Strafhaft bringen konnte. Hier schien die Annahme einer zu erwartenden, fluchtanreizbietenden Sanktion keineswegs zuzutreffen.

Merkmale: Nationalität und Lebensmittelpunkt

Nahezu ein Drittel, nämlich 8 der 26 entwichenen Jugendlichen, hatten ihren Lebensmittelpunkt nicht in Deutschland. Darunter 5 polnische Jugendliche, die es nicht weit bis zur Grenze hatten. Da sie in ihrer Heimat meist über relativ intakte Netze verfügten und dorthin auch zurückkehren wollten, war eine Hilfeplanung in Deutschland ohne Sinn. Da sie auch sprachlich kaum erreichbar waren, mußte hier eher von "Unterkunftgewährung" denn von einer Betreuung und Beratung bis zur Hauptverhandlung gesprochen werden.

Den 3 asylsuchenden Jugendlichen aus Rumänien und Ex-Jugoslavien war es sicherlich nicht möglich, einfach in ihr Heimatland zurückzukehren. Eine Betreuung oder Beratung konnte hier sinnvoll sein, wenn es um Aufenthaltsrecht, Arbeits- oder Bildungsmöglichkeiten ging. Es fiel allerdings schwer, mit diesen Jugendlichen zu arbeiten, weil es kaum zu einer sprachlichen Verständigung kommen konnte.

Aus den Ergebnissen konnte nicht der Schluß gezogen werden, daß Jugendliche sich grundsätzlich einer Betreuung entziehen, wenn sie ihren Lebensmittelpunkt nicht in Deutschland ha-

---

194 Das betrifft 9 Jugendliche, die aufgrund von Nichtgeeignetheit der Unterbringung des einen Trägers zum anderen Träger vermittelt wurden.

195 Damit ist die Gruppe derjenigen gemeint, denen schwerer Raub, schwere Körperverletzung oder versuchter Totschlag zur Last gelegt werden.

ben. Immerhin blieb die Hälfte dieser Jugendlichen bis zur Hauptverhandlung in den betreuten Einrichtungen. Allerdings war die unterschiedliche Anzahl von Entweichungen beim SPJZ und bei Aktion`70 im ersten Jahr auffällig: Während bei Aktion`70 5 von 32 - mithin rund 16% der Jugendlichen - sich der Betreuung entzogen, war der Anteil beim SPJZ mehr als doppelt so hoch und lag bei 37% (25 von 68 Jugendlichen).[196]
Hinsichtlich der Rahmenbedingungen fiel auf, daß Aktion`70 - wie dies auch im Konzept begründet wurde - keine Jugendlichen aufgenommen hatten, die ihren Lebensmittelpunkt nicht in Deutschland hatten. Daneben wurden Jugendliche nicht aufgenommen, mit denen eine sprachliche Verständigung nicht wenigstens ansatzweise möglich war. Nur einer der 5 entwichenen Jugendlichen von Aktion`70 war nicht in Deutschland aufgewachsen.
Es sprach einiges dafür, daß Jugendliche, die weder ihren aktuellen und künftigen Lebensmittelpunkt in Deutschland hatten, noch die Sprache so sprachen, daß eine Verständigung im Sinne einer Beratung stattfinden konnte, eher die Einrichtungen verließen. Beim SPJZ waren unter den 25 entwichenen Jugendlichen 11[197] Jugendliche, die nicht in Deutschland aufgewachsen waren. Da sie durchaus auf freiwilliger Basis aufgenommen worden waren, war ein wesentlicher Faktor für die Kooperationswilligkeit der Jugendlichen auch die Möglichkeit der Verständigung. Insbesondere mußten sie verstanden haben, warum und wie lange sie in den Einrichtungen sein sollten. Diese Vermittlung war aber gerade bei den nicht Deutsch sprechenden Jugendlichen nur ansatzweise möglich.

Zeitpunkt der Entweichung

Auch der Zeitpunkt der Entweichung schien eine wichtige Rolle zu spielen: Die meisten, 21 von 26 Jugendlichen, verließen die Einrichtungen innerhalb der ersten vier Wochen. Nur fünf Jugendliche verließen die Einrichtungen, nachdem sie zwischen 1,5 und 6 Monaten betreut worden waren. Dies ließ darauf schließen, daß diese Jugendlichen sich erst gar nicht auf eine Betreuung eingelassen und/oder keine entsprechende Kontaktperson oder BezugsbetreuerIn gefunden hatten.
Diejenigen, die länger in den Einrichtungen gewesen waren und sie dann verließen, hatten andere Gründe: Als eine Ursache wurde von den MitarbeiterInnen auch die extreme Länge der Unterbringung (mehr als 6 Monate) genannt, die zu einer Überbetreuung und damit auch Überforderung der Betroffenen führte. Die Unterbringung unter vielfältigen Auflagen und Verbindlichkeiten ist für Jugendliche grundsätzlich nur über einen bestimmten Zeitraum aushaltbar.

Schlußfolgerungen

Um zu verhindern, daß sich Jugendliche der Betreuung in den Einrichtungen entziehen, sollten insbesondere zwei Faktoren besondere Beachtung finden: Erstens, die aufgenommenen Jugendlichen sollten sich sprachlich so verständigen können, daß ihnen der Sinn und die Dauer des Aufenthaltes in den Einrichtungen einsichtig gemacht werden können. Zweitens: In den ersten Wochen ist es notwendig, den Prozeß der Aufnahme auszugestalten, indem ein besonders intensiver Kontakt gesucht wird und entsprechende Motivationen geweckt werden.

196 Die Rate liegt insgesamt unter der Entweichungsrate aus geschlossenen Einrichtungen in der ehemaligen BRD. (vgl. Wolffersdorff-Ehlert/Sprau-Kuhlen/Kersten 1989, S. 21)

197 5 Polen, 2 Araber, 1 Rumäne, 1 Albaner, 1 Ex-Jugoslave und 1 Russe.

8.8 Vom statischen zum flexiblen Modell

In der Regel macht Jugendhilfe in der Bundesrepublik, außer in Berlin und Brandenburg[198], die Aufnahme von Jugendlichen zwecks U-Haftvermeidung von einem vorgeschalteten Aufnahme- und Hilfeplanverfahren abhängig, wie dies das Kinder- und Jugendhilfegesetz als Voraussetzung der Gewährung erzieherischer Hilfen normiert (vgl. § 36 SGB VIII). Damit soll sichergestellt werden, daß die Geeignetheit des jeweiligen Angebotes für den Jugendlichen gegeben ist. Diese Bedingung ist bei einer kurzfristig zu fällenden haftrichterlichen Entscheidung jedoch nicht zu gewährleisten. Deshalb kommen in fast allen Bundesländern Jugendliche zunächst in U-Haft und werden von dort aus auf dem Wege der Haftprüfung in eine entsprechende Jugendhilfeeinrichtung vermittelt. Darüber hinaus nimmt Jugendhilfe in einigen Bundesländern davon Abstand, spezialisierte Einrichtungen zur U-Haftvermeidung zur Verfügung zu stellen, sondern agiert mit dem Anspruch, straffällige Jugendliche in das Regelangebot der Jugendhilfe einzugliedern. Im Grundsatz soll mit dem Verzicht auf spezialisierte Einrichtungen die Gefahr der Massierung von Jugendlichen mit ähnlichen Problemlagen vermieden und ein größeres Spektrum von Jugendhilfe für die Arbeit mit straffälligen Jugendlichen geöffnet und verantwortlich gemacht werden.

Die Weiterentwicklung des Berliner Modells steht im Kontext sowohl der bundesrepublikanischen Entwicklungen wie auch der Berliner Erfahrungen. Die nachweislichen Vorteile[199] des Berliner Modells bei der Umsetzung des gesetzlichen Auftrags der U-Haftvermeidung sollen zum einen unterstrichen werden, zum anderen sollte die gängige Jugendhilfe und ihr Angebotsspektrum stärker einbezogen werden. Die Integrationsarbeit und Perspektivenplanung, die in den aufnehmenden Einrichtungen zusammen mit den Jugendlichen in die Wege geleitet wird, muß stärker als bisher von der Bereitschaft der übrigen Berliner Jugendhilfe flankiert werden, straffällige Jugendliche bei Bedarf in ihre gängigen Hilfeangebote (Arbeit, Ausbildung, Wohnen, Betreuung usw.) zu integrieren.
Ausgangspunkt der Verzahnung zwischen U-Haftvermeidung und Regelangeboten der Jugendhilfe bildet die Hilfeplanung, die sich als konstituierendes Element der Arbeit der Einrichtungen durchgesetzt hat und den Wechsel von einem statischen zu einem flexiblen Modell der U-Haftvermeidung indiziert. Im Zuge der Hilfeplanung geht es auch um die Klärung der Frage, was im Einzelfall ein "geeignetes Heim der Jugendhilfe" gem. § 71 Abs. 2 i.V.m. §§ 34, 36 SGB VIII ist. Werden dabei sowohl Gesichtspunkte des KJHG als auch des JGG[200] berücksichtigt, so sollte es sowohl zur unmittelbaren U-Haftvermeidung geeignet sein (Aufnahmebereitschaft) als auch für den Jugendlichen eine adäquate Form der erzieherischen Hilfe darstellen. Ist letzteres nicht gegeben, so ist es Aufgabe der jeweils aufnehmenden Einrichtung, die Weichenstellung zu einem anderen Angebot der Jugendhilfe vorzunehmen.

Das statische Modell der U-Haftvermeidung
Das von uns als statisch bezeichnete Modell der Jugendhilfe bei U-Haftvermeidung ist in *Schaubild 1* wiedergegeben. Es spiegelt die (unausgesprochenen) Ausgangsvorstellungen wider, wie nach Aufgabe des geschlossenen Hauses "Kieferngrund" U-Haft in Berlin

198 Jugendhilfeeinrichtung Frostenwalde, Träger: Evangelisches Jugend- und Fürsorgewerk (EJF).
199 Zentrales Bereitschaftsgericht, durchgehende Beteiligung der Jugendgerichtshilfe bei Haftentscheidungen und sofortige Aufnahmebereitschaft von Einrichtungen der Jugendhilfe.
200 Zur rechtsdogmatischen Klärung des "Heim"-Begriffes vgl. Heßler/Raabe/Schruth 1997.

vermieden werden sollte. Auf einen Nenner gebracht: wie ehedem, nur jetzt in offenen Einrichtungen. Dieses Modell wird idealtypisch von folgenden Grundannahmen geprägt:

- Die stationär und rund-um-die-Uhr betreuten Wohngruppen werden sowohl als geeignete Form der U-Haftvermeidung als auch als geeignete Form der erzieherischen Hilfe im Sinne des KJHG (§ 34 SGB VIII) definiert.
- Primäre Zielsetzung ist es, die durchgehende Unterbringung - von der Aufnahme vom Bereitschaftsgericht bis zur Hauptverhandlung - sicherzustellen.
- Änderungen der Unterbringung werden als Abweichung von der Erwartungsnorm und als Mißerfolg von Jugendhilfe gewertet.

Das flexible Modell der U-Haftvermeidung

Für den Wechsel zu einem flexibleren Modell der U-Haftvermeidung sind die Erfahrungen der Praxis ausschlaggebend, wonach es notwendig ist, möglichst früh und konsequent mit den Jugendlichen eine Perspektivenplanung über die Hauptverhandlung hinaus zu beginnen. Hilfeplanung in den Einrichtungen und ihre Verzahnung mit bestehenden Angeboten der Berliner Jugendhilfe erhalten in diesem Modell einen größeren Stellenwert. In denjenigen Fällen, in denen die Umsetzung einer Integration in Regelangebote der Jugendhilfe bereits vor der Hauptverhandlung erfolgen kann, wird beim zuständigen Richter eine Änderung des Unterbringungsbefehls beantragt. Es ist jedoch realistisch davon auszugehen, daß zum größten Teil erst in der Zeit nach der Hauptverhandlung die Umsetzung der begonnen Hilfeplanung erfolgen kann, da in jedem Einzelfall sehr viele Details (von der Aufnahmebereitschaft bis zur Finanzierungsfrage) abzuklären sind. Dies bedeutet, daß die Betreuungsverantwortlichkeit bis zur Hauptverhandlung in der Mehrheit der Fälle durchgehend bei den Trägern liegt, aber perspektivisch zusammen mit der zuständigen Jugendgerichtshilfe über die Hauptverhandlung hinaus geplant wird. Soweit die trägereigenen Angebote beider Einrichtungen geeignete Möglichkeiten bieten, ist auch weiterhin ein Verbleib von Jugendlichen nach der Hauptverhandlung bei beiden Trägern möglich.

Schaubild 2 verdeutlicht die konzeptionelle Verankerung der Hilfeplanung und ihre Effekte. Je nach Bedarf werden die allgemeinen Angebote der Jugendhilfe bereits vor der Hauptverhandlung aktiviert.

Dieses Modell fußt idealtypisch auf folgenden Grundannahmen:

- Die aufnehmenden Einrichtungen werden als geeignete Einrichtungen zur U-Haftvermeidung definiert. Diese übernehmen jedoch nunmehr zusätzlich die Funktion einer Clearingstelle.
- Nach der ersten Phase von Aufnahme und Kennenlernen wird überprüft, inwieweit die Unterbringung in der Einrichtung für den Betroffenen die geeignete Form der erzieherische Hilfe im Sinne des KJHG darstellt oder ob statt dessen frühzeitig andere Hilfeformen zum Zuge kommen sollten. Auch eine Rückkehr zu den Eltern ist regelmäßig zu prüfen.
- Es geht nicht darum, die Jugendlichen den Strukturen einer einzigen Betreuungsform (stationäre Gruppenbetreuung) anzupassen, die unter Umständen nicht die geeignete ist, vielmehr ist das Hilfeangebot nach dem jeweiligen erzieherischen Bedarf auszurichten. Maßgebend ist hier der Grundsatz des KJHG, daß die Gewährleistung erzieherischer Hilfen nicht allein nach dem Kriterium der Erfoderlichkeit, sondern zusätzlich nach dem Maßstab der Geeignetheit erfolgen soll (vgl. § 27 Abs. 1 SGB VIII).
- Eine ggf. beantragte Änderung des Unterbringungsbefehls mit dem Vorschlag der Integration in ein anderes Jugendhilfeangebot wird nicht als Abweichung von der Norm, sondern als Wahrnehmung der Aufgabe von Jugendhilfe begriffen.

Schaubild 1: Statisches Modell der U-Haftvermeidung

Schaubild 2: Flexibles Modell der U-Haftvermeidung

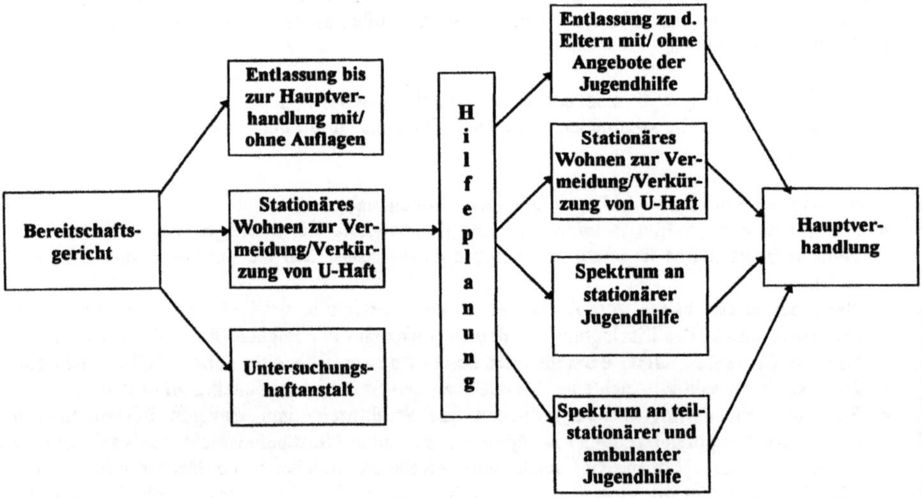

Zentraler Gesichtspunkt ist, daß es bei der U-Haftvermeidung nicht darum gehen kann, Jugendliche bis zur Hauptverhandlung in Einrichtungen der Jugendhilfe mit begleitenden beschäftigungstherapeutischen Angeboten zu verwahren, sondern die Zeit bis zur Hauptverhandlung zu einer Auseinandersetzung mit dem Jugendlichen über seine Perspektiven und zur Einleitung entsprechender Schritte zu nutzen.

Eine wichtige Voraussetzung für eine gelingende Hilfeplanung und deren Umsetzung ist eine stärkere institutionelle Einbindung der allgemeinen Jugend- und Straffälligenhilfe. Am Berliner Beispiel wird folgendes deutlich: Wenn ein flexibles Modell der U-Haftvermeidung erfolgreich realisiert werden soll, muß dieses Vorhaben in ein umfassendes jugendhilfepolitisches Konzept eingebunden sein. Die aufnahmebereiten Einrichtungen dürfen bei Bemühungen zur Integration nicht isoliert belassen bleiben. In einem Verbundsystem muß ein Spektrum an Unterstützungsangeboten und Anschlußhilfen zur Verfügung stehen, das den Übergang der Jugendlichen in Regelangebote oder in die "Normalität" gewährleistet.

9. Standards der Jugendhilfe im Bereich der Vermeidung von Untersuchungshaft durch stationäre Unterbringung nach §§ 71, 72 JGG i.V.m. § 34 SGB VIII

Unter Rückgriff auf die Ergebnisse der Begleitforschung zum Berliner Modell der U-Haftvermeidung bei Jugendlichen wurden im Konsens zwischen der Berliner Jugendhilfe und Justiz Mindeststandards für 18 Bedingungsfelder der einstweiligen Unterbringung gem. §§ 71, 72 JGG herausgearbeitet, die die Besonderheiten des Modells berücksichtigen und seine Weiterentwicklung anzielen.

Profil der Jugendhilfe im Schnittfeld zu Justiz

Die Jugendhilfe wirkt aufgrund ihres Auftrages der Unterstützung von gefährdeten Kindern und Jugendlichen auch in Verfahren nach dem JGG mit. Diese Mitwirkung nimmt das Jugendamt nach § 52 SGB VIII als unabhängige Fachbehörde nach eigenen, im Gesetz dargelegten Voraussetzungen und Zielen wahr.

Anlaß für das Aktivwerden von Jugendhilfe im Feld der U-Haftvermeidung ist die unmittelbare Abwendung der Gefährdung des Jugendlichen nach § 1 Abs. 3 SGB VIII: Dies wäre hier konkret, die hinlänglich bekannten Gefahren des Aufenthaltes in einer Vollzugsanstalt abzuwenden. Neben der Gefährdung durch Inhaftnahme können weitere Gefährdungen des Jugendlichen durch Notlagen wie Obdachlosigkeit, Konflikte innerhalb der Familien, Leben auf der Straße, Schulversagen bzw. Schulmüdigkeit vorliegen, bzw. es können Leistungen des SGB VIII nach §§ 27ff - Hilfen zur Erziehung- angezeigt sein.

Standard 1: Tätigwerden der Jugendhilfe nach eigenen Standards

Um eine effiziente Arbeit mit den Jugendlichen im Bereich der U-Haftvermeidung im Sinne des Clearing und der Einleitung einer Wende zum richtigen Zeitpunkt zu erreichen, müssen die Vorprägungen durch justizielle Verfahrensweisen während der Durchführung der Unterbringung durch professionelle Standards der Jugendhilfe ersetzt werden. Jugendhilfe kann schon aufgrund des eigenen Gesetzes nicht Ausführungsorgan von Justiz sein. Daß Jugendhilfe nach eigenen gesetzlichen Bestimmungen tätig wird, geht auch aus § 71,2 S. 3 JGG hervor: Die Durchführung richtet sich nach den für das Heim geltenden Regelungen, also nach den Regelungen der Jugendhilfe.

Aufnahmeverfahren: Grundlagen der Vermeidung von U-Haft

Im Vergleich zu anderen Bundesländern, wo U-Haft überwiegend verkürzt, nicht aber vermieden wird, bietet sich in Berlin die Möglichkeit, die vom Gesetzgeber gewünschte unmittelbare Vermeidung von U-Haft nach §§ 71, 72 JGG umzusetzen:

- Die Jugendgerichtshilfe der Senatsjugendverwaltung ist am Bereitschaftsgericht kontinuierlich zwecks Haftvermeidungshilfe (§ 72a JGG) anwesend. Sie bildet das Scharnier zwischen haftrichterlicher Entscheidung und den Jugendhilfeangeboten der U-Haftvermeidung.
- Einrichtungen der Jugendhilfe sind bereit, Jugendliche in der Regel unmittelbar vom zentralen Bereitschaftsgericht aufzunehmen. Die wenigen Ausschlußkriterien beziehen sich auf keinerlei sprachliche Verständigungsmöglichkeit sowie auf Gruppentäter, deren Unterbrin-

gung möglichst in getrennten Einrichtungen erfolgen sollte. Bedürfen Jugendliche aufgrund einer sofort erkennbaren, lebensbestimmenden Drogenabhängigkeit oder gravierender psychischer Erkrankungen mit psychiatrischem Behandlungsbedarf spezieller Therapieangebote, sind im jeweiligen Einzelfall von der Jugendgerichtshilfe geeignete Einrichtungen zu benennen.

Standard 2: Haftvermeidungshilfe und direkte Aufnahme

Die Haftvermeidungshilfe der Jugendgerichtshilfe am Bereitschaftsgericht und die unmittelbar aufnehmenden Einrichtungen der Jugendhilfe bilden die Grundlage des Berliner Modells der U-Haftvermeidung. Dieser Standard muß aufrecht erhalten werden. Die Möglichkeit der unmittelbaren Vermeidung von Untersuchungshaft dokumentiert die Vorreiterstellung Berlins auf einem wichtigen kriminal- und jugendpolitischen Gebiet.

Organisationsform

Die Aufgabe der U-Haftvermeidung bei Jugendlichen wird in Berlin ausschließlich von spezialisierten Einrichtungen der Jugendhilfe wahrgenommen. Obwohl die anbietenden Träger über ein Netz weiterer und anderer Hilfen verfügen, können diese zur unmittelbaren Vermeidung von U-Haft zunächst nicht genutzt werden. Die Belegung solcher Regeleinrichtungen setzt ein Aufnahmeverfahren voraus, das lediglich bei der Verkürzung nicht aber bei der Vermeidung von U-Haft möglich ist.

Die Einschränkung der U-Haftvermeidung auf spezialisierte Einrichtungen wirft eine Reihe von Problemen auf: Zum einen besteht eine Belegungsabhängigkeit von Justiz, weil ausschließlich Jugendliche mit haftrichterlichem Unterbringungsbefehl gem. §§ 71 Abs. 2, 72 Abs. 4 JGG aufgenommen und die Belegungen nach dem Gerichtskostengesetz von der Justizverwaltung finanziert werden. Eine jahresdurchschnittliche Auslastung solcher spezialisierter Einrichtungen liegt in Anlehnung an ähnliche Einrichtungen in der BRD bei ca. 80%. Die Berliner Einrichtungen waren in der Vergangenheit jedoch im Jahresdurchschnitt lediglich zwischen 60%-70% ausgelastet. Zum anderen kommt es in spezialisierten Einrichtungen zu einer Massierung von Jugendlichen mit schweren Problemlagen an einem Ort, mit all den dazugehörigen Betreuungs- und Beratungsanforderungen. Ferner werden mit lediglich zwei Angeboten individuelle Settings in der sozialpädagogischen Arbeit behindert. Schließlich ist mit der Schaffung spezialisierter Angebote immer die Gefahr der Ausgrenzung der Jugendlichen aus dem gängigen Jugendhilfeangebot verbunden. Regeleinrichtungen fühlen sich weniger zuständig. Die Erfahrungen in Berlin haben gezeigt, daß Jugendliche, die aus den spezialisierten in Regeleinrichtungen wechseln wollen, Probleme haben, aufgenommen zu werden.

Standard 3: Keine spezialisierte Betriebserlaubnis

Es wird eine Erweiterung der Betriebserlaubnis der spezialisierten Einrichtungen vorgeschlagen, um sie für Jugendliche in ähnlich gelagerten Krisensituationen zu öffnen. Damit können die Abhängigkeiten von justizieller Belegung etwas relativiert werden und Schritte in Richtung Abbau von Spezialisierung hin zur Normalisierung der Angebote erfolgen.

Neben der Aufhebung der Einschränkung der Betriebserlaubnis wird eine Öffnung der Regeleinrichtungen der Jugendhilfe für die U-Haftvermeidung und für notwendige Anschlußhilfen vorgeschlagen (vgl. Standard 5 sowie Standard 14).

Umfang der Platzzahl

Die ursprüngliche Planung des Abgeordnetenhauses auf 50 Plätze in Einrichtungen der Jugendhilfe zur Vermeidung von U-Haft hat sich als unverhältnismäßig hoch erwiesen, da eine Überbetreuung oder auch Ausweitung der sozialen Kontrolle (Heim Kieferngrund hatte 28 Plätze) vermieden werden muß. Laufende Änderungen und Schwankungen der vorgehaltenen Plätze zwischen maximal 26 und zeitweise 10 seit Beginn des neuen Modelles im April 1994 zeigen eine Planungsunsicherheit bei den Trägern der Jugendhilfe, die nicht nur durch die unberechenbare Belegung der Einrichtungen durch das Haftgericht, sondern auch durch Planungsunsicherheiten von Seiten der Jugendverwaltung während der Modellphase zustande kam. Eine Anzahl von 20 Plätzen würde nach aktuellen Berechnungen zu einer Auslastung von 75% führen. Wird diese Auslastung erheblich unterschritten, geraten die Träger in Finanzierungsengpässe, was zum Abbau von Plätzen zur U-Haftvermeidung führen kann.

Standard 4: Mindestzahl mit der Option der Erweiterung

Für die Vermeidung von Untersuchungshaft stellt eine Platzzahl in Höhe von 20 eine Mindestausstattung für Berlin dar, die nicht unterschritten werden, allerdings bei erhöhtem Bedarf nach oben erweiterbar sein sollte.

Sollten die Plätze in spezialisierten Einrichtungen belegt sein, - wie dies im ersten Jahr des neuen Modells in 23 von 113 Fällen (rd. 20 %) vorkam -, so könnten auch geeignete Plätze beim gleichen oder bei anderen nicht spezialisierten Trägern der Jugendhilfe genutzt werden.

Für die Erweiterung der Möglichkeiten der Unterbringung von Jugendlichen zur Vermeidung von U-Haft gem. §§ 71 Abs. 2 und 72 Abs. 4 JGG wird vorgeschlagen, Einrichtungen wie z.B. die Clearingstelle Pankow oder das Haus Tegeler See mit einzubeziehen, die bereits seit Jahren mit delinquenten Kindern und Jugendlichen arbeiten.

Betreuungsform

Die bisherigen Erfahrungen mit der einstweiligen Unterbringung von Jugendlichen bei den Trägern Jugendaufbauwerk (JAW) und Aktion `70 - Jugendhilfe im Verbund e.V. haben gezeigt, daß ein Teil der Jugendlichen für eine Gruppengenunterbringung nicht geeignet ist. Für diese Jugendlichen sind Alternativen in Form stationärer Einzelunterbringung gem. § 34 SGB VIII mit intensiver Tagesbetreuung (vgl. z.B. das ehemalige Konzept Clearingstelle) oder in Form ambulanter Maßnahmen der Jugendhilfe vorzusehen (z.B. Intensive sozialpädagogische Einzelbetreuung gem. § 35 SGB VIII). Diese sind zum Teil bei den anbietenden Trägern vorhanden, können aber im Falle ambulanter Betreuung nur mit Aufhebung des Unterbringungsbefehls genutzt werden.

Was die Erweiterung und Differenzierung der bisher vorgesehenen Gruppenangebote zur U-Haftvermeidung angeht, zeigen die Ergebnisse der Befragung von RichterInnen, StaatsanwältInnen und Jugendgerichtshilfen durch die Begleitforschung einen breiten Konsens unter den Akteuren der Jugendhilfe und Justiz: Von 123 Befragten stimmten 70 für eine Erweiterung und Ausdifferenzierung des Modells über die gegenwärtige Gruppenunterbringung hinaus, nur 6 stimmten dagegen, die restlichen Befragten enthielten sich in dieser Frage aufgrund mangelnder Information. Die Begleitforschung begrüßt in diesem Zusammenhang auch die Verbundsysteme der Träger bzw. deren perspektivische Planungen: Angebote wie Betreutes Einzelwohnen oder ambulante flexible Betreuungen werden vorgehalten. Sie haben zudem den Vorteil, daß sie auch über die Hauptverhandlung hinaus genutzt werden können.

Standard 5: Perspektivische Differenzierung des Angebots
Wie bereits im ersten Zwischenbericht der Begleitforschung dargelegt, sollte das eingeschränkte, spezialisierte Angebot Berlins, das aus Wohngruppen zur U-Haftvermeidung besteht, eine Differenzierung und Erweiterung durch Regeleinrichtungen erfahren. Dies entspräche einem Schritt in Richtung Normalisierung des Angebotes. Nur mit einem differenzierten Angebot kann Jugendhilfe dem erzieherischen Bedarf des Einzelfalls gerecht werden (vgl. §§ 27 und 36 SGB VIII).

Prüfung der Geeignetheit der Unterbringung als Prämisse der pädagogischen Praxis

Vermeidung von U-Haft ist an die Bereitschaft von Einrichtungen der Jugendhilfe gebunden, die Jugendlichen nach einer haftrichterlichen Unterbringungsentscheidung unmittelbar in einem Heim bzw. in einer betreuten Wohnform gem. § 34 SGB VIII aufzunehmen. Jugendhilfe verzichtet damit zwecks Vermeidung von U-Haft (zunächst) auf die Durchführung eines Hilfeplanverfahrens gem. § 36 SGB VIII, das das Kinder- und Jugendhilferecht bindend für die Gewährung von Hilfen zur Erziehung gem. §§ 27 ff SGB VIII vorschreibt. Sinn und Zweck dieses Verfahrens ist es, den erzieherischen Bedarf im Einzelfall zu ermitteln (§ 27 SGB VIII), die geeignete Hilfe im Zusammenwirken der Fachkräfte und Betroffenen zu bestimmen, die Mitwirkung der Personensorgeberechtigten und des Minderjährigen im Verfahren sicherzustellen und im Falle stationärer Hilfen gem. § 34 SGB VIII die Personensorgeberechtigten und Minderjährigen an der Wahl der Einrichtung zu beteiligen.[201]

Von Seiten der Jugendhilfe muß deshalb nachholend geprüft werden, ob der jeweilige Jugendliche im Sinne seines erzieherischen Bedarfs (§ 27 SGB VIII) geeignet untergebracht ist, und zwar

- wegen der kurzfristig zu fällenden haftrichterlichen Entscheidung, in der die Priorität naturgemäß darauf liegt, daß U-Haft vermieden werden kann, während die erzieherischen Bedürfnisse des Einzelfalls nicht ausreichend berücksichtigt werden können,
- wegen der unmittelbaren Aufnahme der Jugendlichen ohne Hilfeplan- und Aufnahmeverfahren, das die Geeignetheit der Unterbringung prüft sowie
- wegen der Beschränkung der Angebote der U-Haftvermeidung auf eine einzige Form des betreuten Wohnens (Gruppenunterbringung in spezialisierten Einrichtungen der Jugendhilfe).

Standard 6: Prüfung der Geeignetheit der Unterbringung
Die Prüfung der Geeignetheit der Unterbringung als auch die Einleitung der Hilfeplanung sind jugendhilfegemäße Verfahren. Da sich die Ausgestaltung der Unterbringung gem. § 71 Abs. 2 S. 3 JGG nach den Regelungen der Einrichtung der Jugendhilfe richtet, kommen diese Verfahren der Jugendhilfe auch bei einer nach dem Jugendgerichtsgesetz veranlaßten Unterbringung zum Tragen.

201 Nach § 36 KJHG ist jeder freie oder öffentliche Träger, der Hilfen zur Erziehung anbietet, dazu ver pflichtet, nach den dort dargelegten Jugendhilfestrukturen zu verfahren: Feststellung über den Bedarf und die zu gewährende Art der Hilfe durch Fachkräfte in einer Hilfekonferenz, Mitwirkung des Personensorgeberechtigten und des Minderjährigen bei der Auswahl und Ausgestaltung der Hilfe, Aufstellung eines Hilfeplans, regelmäßige Überprüfung, ob die gewählte Maßnahme (weiterhin) geeignet und notwendig ist.

Betreuung, Motivation, Beratung, Clearing, Hilfplanung
Die Einrichtungen erbringen Leistungen auf verschiedenen Ebenen: Sie werden sowohl in der Krisenintervention, der Betreuung, der Beratung, der Vorbereitung auf die Hauptverhandlung als auch der Einleitung von Hilfeplanungsverfahren tätig. Hierzu benötigen die MitarbeiterInnen ein hohes Maß an Kooperations- und Vernetzungskompetenzen.

Standard 7: Leistungen der Einrichtungen

- Jugendhilfe trägt mit der "unbesehenen" Aufnahme dazu bei, daß U-Haft bei Jugendlichen vermieden wird und dadurch Gefährdungen ihrer Entwicklung, die durch die Inhaftierung drohen, abgewandt werden.
- Jugendhilfe wird in Form von Krisenintervention tätig. Sie bietet Möglichkeiten der Unterkunft, Verpflegung, sozialer Kontakte, Beratung und Hilfestellung in alltäglichen Situationen.
- Jugendhilfe bietet Möglichkeitsstrukturen für Lernprozesse im Bereich der Übernahme von Selbstverantwortung (Besuch von Regelschulen) und Möglichkeiten von positiven Erfahrungen in sozial anerkannten Bereichen: Zusammenleben, Schule, Ausbildung und Freizeit.
- Jugendhilfe wird beratend hinsichtlich der Vorbereitung auf die Hauptverhandlung tätig. Sie setzt sich mit den Jugendlichen über die ihnen vorgeworfenen Delikte auseinander.

Jugendhilfe wird neben diesen betreuenden Tätigkeiten nachholend als beratende Instanz tätig, was den Hilfebedarf und die Geeignetheit der Hilfe für den Jugendlichen betrifft. Sie hat gleichberechtigt neben der Betreuungs- auch Clearing-Funktion für den gegenwärtigen und künftigen Bedarf des Jugendlichen.

Kooperation zwischen Jugendgerichtshilfe, Sozialpädagogischem Dienst und Einrichtungen der Jugendhilfe
Im Zuge der Hilfeplanung und der Suche nach notwendigen und geeigneten erzieherischen Hilfen wird die Zusammenarbeit verschiedener ExpertInnen der Jugendhilfe mit dem Jugendlichen und ggf. auch seinem Umfeld notwendig. Dabei müssen bei der gemeinsamen Hilfeplanung Konkurrenzen und Interessenkonflikte unter den ExpertInnen in den Hintergrund treten, zugunsten des Ansetzens an den unmittelbaren Interessen des Jugendlichen.
Die MitarbeiterInnen der Einrichtungen haben über die alltägliche Betreuung gute Zugangsmöglichkeiten zu den Jugendlichen. Damit können auch Vertrauens- und Beziehungsprozesse in Gang gesetzt werden, die für eine Weiterentwicklung des Jugendlichen unabdingbar sind. Dennoch ist die Zeit in den Einrichtungen bis zur Hauptverhandlung begrenzt. Die langfristige Betreuung der Jugendlichen liegt ggf. in den Händen der zuständigen Jugendgerichtshilfe und des Sozialpädagogischen Dienstes.

Standard 8: Enge Kooperation mit Jugendgerichtshilfe und dem Sozialpädagogischen Dienst

Grundsätzlich werden die MitarbeiterInnen der Einrichtungen in enger Kooperation mit dem zuständigen Jugendamt tätig. Die zuständigen Instanzen werden dem Jugendlichen ggf. über die gemeinsam begonnene Hilfeplanung beim Träger hinaus in seinem weiteren Werdegang zur Seite stehen.

Änderungen bzw. Aufhebung des Unterbringungsbefehls
Die Einrichtungen der U-Haftvermeidung nehmen Jugendliche ohne eigenes Aufnahmeverfahren auf. Die Prüfung des erzieherischen Bedarfs und der im Einzelfall angezeigten Hilfe zur Erziehung im Wege von Clearing und Hilfeplanung sowie die Erfahrung mit dem Jugendlichen in der Betreuung kann gegebenenfalls zu dem Ergebnis führen, daß die Unterbringung in einer Gruppe (bzw. in der vorhandenen Gruppe) für den Jugendlichen nicht geeignet ist. Als Konsequenz der Hilfeplanung erfolgte in den ersten Jahren der U-Haftvermeidung bei einem kleinen Teil der Jugendlichen (ca. 12% aller Untergebrachten) ein Antrag auf Änderung oder Aufhebung der Unterbringung. Er dient in der Regel dazu, den Jugendlichen in adäquatere Hilfsangebote zu vermitteln bzw. ihn nach Hause zu den Eltern zu entlassen.
Bei Aufhebung von Unterbringungsbefehlen kann es alternativ zur Anwendung erzieherischer Hilfen nach § 27 ff SGB VIII kommen (Betreutes Einzelwohnen gem. § 34 , Intensive Einzelfallhilfe gem. § 35, Sozialpädagogische Familienhilfe gem. § 31 SGB VIII u.a.m.). Geschieht dies, so wird (auch) auf diese Weise eine individuelle Differenzierung des Angebotes der U-Haftvermeidung erreicht und eine individuelle Hilfeplanung in die Wege geleitet, die Perspektiven über die Hauptverhandlung hinaus eröffnet.

Standard 9: Verfahren zur Aufhebung/Änderung der Unterbringung

Als Norm in der Jugendhilfe gilt, daß der begründete Antrag auf Aufhebung oder Änderung des Unterbringungsbefehls mit einem in der Hilfeplanung erarbeiteten Alternativvorschlag verbunden sein sollte. Dabei steht grundsätzlich ein differenzierteres Spektrum der Jugendhilfe an stationären und ambulanten Betreuungs- und Unterbringungsmöglichkeiten zur Verfügung. Von Seiten der Justiz wird eine zügige Bearbeitung erwartet und in der Regel die Akzeptanz des fachlich begründeten Vorschlags der Jugendhilfe.
Die von Seiten der Jugendhilfe beantragte Änderung des Unterbringungsbefehls zeigt i.d.R. eine erhebliche Form der Fehlunterbringung an, die ggf. auch zu Eskalationen in den Einrichtungen beitragen kann bzw. bereits dazu beigetragen hat. „Junge Menschen können bei erheblicher Selbst- und/oder Fremdgefährdung nicht in der Jugendhilfeeinrichtung belassen bleiben, die sie aufgenommen hat" (LV 3.7, S. 2).

Betreuungsintensität
Sofern es sich um Jugendliche handelt, umfaßt der Betreuungsumfang in der Mehrheit der spezialisierten Einrichtungen zur U-Haftvermeidung in der BRD eine 24Stunden-Betreuung.
Im Zuge der Modellphase in Berlin hat sich gezeigt, daß mit der 24stündigen Betreuung zwar in Einzelfällen eine Überbetreuung stattfinden kann, die durch Aufhebung oder Änderung der Unterbringung in ambulante Maßnahmen oder betreutes Einzelwohnen zu beheben ist; grundsätzlich ist jedoch von der Erfahrung auszugehen, daß bei einer Massierung von sehr jungen Jugendlichen mit ähnlichen Problemlagen eine laufende Anwesenheit von PädagogInnen notwendig ist.

Standard 10: Rund-um-die-Uhr-Betreuung

Aufgrund der Erfahrungen der Berliner Jugendhilfe wird für die U-Haftvermeidung in spezialisierten offenen Einrichtungen eine Rund-um-die-Uhr-Betreuung vorgeschlagen.

Verbindlichkeit der Betreuung
Entscheidet sich ein Haftrichter gemäß § 72 Abs. 4 JGG für die einstweilige Unterbringung in einem Heim der Jugendhilfe, so kann er gegen die bestehende Rechtslage zwar keine von ihm vielleicht als notwendig erachteten Sicherungsvorkehrungen im Sinne einer geschlossenen Unterbringung erzwingen, er kann jedoch erwarten, daß Jugendhilfe die übernommenen Betreuungen in offenen Heimen mit einem hohen Grad an Verbindlichkeit und Verläßlichkeit durchführt und dies insoweit auch zur Verhinderung von Flucht und Weglaufen beiträgt.

Standard 11: Verbindlichkeit in der Betreuung
Hinter dem Begriff der „Offenheit" stehen in den Berliner Einrichtungen Beziehungsangebote mit festen Regelungen, deren Nicht-Einhaltung ggf. auch sanktioniert wird. Grundsätzlich gilt, daß Jugendhilfe die Verantwortung für eine verbindliche Betreuung übernimmt, die auch auf die Eigenverantwortung der Jugendlichen rekurriert. Sowohl klare Grenzziehung und Kontrolle als auch gegenseitiger Respekt und ernsthafte Auseinandersetzung charakterisieren die Arbeit mit den Jugendlichen (vgl.: Konzept „Verbindliche Betreuung", Stoll/Geiger 1999).

Gruppengröße
Hinsichtlich der Gruppengröße verweisen Wolffersdorff/Sprau-Kuhlen (1990, S. 66 f) in ihrer Untersuchung[202] von 24 Heimeinrichtungen in der BRD darauf, daß eine Gruppengröße von maximal 8 Jugendlichen als Obergrenze für eine pädagogische Arbeit mit schwierigen Jugendlichen in geschlossenen Einrichtungen gilt. Bei den Berliner Einrichtungen handelt es sich um offene Angebote, bei denen das Wegschließen durch intensive Prozesse der Auseinandersetzung ersetzt wird. Deshalb stellt sich die Anzahl von 8 Jugendlichen in einer Gruppe als überhöht dar.
Auch die Standards des Berliner Fachverbandes Betreutes Jugendwohnen (1994, Pkt. 8, Angebotstyp 4) speziell für noch wenig selbständige Jugendliche in Krisensituationen verweisen auf eine Anzahl von 6 Jugendlichen.

Standard 12: Kleingruppen von maximal 6 Jugendlichen
Bei der Unterbringungen gem. §§ 71, 72 JGG in spezialisierten Einrichtungen der Jugendhilfe ist von einer Gruppengröße von maximal 6 Jugendlichen auszugehen.

202 Insgesamt bezog sich die Untersuchung auf rund 750 Jugendliche, die Mitte der 80er Jahre geschlossen untergebracht waren (vgl. Wolffersdorff, C./Sprau-Kuhlen, V. 1990).

Personalausstattung

In offenen Einrichtungen tritt anstelle des "Wegschließens" schwieriger Jugendlicher eine intensive Auseinandersetzung mit ihnen. In spezialisierten Einrichtungen mit Massierungen von Problemlagen, den justiziell bestimmten Rahmenbedingungen und der Aufgabe der Kontaktaufnahme, Betreuung, Motivation und Einleitung von Hilfeplanungsverfahren muß das Personal ausreichend und adäquat qualifiziert sein.

Die Anzahl des unmittelbaren Betreuungspersonals ist schon allein durch eine 24-Stunden-Betreuung der Personalschlüssel bei rund 6 BetreuerInnen (Vollzeit) pro Gruppe angesetzt. Hinzu kommen weitere Fachkräfte.

In bezug auf die Qualität der Betreuung und Hilfeplanung hat sich eine ergänzende interdisziplinäre Zusammenarbeit als günstig erwiesen: In den 13 spezialisierten Einrichtungen der BRD sind sowohl ErzieherInnen als auch SozialpädagogInnen und PsychologInnen tätig. In mittleren und kleinen Einrichtungen sind wegen der hohen Verantwortung und Selbständigkeit der BetreuerInnen eher SozialpädagogInnen eingestellt, in Großeinrichtungen eher ErzieherInnen und zusätzlich noch übergeordnete SozialpädagogInnen. In der Mehrheit der spezialisierten Einrichtungen sind auch ergänzend PsychologInnen tätig. Hinzu kommen außerdem Fachkräfte für die Bereiche schulische Basisqualifikation, Ausbildung, Arbeit und Freizeit.

Während die GruppenbetreuerInnen den Alltag, die SozialpädagogInnen stärker die Hilfeplanung organisieren, geht es beim Einsatz von PsychologInnen nicht um eine lebensweltferne Diagnostik und Therapie der Jugendlichen, sondern um die Ergänzung von Erkenntnissen aus der Sozial- und Erziehungsarbeit durch Spezialkenntnisse aus der Sozialpsychologie.

Die umfangreiche Ausstattung könnte vor allem wegen der damit verbundenen Personalkosten als überdimensioniert erscheinen. Dagegen spricht folgendes: Die aus der Fragebogenerhebung hervorgehenden äußerst schwierigen Lebensumstände der Jugendlichen[203] bilden lediglich die äußere Seite der Krisensituation ab. In Interviews und Gruppendiskussionen der Begleitforschung mit MitarbeiterInnen wurde im Ergebnis deutlich, daß die Jugendlichen teils sehr auffällige Sozialisationsschäden zeigen, entstanden durch immense Gewalt- und/oder ausgeprägte Broken-Home-Erfahrungen. Die beobachtbaren gewalttätigen Problemlösungsstrategien und Serienstraftaten machen Interventionen notwendig, die sowohl erzieherische, als auch sozialpädagogische und psychologische Kenntnisse erfordern. Neben der Stabilisierung der äußeren Lebensverhältnisse müssen die Jugendlichen auch in ihren persönlichen Fähigkeiten und Verhaltensweisen stabilisiert und trainiert werden.

---

203 Knapp 40% der Jugendlichen (36 von 93) leben weniger in der Familie als vielmehr an wechselnden Bezugsorten oder auf der Straße. Die große Mehrheit der Jugendlichen ohne festen Wohnsitz ist unter 16 Jahre alt (21 von 36). 19 (21%) der 93 Jugendlichen befanden sich in der Vergangenheit in außerfamiliärer Unterbringung und haben Erfahrungen mit Heimen bzw. anderen stationären Einrichtungen. 51 der 93 Jugendlichen (55%) verfügen über keinen (Berufs-)Schul-, Ausbildungs- oder Arbeitsplatz (vgl. Bindel-Kögel/Heßler 1997a, Kap. 2).

Standard 13: Einsatz von Fachkräften, interdisziplinäre Zusammenarbeit von SozialpädagogInnen, ErzieherInnen und PsychologInnen

Die Krisensituationen der Jugendlichen haben sich oftmals über Jahre hinweg entwickelt. Präventive Angebote der Jugendhilfe konnten bei ihnen nur teilweise oder gar nicht greifen. Wenn die Jugendlichen als Alternative zur U-Haft in die Einrichtungen der Jugendhilfe gelangen, also von Freiheitsentzug und dem Abgleiten in kriminelle Karrieren bedroht sind, bedürfen sie einer besonderen professionellen Unterstützung. Für das Berliner Modell der U-Haftvermeidung in spezialisierten Angeboten wird die interdisziplinäre Zusammenarbeit von SozialpädagogInnen, ErzieherInnen und PsychologInnen empfohlen.[204]

Der Einsatz von Fachkräften ist unabdingbar. Vom Einsatz von Personen ohne entsprechende Ausbildung soll in Anlehnung an § 72 SGB VIII für dieses besonders komplexe Arbeitsfeld, insbesondere für die Betreuungs- und Beratungsarbeit abgesehen werden.[205] Tagesstrukturierende Angebote können durch Personen mit spezialisierten Kenntnisse durchgeführt werden. Sie sollen möglichst über erzieherische und pädagogische oder psychologische Zusatzausbildungen verfügen.

Für die qualifizierte Durchführung der Arbeit ist es unabdingbar und selbstverständlich, daß regelmäßige Supervision für die Teams stattfindet. Um die Qualität der Arbeit zu halten bzw. laufend zu verbessern, soll darüber hinaus mindestens ein Mal jährlich jeder MitarbeiterIn Gelegenheit gegeben werden, sich im Bereich der Arbeit mit delinquenten Jugendlichen fortzubilden.

Lage der Einrichtungen

In Berlin gab es überbezirkliche Angebote mit unterschiedlichem Charakter: Das Sozialpädagogische Jugendzentrum, eine stadtrandgelegene Einrichtung ohne dichte Nachbarschaft und Aktion '70 e.V. mit einer Wohnung in einem Wohnhaus in der Innenstadt in normaler Nachbarschaft.

Die Erfahrungen bei Aktion '70 e.V. haben gezeigt, daß normale Wohnumgebung mit den entsprechenden Ansprüchen der Nachbarn zu äußersten Belastungen sowohl für die Jugendlichen als auch für das Personal führt.

Der überbezirkliche Standort der Angebote stellt eine vorübergehende Ferne der Jugendlichen von ihren sonstigen Bezügen her. Dies kann zeitweise nützlich sein, weil der Aufenthalt in den Einrichtungen auch als Schon- und Schutzraum gelten kann. Dennoch sollten Schule, Bezirks-, Arbeitsamt und ähnliche infrastrukturelle Angebote in der Lebenswelt des Jugendlichen in einem vertretbaren Zeitraum erreichbar sein.

---

204 Vgl. Münder u.a.: Frankfurter Lehr- und Praxiskommentar zum KJHG 1998, §72 SGB VIII Rz 18.

205 Nach Münder u.a.: Frankfurter Lehr- und Praxiskommentar zum KJHG 1998, §72 SGB VIII Rz 5. Fachkräfte sind nach der Definition des Abs. 1 nur Personen, die eine ihrer jeweiligen Aufgabe entsprechende Ausbildung erhalten (und formal abgeschlossen haben). Die Zulassung von Personen ohne entsprechende Ausbildung aufgrund besonderer Erfahrungen in der sozialen Arbeit ist nicht als eine zweite Fachkräftegruppe zu verstehen, sondern eine jetzt ausdrücklich begründungspflichtige Ausnahme vom Grundsatz der ausschließlichen Beschäftigung von ausgebildeten hauptamtlichen Fachkräften bei den öffentlichen Trägern der Jugendhilfe.

Standard 14: Haus mit nutzbarem Gelände
Die spezialisierten Einrichtungen in Berlin sollten nicht in Wohnungen in normalen Mietshäusern mit vielen Mietparteien liegen. Junge und hochmotorische Jugendliche benötigen grundsätzlich mehr (Bewegungs-)Raum als eine Wohnung hergibt. Es wird ein freistehendes Haus mit nutzbarem Gelände oder mit Sportplatz benötigt, damit sie sich ausagieren können. Günstig wäre es außerdem, wenn die Standorte der beiden Träger relativ weit auseinander, einer im Westteil und einer im Ostteil der Stadt gelegen wären.

Größe der Einrichtungen

Die überwiegende Mehrheit der spezialisierten Träger in der BRD führen die U-Haftverkürzung und -vermeidung entweder in eigenständigen Häusern mittlerer Größe oder in Kleinsteinrichtungen, d.h. Wohngemeinschaften durch. Drei Träger in der BRD führen die U-Haftvermeidung in Gruppen innerhalb von großen binnenstrukturierten Heimeinrichtungen durch.[206]
Aus der Fachliteratur und aus Heimuntersuchungen[207] geht hervor, daß je größer die Institutionen sind, desto künstlicher, anonymer und totalitärer sich die Strukturen gestalten. Dem wird zwar gegenwärtig mit Binnenstrukturierungen innerhalb großer Einrichtungen entgegengewirkt, dennoch sollte die Einrichtung neuer spezialisierter Angebote nicht innerhalb von überkommenen Strukturen im Rahmen von Großeinrichtungen stattfinden, sondern es sollten kleine, autonome Einheiten gebildet werden.

Standard 15: Binnenstrukturierte Einrichtungen mittlerer Größe
Grundsätzlich bieten sich binnenstrukturierte Einrichtungen mittlerer Größe mit Wohngemeinschaften an, weil individuelle, unmittelbare und lebensweltnahe Bezüge Voraussetzung für die soziale (Weiter-)Entwicklung von Kindern und Jugendlichen sind.

Schule und Ausbildungsorientierung

Ein großer Teil der untergebrachten Jugendlichen kommt der Schulpflicht nicht nach. Die Einrichtungen haben hier zunächst die Aufgabe, unter Rücksprache mit Eltern und Lehrpersonal die Jugendlichen zu motivieren und zu unterstützen, den Unterricht in der für sie zuständigen Regelschule wieder zu besuchen und ggf. auch Stützunterricht zu organisieren.
Bei Großeinrichtungen in der BRD bestehen sowohl schulische als auch ausbildungsorientierte Angebote auf dem Gelände in unmittelbarer Nähe der Betreuung. Bei kleinen und mittleren Einrichtungen werden sowohl bestehende Infrastrukturen der Jugendhilfe genutzt als auch spezifische Angebote in der Einrichtung[208] selbst oder in Wohnraumnähe geschaffen.
Obwohl eine künstliche "Rundumversorgung" hinsichtlich schulischen und ausbildungsorientierten Angeboten sicherlich negative Seiten hat, bleibt für einen Teil der Jugendlichen keine Alternative bzw. lediglich die Alternative der Nichtversorgung. Sie besuchen weder die Regelschulen noch Ausbildungsangebote der Jugendhilfe. Sollen sie nicht nur verwahrt werden, müssen möglichst normale Lebensstrukturen und Pflichten geschaffen werden.

---

206 Das Heinrich-Wetzlar-Haus, das Heim Schönbühl in Württemberg und das Pius-Heim in Bayern.
207 Vgl. Wolff 1993.
208 Aufstellen von Computern in einem dafür zur Verfügung stehenden Schulungsraum, kleine Bibliothek mit Schul- und Unterrichtsmaterial, Beschulungszimmer u.ä..

Standard 16: Schulische und ausbildungsorientierte Angebote im nahen Umfeld

Für diejenigen, die mit dem Besuch der Regelschule überfordert sind bzw. diesen aus verschiedenen Gründen völlig verweigern, muß ersatzweise eine individuelle Beschulung oder auch individuelle Ausbildungsorientierung erfolgen. Mit diesen Angeboten sollen Erfahrungsräume geöffnet werden, die den Jugendlichen vermitteln, daß Erfolgserlebnisse in Schule oder Ausbildung möglich sind. Die Angebote müssen ganz besonders auf den Bedarf der Jugendlichen ausgerichtet und im näheren Umfeld angesiedelt sein.

Für die Organisation und Durchführung der individuellen Schul- und Ausbildungsorientierung werden zusätzlich zum Betreuungs- und Beratungspersonal Fach- und Honorarkräfte mit speziellen Kenntnissen benötigt.

Tagesstrukturierende Angebote

Bei der Mehrzahl der stationären Angebote zur U-Haftvermeidung in der BRD werden handwerkliche, sportliche oder sonstige tagesstrukturierende Freizeitangebote parallel zu schulischen und ausbildungsorientierten Angeboten vorgehalten. Die tagesstrukturierenden Angebote nehmen Bezug auf die defizitäre Situation der Jugendlichen, die aufgrund fehlender finanzieller Mittel und elterlicher Anleitung nur selten gelernt haben, ihre Freizeit mit sozial anerkannten Aktivitäten zu verbringen. Die Heranführung der Jugendlichen an neue Erfahrungsräume bildet einen wesentlichen Schritt auf dem Weg zu ihrer sozialen Integration. Dies geschieht je nach individuellem Entwicklungsstand und Interessenlage der Jugendlichen sowohl in Gruppen- als auch in Einzelarbeit.

Standard 17: Tagesstrukturierende Angebote in Wohnraumnähe

Die Beschäftigung und Tagesstrukurierung hat sich auch in Berlin als äußerst wichtige pädagogische Maßnahme erwiesen. Diese finden sowohl in der Einrichtung[209] bzw. auf dem Gelände der Einrichtung als auch in ganz Berlin statt. Für Freizeit- und tagesstrukturierende Angebote werden zusätzlich Fach- und Honorarkräfte mit speziellen Kenntnissen benötigt.

Vernetzung mit Jugendhilfe

Um die ausgrenzende Wirkung von spezialisierten Angeboten der Jugendhilfe zu reduzieren und die indiviudelle Betreuung der Jugendlichen zu gewährleisten, ist eine Kooperation und zunehmende Vernetzung der Jugendhilfe unabdingbar. Nicht nur nach, sondern auch während der Betreuung benötigt ein Teil der Jugendlichen alternativ andere ambulante Maßnahmen oder eine andere Form der stationären Betreuung, die zum Teil auch von den beiden Trägern der U-Haftvermeidung vorgehalten werden.

Aktuell besteht immer wieder die Gefahr eines Rückstaus der Jugendlichen in den Einrichtungen zur U-Haftvermeidung. Dies deshalb, weil es für die Jugendlichen nach der Hauptverhandlung nicht immer ein passendes Angebot im Rahmen des Angebotsspektrums der unterbringenden Träger gibt und Aufnahmeverfahren in anderen Regeleinrichtungen problematisch verlau-

209 Nutzung von Sportgerätschaften im Keller, Sportplatz vor der Einrichtung, Möglichkeit zur Tierhaltung und Versorgung, Möglichkeit zur Gartengestaltung etc..

fen. Die Jugendlichen werden oft aus verschiedensten Gründen abgelehnt. Wohn- und Betreuungsangebote für Jugendliche, die als gewaltbereit oder als Serientäter gelten, sind äußerst selten anzutreffen.

Standard 18: Vernetzung mit Jugendhilfe

Grundsätzlich sollte über die bestehenden Möglichkeiten der beiden Träger hinaus Anstrengungen[210] gemacht werden, die Regeleinrichtungen der Jugendhilfe in Berlin für Anschlußhilfen zu öffnen, um Perpektiven für den Verbleib der Jugendlichen nach der Hauptverhandlung bereitzuhalten. Ein Weg bestünde hier in einer zusätzlichen Qualifikation von MitarbeiterInnen der Regeleinrichtungen, so daß Gründe der Überforderung bei der Ablehnung wegfallen könnten. Die Begleitforschung könnte entprechende Fortbildungscurricula erstellen und in Kooperation mit weiteren ExpertInnen durchführen.

Anmerkung der Begleitforschung zu Standard 4:

Unabhängig vom aktuellen Konsens zwischen der Jugendhilfe und der Justiz sollte aus der Sicht der Begleitforschung die vom Gesetzgeber gewünschte Vermeidung von U-Haft und damit die Abwendung einer Gefährdung der betroffenen Jugendlichen durch eine rechtzeitig zur Verfügung stehende, ausreichende Anzahl von geeigneten Plätzen in den Einrichtungen gewährleistet werden (vgl. § 79 SGB VIII). Im Rahmen seiner Gesamtverantwortung ist das Land Berlin aufgefordert, die Finanzierung der Plätze im Falle von Belegungsengpässen auch nach Ablauf der Modellphase sicherzustellen. Die Verantwortung für die Weiterentwicklung des Berliner Modells der U-Haftvermeidung trägt auch die Justiz, die über Unterbringung und Belegung der Einrichtungen entscheidet. In diesem Zusammenhang macht die Begleitforschung nochmals darauf aufmerksam, daß die 20 Plätze zur U-Haftvermeidung lediglich eine Mindestplatzzahl darstellen, die gesichert und schrittweise erweitert werden sollte.

210 Um eine größere Öffnung und Vernetzung der Jugendhilfe für die Arbeit mit straffälligen Jugendlichen zu erreichen, wäre ein mobiles Team auf Zeit einzusetzen. Der Arbeitsauftrag sollte auf die persönliche Motivation, Information, Erhebung des Weiterbildungsbedarfs und auf die Organisation entsprechender Weiterqualifikationen der MitarbeiterInnen der öffentlichen und freien Jugendhilfe zielen. Die Vernetzungsarbeit könnte an den bereits aktiven regionalen und überregionalen Arbeitskreisen im Bereich der Jugend- und Straffälligenhilfe ansetzen und von hier aus Zugang zu den MultiplikatorInnen und MitarbeiterInnen der einzelnen Arbeitsfelder schaffen.

10. Zusammenfassung und Ausblick

Mit der Einführung des Berliner Modells im Jahre 1994 konnte den gesetzlichen Maßgaben der Vermeidung von U-Haft bei Jugendlichen wie auch der Abschaffüng von geschlossener Unterbringung im Bereich der Jugendhilfe gleichermaßen entsprochen werden. Damit hebt sich die Berliner Praxis von Modellen der Verkürzung bereits angeordneter Untersuchungshaft ab, wie sie gängigerweise in der Bundesrepublik praktiziert werden. Der Bereitschaftsdienst der Jugendgerichtshilfe und die sofortige Aufnahmebereitschaft der Jugendhilfeeinrichtungen für von U-Haft bedrohte Jugendliche bilden wesentliche Voraussetzungen bei der unmittelbaren Vermeidung von U-Haft gemäß §§ 71, 72 JGG. Aufgrund der besonderen örtlichen Rahmenbedingungen dürfte dieses Modell am ehesten auch auf andere (groß-)städtische Verhältnisse übertragbar sein.

Die Prämissen "Offenheit", "Verzicht auf ein eigenes jugendhilfegemäßes Aufnahmeverfahren", "Berücksichtigung der Hilfebedarfe der Jugendlichen" sowie die bindende Verpflichtung der Jugendhilfe zu durchgehendem sozialpädagogischem Handeln als Leitlinie des Kinder- und Jugendhilferechts strukturieren die Arbeit der Einrichtungen. Hinsichtlich der Hilfebedarfe hat die Auswertung von Betreuungsverläufen gezeigt, in welch prekären Lebenslagen sich die aufgenommenen Jugendlichen größtenteils befinden. Sie sind häufig ohne festen Wohnsitz, es sind Jugendliche, die erhebliche Schulschwierigkeiten haben, die oft über keinen Arbeits- oder Ausbildungsplatz verfügen, Jugendliche mit Heimerfahrung, Jugendliche, die nach Ablauf der Unterbringung nicht zu den Eltern zurückkehren können.
Die Verwahrung dieser jungen Menschen bis zur Hauptverhandlung stellt keine Aufgabe der Jugendhilfe im Sinne von § 2 SGB VIII dar. Mit dem Wechsel zu KJHG-gemäßen Formen der Vermeidung von U-Haft entsteht daher ein Bruch zur Praxis der geschlossenen Unterbringung in Haus Kieferngrund.

In den neuen Einrichtungen wird auf grundlegende und bewährte sozialpädagogische Hilfeformen zurückgegriffen: Kontaktaufnahme, Motivation, Betreuung, Beratung, Clearing und Hilfeplanung. Diese wurden unter schwierigen Rahmenbedingungen wie z.B. Unfreiwilligkeit oder Vorläufigkeit der Unterbringung entfaltet und weiterentwickelt. Im Verlaufe der Modellphase wurden entsprechende Verfahrensweisen ausgebildet, die heute den professionellen Stand der Jugendhilfe in diesem Arbeitsfeld kennzeichnen. Die Ablösung eines eher von linearen Vorstellung geprägten Vorgehens durch ein flexibilisiertes Konzept bedeutet, daß Jugendhilfe ihre Spielräume gegenüber Justiz im Zuge der Modellphase weitgehend genutzt hat. Die Suche nach Hilfemöglichkeiten, die ggf. auch mit der Herausnahme der untergebrachten Jugendlichen aus den Einrichtungen noch vor der Hauptverhandlung verbunden ist, zeigt an, daß nicht die Kontrollinteressen von Justiz, sondern die Lern- und Entwicklungsprozesse der Jugendlichen in den Mittelpunkt gestellt werden, wie dies für Jugendhilfe auch üblich sein sollte.

Durch die Entscheidung für spezialisierte Einrichtungen im Berliner Modell sind dem individuell ausgerichteten Vorgehen entlang der Dimensionen Alltags- und Lebensweltorientierung gewisse Grenzen gesetzt. Jedoch sichert die Zuständigkeit spezieller Einrichtungen die unmittelbare Vermeidung von Untersuchungshaft, weil Regeleinrichtungen der Jugendhilfe mit der unbesehenen Aufnahme von Jugendlichen, die ihnen vom Haftrichter zugewiesen werden, oftmals überfordert und nicht bereit sind, solche Aufgaben zu übernehmen. Mit der konzeptionellen Betonung von Clearing und Hilfeplanung versuchen die Einrichtungen für die betroffenen Jugendlichen ein Bindeglied zu Regelangeboten der Jugendhilfe darzustellen.

Der Modellwechsel von geschlossenen auf offene Formen der einstweiligen Unterbringung erfolgte in Berlin in einem zwischen den einzelnen Ressorts nur ungenügend abgestimmten Verfahren. Justiz war als Instanz, die die einstweilige Unterbringung anordnet, in den Diskussions- und Entscheidungsprozeß um neue, KJHG-gemäße Formen der Unterbringung nur mangelhaft einbezogen. Von der Schließung des Hauses Kieferngrund überrascht, wurde an der Spitze der Justizverwaltung über Möglichkeiten einer "eigenen" geschlossenen Einrichtung mit einem willfährigen Träger der Jugendhilfe, auch parallel zum Ausbau einer erzieherisch gestalteten U-Haft, nachgedacht. Vor diesem Hintergrund bestanden zunächst deutliche Reserven der Justiz gegenüber der Arbeit in den neuen Einrichtungen. Anträge auf Unterbringungsänderung wurden in der Anfangsphase oft nur verzögert bearbeitet. Im Verlauf der Kooperation wurde ferner deutlich, daß Justiz besonders in Großstädten im Rahmen enorm verregelter, anonymer Verwaltungsapparate agiert, die den nicht-linearen, lebendigen Prozessen, die bei der offenen Arbeit mit Jugendlichen an der Tagesordnung sind, fremd gegenüberstehen.

Trotz dieser Startschwierigkeiten ist die Ablösung der geschlossenen Einrichtung durch die neu beauftragten Träger gelungen. Von April 1994 bis Ende 1997 wurden insgesamt 286 Jugendliche in den Einrichtungen der Jugendhilfe aufgenommen. Bei 78% dieser Jugendlichen wurde U-Haft unmittelbar vermieden, in 22% der Fälle kamen die Jugendlichen überwiegend aus der U-Haft im Wege eines Haftprüfungstermins in die Einrichtungen. Hervorzuheben ist, daß sie mit schwereren Anlaßdelikten eingewiesen wurden, als die in die Berliner Untersuchungshaftanstalt oder in (halb-) geschlossene Einrichtungen der Bundesrepublik Eingewiesenen. Mit den neuen Konzepten ist es gelungen, eine Wende von der Verwahrung zur aktiven Arbeit mit Jugendlichen zu schaffen, die gesellschaftlich und oft auch innerhalb der Jugendhilfe marginalisiert sind. Diese Erfolge müssen allerdings angesichts der zahlenmäßigen Entwicklung der Anordnung von U-Haft relativiert werden.

Durch die Eröffnung der neuen Untersuchungshaftanstalt für Jugendliche zu Beginn des Jahres 1997 hat sich die Situation in Berlin erheblich verschärft: Gemessen an der Zahl der haftrichterlich vorgeführten Jugendlichen (1995: 618; 1997: 720) ist die U-Haftquote von 21,4% (132) im Jahr 1995 auf 35% (252) im Jahre 1997 angestiegen, während die Haftverschonungen deutlich zurückgegangen sind.[211] Vor dem Hintergrund dieser negativen Entwicklung wurde Mitte des Jahres 1998 von der Justizverwaltung eine ressortübergreifende Arbeitsgruppe "U-Haft und U-Haftvermeidung in Berlin" eingerichtet. Sie hatte zum Ziel, die Entwicklungen in diesem Bereich und die Wirksamkeit der bestehenden Alternativen der U-Haftvermeidung zu überprüfen. Die Arbeitsgruppe war mit VertreterInnen der Jugend- und Justizverwaltung, mit einzelnen JugendrichterInnen und StaatsanwältInnen, mit den Koordinatoren und Geschäftsführungen der Trägervereine und mit der Begleitforschung besetzt. Ausgehend vom Vorrang der U-Haftvermeidung hat die Arbeitsgruppe die von der Begleitforschung ausgearbeiteten Standards der Jugendhilfe (vgl. Kap. 9) diskutiert und in modifizierter Form im Frühjahr 1999 einstimmig akzeptiert. Eine von der Begleitforschung in Standard 4 angestrebte Gesamtverantwortung des Landes Berlin für das Vorhalten einer adäquaten Anzahl von Plätzen zur U-Haftvermeidung konnte jedoch nicht erreicht werden.

[211] Vgl. Tabelle A 19 im Anhang.

Nach einer Phase der Skepsis und Distanz ist auf der Ebene aller Beteiligten eine gute Basis für weitere gemeinsame Anstrengungen von Jugendhilfe und Justiz in Bezug auf die Verwirklichung des gesetzlichen Auftrages der Vermeidung von Untersuchungshaft geschaffen. Allerdings haben die kooperativen Anstrengungen bisher zu keiner Trendwende bei der Anordnung von U-Haft geführt.

Aus der Sicht der Begleitforschung sind durch die Ergebnisse der Arbeitsgruppe wichtige, jedoch nicht hinreichende Voraussetzungen für eine Reduktion der Anordungen von U-Haft gegeben. Die Schließung von Haus Kieferngrund und die Einführung des neuen Modells gingen einher mit einer schrittweisen Verringerung der Platzzahlen zur U-Haftvermeidung von ehemals 28 (Kieferngrund) auf nunmehr 17 (JAW, Aktion`70 e.V.). Gleichzeitig aber stieg die Anzahl der Vorführungen am Bereitschaftsgericht bedingt durch die Vereinigung der beiden Stadtgebiete nach 1989. Eine reelle Chance der Verringerung der U-Haftzahlen eröffnet sich künftig erst dann, wenn die gesetzlichen Möglichkeiten der Haftbefehlsaussetzung von Justiz wieder stärker ausgeschöpft und die bestehenden Platzzahlkapazitäten der Jugendhilfe wieder erweitert werden.

Anhang

Tabellen

Tabelle A1

Haftrichterliche Entscheidung bei allen vorgeführten Jugendlichen N=300						
	Entlassung	Haftb. m.Versch.	Einstw. Unterbr.	U-Haft	Unbekannt	Gesamt
abs	99	56	51	88	6	300
in %	33,0	18,6	17,0	29,3	2,0	100

Tabelle A2

Haftrichterliche Entscheidung und Tatverdächtigungen N=300							
Delikte		Entlassung	Haftbefehl mit Versch.	Einstweilige Unterbring.	U-Haft	Unbekannt	Gesamt
Einfacher Diebstahl	abs.	3	–	3	2	–	8
	in %	37,5	–	37,5	2,5	–	100
Schwerer Diebstahl	abs.	17	6	11	36	1	71
	in %	23,9	8,5	15,5	50,7	1,4	100
Raub	abs	15	21	7	8	1	52
	in %	28,8	40,4	13,5	15,4	1,9	100
Schwerer Raub	abs.	12	15	9	6	–	42
	in %	28,6	35,7	21,4	14,3	–	100
Einfache Körper-verletzung	abs.	1	–	2	1	–	4
	in %	25,0	–	50,0	25,0	–	100
Schwere Körper-verletzung	abs.	12	3	5	6	–	26
	in %	46,2	11,5	19,2	23,0	–	100
Versuchter Totschlag	abs.	2	–	2	1	–	5
	in %	40,0	–	40,0	20,0	–	100
BtMG-Delikte	abs.	1	1	1	3	–	6
	in %	16,6	16,6	16,6	50,0	–	100
Verkehrs-delikte	abs.	1	–	–	–	–	1
	in %	100	–	–	–	–	100
Unbekannt	abs.	35	10	11	25	4	85
	in %	41,2	11,8	12,9	29,4	4,7	100
Gesamt	abs.	99	56	51	88	6	300

Tabelle A3

Haftrichterliche Entscheidung bei den 4 häufigsten Tatverdächtigungen

N=300

Delikte		Entlassung	Haftbefehl mit Verschonung	Einstweilige Unterbringung	U-Haft	Unbekannt	Gesamt
Schwerer Diebstahl	abs.	17	6	11	36	1	71
	in %	23,9	8,5	15,5	50,7	1,4	100
Raub	abs.	15	21	7	8	1	52
	in %	28,8	40,4	13,5	15,4	1,9	100
Schwerer Raub	abs.	12	15	9	6	–	42
	in %	28,6	35,7	21,4	14,3	–	100
Schwere Körperverletzung	abs.	12	3	5	6	–	26
	in %	46,2	11,5	19,2	23,0	–	100
Sonstiges	abs.	43	11	19	32	4	109
	in %	39,4	10,1	17,4	23,4	3,7	100
Gesamt	abs.	99	56	51	88	6	300

Tabelle A4

Haftrichterliche Entscheidung und Tatverdächtigungen bei Jugendlichen mit Wohnsitz in Berlin N=217							
Delikte		Entlassung	Haftbefehl mit Verschonung	Einstweilige Unterbringung	U-Haft	Unbekannt	Gesamt
Einfacher Diebstahl	abs.	3	–	1	–	–	4
	in %	75,0	–	25,0	–	–	100
Schwerer Diebstahl	abs.	17	6	8	7	–	38
	in %	44,7	15,8	21,1	18,4	–	100
Raub	abs.	15	21	7	6	–	49
	in %	30,6	42,9	14,3	12,2	–	100
Schwerer Raub	abs	12	15	9	5	–	41
	in %	29,3	36,6	22,0	12,2	–	100
Einfache Körperverletzung	abs	1	–	2	1	–	4
	in %	25,0	–	50,0	25,0	–	100
Schwere Körperverletzung	abs	12	3	4	6	–	25
	in %	48,0	12,0	16,0	24,0	–	100
Versuchter Totschlag	abs.	2	–	2	1	–	5
	in %	40,0	–	40,0	20,0	–	100
BtMG Delikte	abs	1	1	–	3	–	5
	in %	20,0	20,0	–	60,0	–	100
Verkehrsdelikte	abs	1	–	–	–	–	1
	in %	100	–	–	–	–	100
Brandstiftung	abs	–	–	–	–	1	1
	in %	–	–	–	–	100	100
Unbekannt	abs	22	9	4	9	–	44
	in %	50,0	20,5	9,1	20,45	–	100
Gesamt		86	55	37	38	1	217

Tabelle A5

Haftrichterliche Entscheidung bei den Jugendlichen mit/ohne Meldeadresse in Berlin

N=300

Delikte		Entlassung	Haftbefehl mit Verschonung	Einstweilige Unterbringung	U-Haft	Sonstiges	Gesamt
Mit Meldeadresse	abs.	86	55	37	38	1	217
	in %	39,6	25,4	17,1	17,5	0,5	100
Ohne Meldeadresse	abs.	13	1	14	50	5	83
	in %	15,7	1,2	17,1	60,2	6,0	100
Gesamt		99	56	51	88	6	300

Tabelle A6

Haftrichterliche Entscheidung bei den polnischen und allen anderen Jugendlichen

N=300

Delikte		Entlassung	Haftbefehl mit Verschonung	Einstweilige Unterbringung	U-Haft	Sonstiges	Gesamt
Poln.Jug.	abs.	7		6	28	2	43
	in %	16,3		13,9	65,1	4,7	100
Restl. Jug.	abs.	92	56	45	60	4	257
	in %	35,8	21,8	17,5	23,3	1,6	100
Gesamt	abs.	99	56	51	88	6	300

Tabelle A7

Schwere und leichte Tatverdachte bei den polnischen und allen anderen Jugendlichen

N=252

		Diebstahl, schwerer Diebstahl u.a.	Raub, schwerer Raub, schwere Körperverl., versuchter Totschlag	Gesamt
Polnische Jugendliche	abs.	28	2	30
	in %	93,3	6,6	100
Restliche Jugendliche	abs.	87	135	222
	in %	39,9	60,8	100
Gesamt		115	137	252

Tabelle A8

Haftrichterliche Entscheidungen und Tatverdächtigungen bei den polnischen Jugendlichen

N=43

Delikte		Entlassung	Haftbefehl mit Verschonung	Einstweilige Unterbringung	U-Haft	Unbekannt	Gesamt
Einfacher Diebstahl	abs.	--	--	1	2	--	3
	in %	--	--	33,3	66,6	--	100
Schwerer Diebstahl	abs.	--	--	4	21	--	25
	in %	--	--	16,0	84,0	--	100
Raub	abs.	--	--	--	2	--	2
	in %	--	--	--	100	--	100
Unbekannt	abs.	--	--	--	--	13	13
	in %	--	--	--	--	100	100
Gesamt	abs.	--	--	5	25	13	43

Tabelle A9

Haftrichterliche Entscheidung bei deutschen und ausländischen Jugendlichen mit Meldeadresse in Berlin

N=217

Delikte		Entlassung	Haftbefehl mit Verschonung	Einstweilige Unterbringung	U-Haft	Unbekannt	Gesamt
Ausländer	abs.	52	33	20	23	–	128
	in %	40,6	25,8	15,6	18,0	–	100
Deutsche	abs.	34	22	17	15	1	89
	in %	38,2	24,7	19,1	16,9	1,1	100
Gesamt	abs.	86	55	37	38	1	217

Tabelle A10

Haftrichterliche Entscheidung bei den über/unter 16jährigen

N=300

Delikte		Entlassung	Haftbefehl mit Verschonung	Einstweilige Unterbringung	U-Haft	Sonstiges	Gesamt
Über 16 Jahre	abs.	51	53	24	79	5	212
	in %	24,1	25,0	11,3	37,3	2,4	100
Unter 16 Jahre	abs.	45	3	27	8	–	83
	in %	54,2	3,6	32,5	9,6	–	100
Unbekannt	abs.	3	–	–	1	1	5
	in %	60,0	–	–	20,0	20,0	100
Gesamt	abs.	99	56	51	88	6	300

Tabelle A11

Schwerster Tatverdacht im Vorverfahren

N=300

Art des Deliktes	Häufigkeit abs.	in %	in % von 212
Diebstahl	7	2,3	3,3
Schwerer Diebstahl	70	23,3	33,0
Raub	52	17,3	24,5
Schwerer Raub	41	13,7	19,3
Körperverletzung	4	1,3	1,9
Schwere Körperverletzung	25	8,3	11,8
Versuchter Totschlag	5	1,7	2,4
Verstoß BtMG	6	2,0	2,8
Brandstiftung	1	0,3	0,5
Verkehrsdelikte	1	0,3	0,5
unbekannt	88	29,3	--
Gesamt	300	100,0	100,0

Tabelle A12

Schwerstes angeklagtes Delikt in der Hauptverhandlung

N=300

Art des Deliktes	Häufigkeit abs.	in %	in % von 196
Diebstahl	6	2,0	3,1
Schwerer Diebstahl	61	20,3	31,1
Raub	26	8,7	13,3
Schwerer Raub	35	11,7	17,9
Körperverletzung	5	1,7	2,6
Schwere Körperverletzung	51	17,0	26,0
Versuchter Totschlag	4	1,3	2,0
Verstoß BtMG	4	1,3	2,0
Brandstiftung	2	0,7	1,0
Verkehrsdelikte	2	0,7	1,0
unbekannt	104	34,7	--
Gesamt	300	100,0	100,0

Tabelle A13

Vorverfahren Deliktverteilung[212] bei den vier Untersuchungsgruppen							
Delikte		Schwerer Diebstahl	Raub	Schwerer Raub	Schwere Körper-verletzung	Sonstige Delikte	Insgesamt ohne unbekannte
U-Haft	abs.	36	8	6	6	7	63
	in %	57,1	12,7	9,5	9,5	11,1	100
Einstweilige Unter-bringung	abs.	11	7	9	5	8	40
	in %	27,5	17,5	22,5	12,5	20	100
Entlassung	abs.	17	15	12	12	8	64
	in %	26,6	23,4	18,8	18,8	12,5	100
Haftbefehl mit Ver-schonung	abs.	6	21	15	3	1	46
	in %	13,0	45,7	32,6	6,5	2,2	100

212 Die Angaben beziehen sich ausschließlich auf die bekannten Delikte. Zur Größe der unbekannten Delikte vgl. Tabelle A4.

Tabelle A14

Sanktionen des Jugendgerichts bei allen haftrichterlich vorgeführten Jugendlichen		
Verfahren: 207; Sanktionen: 267		
Art der Sanktionen	Häufigkeit abs.	in % (von 207)
Jugendstrafe ohne Bewährung	15	7,3
Jugendstrafe auf Bewährung	72	34,8
Aussetzung der Verhängung der Jugendstrafe gem. § 27 JGG	20	9,7
Jugendarrest	51	24,6
Betreuungsweisung	33	15,9
Sozialer Trainingskurs	15	7,3
Täter-Opfer-Ausgleich	4	1,9
Schadenswiedergutmachung[213]	3	1,5
Arbeitsweisung	27	13,0
Weisung stationäre Unterbringung	--	--
Geldbuße	3	1,5
Sonstige Auflagen und Weisungen	20	9,7
Freispruch	4	1,9

213 Es wurde unterschieden zwischen einem durch Sozialarbeit organisierten Prozeß der persönlichen Auseinandersetzung zwischen Täter und Opfer (Täter-Opfer-Ausgleich) und einer vom Richter angeordneten, anonym gehaltenen, finanziellen Wiedergutmachung gegenüber dem Opfer (Schadenswiedergutmachung).

Tabelle A15

Sanktionen des Jugendgerichts bei den haftrichterlich in Freiheit Entlassenen

Verfahren: 61.[214]; Sanktionen: 82

Art der Sanktion	Häufigkeit abs.	in % (von 61)
Jugendstrafe ohne Bewährung	2	3,3
Jugendstrafe auf Bewährung	23	37,7
Aussetzung der Verhängung der Jugendstrafe gem. 27 JGG	6	9,8
Jugendarrest	6	9,8
Betreuungsweisung	16	26,2
Sozialer Trainingskurs	3	4,9
Täter-Opfer-Ausgleich	2	3,3
Schadenswiedergutmachung	--	--
Arbeitsweisung	15	24,6
Geldbuße	3	4,9
Sonstige Auflagen oder Weisung	6	9,8
Freispruch	--	--

Von den Entscheidungen ergingen 11 gemäß §§ 45, 47 JGG.

214 Von den insgesamt 99 Jugendlichen konnten bei 61 die Sanktionen erfaßt werden, bei 38 waren sie unbekannt, darunter 29 Jugendliche, bei denen zum Zeitpunkt der Untersuchung bei der zuständigen Jugendgerichtshilfe keine Akte vorhanden war.

Tabelle A16

Sanktionen des Jugendgerichts bei Jugendlichen, bei denen der Haftbefehl zur Verschonung ausgesetzt wurde

Verfahren 44[215]; Sanktionen: 60

Art der Sanktionen	Häufigkeit abs.	in % (von 44)
Jugendstrafe ohne Bewährung	5	11,4
Jugendstrafe auf Bewährung	12	27,3
Aussetzung der Verhängung der Jugendstrafe gem § 27 JGG	3	6,8
Jugendarrest	9	20,5
Betreuungsweisung	10	22,7
Sozialer Trainingskurs	7	15,9
Täter-Opfer-Ausgleich	2	4,5
Schadenswiedergutmachung	2	4,5
Arbeitsweisung	5	11,4
Geldbuße	--	--
Sonstige Auflagen und Weisungen	5	11,4
Freispruch	--	--

Von den Entscheidungen ergingen 4 gemäß §§ 45, 47 JGG.

215 Von den insgesamt 56 Jugendlichen konnten bei 44 die Sanktionen erfaßt werden, bei 12 waren sie unbekannt.

Tabelle A17

Sanktionen des Jugendgerichtes bei Jugendlichen mit einem Unterbringungsbefehl gem. § 71 Abs. 2 und § 72 Abs. 4 JGG

Verfahren: 38[216]; Sanktionen: 54

Art der Sanktionen	Häufigkeit abs.	in % (von 38)
Jugendstrafe ohne Bewährung	2	5,3
Jugendstrafe auf Bewährung	13	34,2
Aussetzung der Verhängung der Jugendstrafe gem § 27 JGG	8	21,1
Jugendarrest	9	23,7
Betreuungsweisung	5	13,2
Sozialer Trainingskurs	4	10,5
Täter-Opfer-Ausgleich	--	--
Schadenswiedergutmachung	1	2,6
Arbeitsweisung	4	10,5
Geldbuße	--	--
Sonstige Auflagen und Weisungen	6	15,8
Freispruch	2	5,3

Von den Entscheidungen ergingen 2 gem. §§ 45, 47 JGG.

216 Von den insgesamt 51 Jugendlichen konnten bei 38 die Sanktionen erfaßt werden, bei 13 waren sie unbekannt.

Tabelle A18

Sanktionen des Jugendgerichtes bei Jugendlichen mit U-Haft

Verfahren:64[217]; Sanktionen:71

Art der Sanktionen	Häufigkeit abs.	in % (von 64)
Jugendstrafe ohne Bewährung	6	9,4
Jugendstrafe auf Bewährung	24	37,5
Aussetzung der Verhängung der Jugendstrafe gem § 27 JGG	3	4,7
Jugendarrest	27	42,2
Betreuungsweisung	2	3,1
Sozialer Trainingskurs	1	1,6
Täter-Opfer-Ausgleich	--	--
Schadenswiedergutmachung	--	--
Arbeitsweisung	3	4,7
Geldbuße	--	--
Sonstige Auflagen und Weisungen	3	4,7
Freispruch	2	3,1

Von den Entscheidungen ergingen 3 gemäß §§ 45, 47 JGG.

217 Von den insgesamt 88 Jugendlichen konnten bei 64 die Sanktionen erfaßt werden, bei 24 waren sie unbekannt.

Tabelle A 19

Haftrichterliche Entscheidungen am Bereitschaftsgericht während[218] der Modellphase					
Jahre		Entlassungen (teils Haftbefehl mit Verschonung)	Einstweilige Unterbringung in Jugendhilfe	Haftbefehl Vollzug von U-Haft	Gesamt
1994[219]	abs.	245	55	83	384[220]
	%	63,8	14,3	21,6	100
1995	abs.	420	65	132	618[221]
	%	68,0	10,5	21,4	100
1996	abs.	488	47	224	759
	%	64,3	6,2	29,5	100
1997	abs.	412	55	252	720[222]
	%	57,2	7,6	35,0	100
1998	abs.	307	57	213	577
	%	53,2	9,9	36,9	100

218 Die Jahre 1990-1993 konnten nicht ausgewertet werden, weil wir keinen Zugang zum Datenmaterial der Polizei erhielten.

219 1994 wurde lediglich von April-Dezember erfaßt.

220 Ein Jugendlicher wurde nach § 126a StPO untergebracht.

221 Ein Jugendlicher wurde nach § 126a StPO untergebracht.

222 Ein Jugendlicher wurde nach § 126a StPO untergebracht.

Fragebogen

ÜBER DIE BEI DEN JUGENDHILFETRÄGERN UNTERGEBRACHTEN

Fragebogennummer: ☐☐☐☐

1. Träger der Einrichtung

☐ SJSZ Makarenko ☐ Aktion`70 e.V.

☐ Clearingstelle Pankow

2. Zuständige bezirkliche Jugendgerichtshilfe

....

3. Alter des Jugendlichen zum Zeitpunkt des Tatvorwurfes

.... Monate

4. Nationalität

☐ Deutscher

☐ Ausländer

5. Wenn Ausländer

☐ In Deutschland geboren/aufgewachsen

☐ Nicht in Deutschland geboren/aufgewachsen

6. Wenn nicht in Deutschland geboren/aufgewachsen, welches Herkunftsland?

☐ Türkei ☐ Ungarn

☐ Polen ☐ Ex-Jugoslavien

☐ Rumänien ☐ Afrikanisches Land

☐ Arabische Länder ☐ Sonstiges (bitte ausführen):

8. Der Jugendliche ist ausländischer Herkunft und hat seinen Lebensmittelpunkt nicht in der Bundesrepublik

☐ stimmt ☐ stimmt nicht ☐ Unbekannt

9. Der Jugendliche ist in der Einrichtung

☐ Zur Vermeidung von U-Haft (direkt vom Bereitschaftsgericht)

☐ Zur Verkürzung von U-Haft (direkt aus der U-Haft)

☐ Mit Entscheidung des zuständigen Richters

☐ Mit geändertem Unterbringungsbefehl aus einer anderen Jugendhilfeeinrichtung

☐ Sonstiges

10. Aktuelle Tatverdächtigung lt. Unterbringungsbefehl (Mehrfachnennung möglich)

☐ (Einfacher) Diebstahl (§242 StGB)

☐ Schwerer Diebstahl/Bandendiebstahl/Diebstahl mit Waffen (§§ 243, 244 StGB)

☐ Raub, räuberische Erpressung, räuberischer Diebstahl (§§ 249,253/255,252 StGB)

☐ Schwerer Raub, schwerer räub. Diebstahl, schwere räuber. Erpressung (§ 250 in Verbindung mit 249,252,255 StGB)

☐ Vergewaltigung, Sexualdelikte (§§ 174 - 184a StGB)

☐ Einfache Körperverletzung (§ 223 StGB)

☐ Gefährliche, schwere Körperverletzung (§223a,224 StGB)

☐ Versuchter Totschlag, Raub bzw. Körperverletzung mit Todesfolge (§§ 212,226,251)

☐ Verstoß gegen das BtMG

☐ Brandstiftung

☐ Sonstiges (bitte aufführen):

☐ Unbekannt

11. Wurde der/ein Tatvorwurf zusammen mit anderen begangen?

☐ Ja ☐ Nein ☐ Unbekannt

12. Handelt es sich um Beschaffungskriminalität?

☐ Ja ☐ Nein ☐ Unbekannt

13. In wie vielen Fällen wird der/die Jugendliche im aktuellen Unterbringungsbefehl verdächtigt?

☐ Einmal ☐ Fünf Mal

☐ Zwei Mal ☐ Mehr als fünf Mal

☐ Drei Mal ☐ Mehr als zehn Mal

☐ Vier Mal

VERGANGENE TATVERDÄCHTIGUNGEN UND VERURTEILUNGEN

14. Gibt es polizeiliche Vorregistrierungen?

☐ Ja ☐ Nein ☐ Unbekannt

15. Besteht bereits eine Jugendstrafe auf Bewährung?

☐ Ja ☐ Nein ☐ Unbekannt

16. Wurde bereits Jugendstrafe vollzogen?

☐ Ja ☐ Nein ☐ Unbekannt

17. Steht der Jugendliche unter Vorbewährung?

☐ Ja ☐ Nein ☐ Unbekannt

18. Ist die Entscheidung zur Jugendstrafe z.Zt. ausgesetzt?

☐ Ja ☐ Nein ☐ Unbekannt

19. Wurde bereits Jugendarrest vollzogen?

☐ Ja ☐ Nein ☐ Unbekannt

ZUM ABGANG DES JUEGNDLICHEN AUS DER EINRICHTUNG

20. Der Jugendliche ist aus der Jugendhilfe-Einrichtung

☐ Nicht "entwichen" ☐ "Entwichen"

21. Wie lange war der Jugendliche insgesamt in der Einrichtung?

Er war .... Tag/e in der Einrichtung

22. Wurde der Unterbringungsbefehl geändert?

☐ Ja ☐ Nein ☐ Unbekannt

23. Wenn ja, warum?

☐ Wegen neuer Straftaten
☐ Wegen „Entweichung"
☐ Aufgrund pädagogischer Überlegungen
☐ Sonstiges
☐ Unbekannt

24. Wenn der Unterbringungsbefehl geändert wurde, wie?

☐ Untersuchungshaftbefehl (ohne U-Haftverschonung)

☐ Unterbringungsbefehl in eine andere stationäre Einrichtung der Jugendhilfe

☐ Aufhebung des Unterbringungsbefehls ohne Folgen

☐ Aufhebg des Unterbringungsbefehls i. V. m. anderen Maßnahme der Jugendhilfe

☐ Untersuchungshaftbefehl mit Haftverschonung (ggf. m. Auflagen)

☐ Sonstiges

☐ Unbekannt

SITUATION DES JUGENDLICHEN ZUR ZEIT DER AUFNAHME

25. Der Jugendliche hat eine Meldeadresse

☐ Ja ☐ Nein ☐ Unbekannt

26. Falls die Meldeadresse bekannt ist, bei wem?

☐ Leibliche Eltern/Pflegeeltern
☐ Verwandte, Freundin, Freunde, Bekannte
☐ Jugendhilfe-Einrichtung (z.B. Heim, WG oder BE)
☐ Asylbewerberheim
☐ Jugendnotdienst
☐ Sonstiges, bitte benennen:

27. Ist der Jugendliche (unabhängig, ob gemeldet oder nicht) ohne festen Wohnsitz oder Aufenthaltsort?

☐ Ja ☐ Nein ☐ Unbekannt

28. Wenn er ohne festen Wohnsitz oder Aufenthaltsort ist, seit wann?

☐ Seit .... Wochen bzw. .... Jahren

☐ Unbekannt

29. Der Jugendliche erfährt von seinen Eltern/Pflegeeltern im weitesten Sinn eine finanzielle, soziale oder emotionale Unterstützung

☐ Ja ☐ Nein ☐ Eltern/Pflegeeltern nicht vorhanden(tot, außer Landes o.ä.)

30. Hat der Jugendliche vor der Aufnahme in der Einrichtung bereits die Möglichkeit, nach der Hauptverhandlung irgendwo zu wohnen:

☐ Ja ☐ Nein ☐ Unbekannt

31. Wenn ja, wo?

☐ Leibliche Eltern/Pflegeeltern
☐ Einrichtungen der Jugendhilfe
☐ Verwandte
☐ Freundin
☐ Freunde, Bekannte
☐ Sonstige, bitte ausführen:

32. Der Jugendliche will diese Wohnmöglichkeit auch wahrnehmen

☐ Ja ☐ Nein ☐ Unbekannt

33. Wenn nein, warum nicht? (Bitte kurz ausführen)

....

34. Wenn ja, wäre diese Wohnmöglichkeit nach Meinung der/s BetreuerIn sehr ungünstig für seine Entwicklung?

☐ gar nicht ungünstig ☐ Sehr ungünstig
☐ Nicht sehr ungünstig ☐ Unbekannt

35. Wenn sehr ungünstig, warum? (Bitte kurz ausführen)

....

DER JUGENLICHE VERFÜGT VOR DER AUFNAHME ÜBER

36. Einen Schulplatz (den er auch wahrnehmen kann/könnte)

☐ Ja ☐ Nein ☐ Unbekannt

37. **Einen Schulabschluß**

☐ Ja ☐ Nein ☐ Unbekannt

38. **Einen Ausbildungsplatz (auch Fachschule, Berufsvorbereitungsjahr/Berufsfindungslehrgang o.ä.)**

☐ Ja ☐ Nein ☐ Unbekannt

39. **Einen Ausbildungsabschluß**

☐ Ja ☐ Nein ☐ Unbekannt

40. **Einen Arbeitsplatz (auch Beschäftigungsmaßnahme o.ä.)**

☐ Ja ☐ Nein ☐ Unbekannt

AUFENTHALT IN DER EINRICHTUNG

41. **Wo liegen die drei wichtigsten Schwerpunkte des Betreuungs- bzw. Beratungsbedarfs bei dem Jugendlichen?**

Bitte Rangfolge von 1 (am wichtigsten) bis 3 nummerieren

☐ Klärung von Perspektiven hinsichtlich Wohnen

☐ Klärung von Perspektiven hinsichtlich Schule

☐ Klärung von Perspektiven hinsichtlich Ausbildung

☐ Klärung von Perspektiven hinsichtlich Arbeit

☐ Klärung von Perspektiven hinsichtlich Finanzen

☐ Unterstützung bei der Bewältigung des Alltags in der Einrichtung

☐ Beziehungsbereich (z.B. Kontaktprobleme)

☐ Bearbeiten des Deliktvorwurfes

☐ Vorbereitung des Verhaltens bei der Hauptverhandlung

☐ Unterstützung bei Freizeitaktivitäten

☐ Suche nach Therapie (psychische Auffälligkeit, z.B. Angst, Verwirrung etc.)

☐ Sonstiges, bitte benennen:

42. **Wertung des Betreuungsverlaufes**

☐ Positiv ☐ Negativ ☐ Unentschieden

43. Waren die Rahmenbedingungen und das pädagogische Konzept der Einrichtung das richtige Angebot für diesen Jugendlichen?

☐ Ja ☐ Nein ☐ Unbekannt

44. Wenn nein, warum nicht? (Bitte kurz ausführen)

....

KOOPERATION

45. Fand eine Helferkonferenz statt?

☐ Ja ☐ Nein ☐ Unbekannt

46. Wie schätzen Sie die Kooperation mit der zuständigen Jugendgerichtshilfe ein?

☐ Fand gar nicht statt
☐ Sehr gut
☐ gut
☐ weniger gut
☐ schlecht

47. Wie schätzen Sie die Kooperation mit dem/der zuständigen RichterIn ein?

☐ Fand gar nicht statt
☐ Sehr gut
☐ gut
☐ weniger gut
☐ schlecht

48. Wie schätzen Sie die Kooperation mit der zuständigen Staatsanwaltschaft ein?

☐ Fand gar nicht statt
☐ Sehr gut
☐ gut
☐ weniger gut
☐ schlecht

49. Hat der Jugendliche vor seinem Aufenthalt in der Einrichtung bereits Angebote der Jugendhilfe durchlaufen?

☐ Ja ☐ Nein ☐ Unbekannt

50. Wenn ja, welche?

- ☐ Pflegeeltern
- ☐ Erziehungsbeistand
- ☐ Außerfam. Unterbringung
- ☐ Familienhilfe
- ☐ Aufenthalt im Ausland/Erlebnispäd.
- ☐ Kriseneinrichtung
- ☐ Sonstiges (bitte ausführen):

51. Wenn ja, wie lange war der Jugendliche in der Vergangenheit insgesamt in den Angeboten der Jugenendhilfe?

.... Monate oder .... Jahre

STAND BEI DER HAUPTVERHANDLUNG/PERSPEKTIVE

52. Der Jugendliche hat in der Zeit des Aufenthaltes in der Einrichtung

- ☐ Erste Perspektiven geklärt (Bearbeitung, erster Kontakt)
  - ☐ Im Bereich Schule
  - ☐ Im Bereich Ausbildung
  - ☐ Im Bereich Arbeit
  - ☐ Im Bereich Wohnen
  - ☐ Im Bereich Finanzen

53. Der Jugendliche hat in der Zeit des Aufenthaltes in der Einrichtung

- ☐ bereits konkret (mit Zusage) in Aussicht
  - ☐ einen Schulplatz
  - ☐ einen Ausbildungsplatz/Ausbildungsmaßnahme
  - ☐ einen Arbeitsplatz, Arbeitsmöglichkeit
  - ☐ einen Platz zum Wohnen

54. Der Jugendliche hat in der Zeit des Aufenthaltes in der Einrichtung

- ☐ bereits während des Aufenthaltes
  - ☐ einen künftigen Schulplatz, spezielles Schulangebot gefunden und besucht
  - ☐ eine/n künftige/n Ausbildungsplatz/ Ausbildungsmaßnahme gefunden und angetreten
  - ☐ eine/n künftige/n Arbeitsplatz, Arbeitsmöglichkeit gefunden und angetreten

55. War der Jugendliche zur Hauptverhandlung anwesend?

☐ Ja ☐ Nein ☐ Unbekannt

56. Die BezugsbetreuerIn war bei der Hauptverhandlung anwesend

☐ Ja ☐ Nein ☐ Unbekannt

57. Ein Vertreter des Trägers war bei der Hauptverhandlung anwesend

☐ Ja ☐ Nein ☐ Unbekannt

HAUPTVERHANDLUNG

58. Vor welchem Gericht wurde verhandelt?

☐ Jugendrichter ☐ Jugendschöffen ☐ Jugendstrafkammer

59. Richterliche Entscheidung erfolgt aufgrund folgender Delikte

☐ (Einfacher) Diebstahl (§242 StGB)

☐ Schwerer Diebstahl/Bandendiebstahl/Diebstahl mit Waffen (§§ 243, 244 StGB)

☐ Raub, räuberische Erpressung, räuberischer Diebstahl (§§ 249,253/255,252 StGB)

☐ Schwerer Raub, schwerer räub. Diebstahl, schwere räuber. Erpressung (§ 250 in Verbindung mit 249,252,255 StGB)

☐ Vergewaltigung, Sexualdelikte (§§ 174 - 184a StGB)

☐ Einfache Körperverletzung (§ 223 StGB)

☐ Gefährliche, schwere Körperverletzung (§223a,224 StGB)

☐ Versuchter Totschlag, Raub bzw. Körperverletzung mit Todesfolge (§§ 212,226,251)

☐ Verstoß gegen das BtMG

☐ Brandstiftung

☐ Sonstiges (bitte aufführen):

☐ Unbekannt:

60. Wurden andere Verfahren mit einbezogen?

☐ Ja ☐ Nein ☐ Unbekannt

61. Wurde lt. Urteil das Delikt zusammen mit anderen begangen?

☐ Ja ☐ Nein ☐ Unbekannt

62. Handelt es sich lt. Urteil um Beschaffungskriminalität?

☐ Ja ☐ Nein ☐ Unbekannt

63. In wie vielen Fällen (lt. Urteil) wird der/die Jugendliche aktuell verurteilt?

☐ Einmal
☐ Zwei Mal
☐ Drei Mal
☐ Vier Mal
☐ Fünf Mal
☐ Mehr als fünf Mal
☐ Mehr als zehn Mal
☐ Unbekannt

64. Ergebnis der richterlichen Entscheidung

☐ Länge der Jugendstrafe (Bei Vollzug)
- ☐ Bis zu 1 Jahr
- ☐ Bis zu 2 Jahren
- ☐ Bis zu 3 Jahren
- ☐ Mehr als 3 Jahre

☐ Länge der Jugendstrafe (Bei Bewährung)
- ☐ Bis zu 1 Jahr
- ☐ Bis zu 2 Jahren
- ☐ Bis zu 3 Jahren
- ☐ Mehr als 3 Jahre

☐ Aussetzung der Entscheidung der Verhängung v. Jugendstrafe

☐ Jugendarrest, welche Art?
- ☐ Dauerarrest verbüßt d. U-Haft bzw. Unterbringung in Jugendhilfe
- ☐ Dauerarrest
- ☐ Freizeitarrest
- ☐ Kurzarrest

☐ Hilfe zur Erziehung
☐ Betreuungsweisung
☐ Arbeitsweisung
☐ Sozialer Trainingskurs
☐ Täter-Opfer-Ausgleich
☐ Stationäre Unterbringung (Heim, WG oä.) als Weisung
☐ Einstellung
☐ Freispruch
☐ Sonstiges
☐ Unbekannt

65. Verbleib des Jugendlichen nach der Hauptverhandlung

☐ Jugendstrafanstalt

☐ Beim gleichen Träger in einer anderen Gruppe oder Wohngemeinschaft

☐ Beim gleichen Träger in der gleichen Gruppe oder Wohngemeinschaft, im gleichen Betreuten Einzelwohnen oder der gleichen Einzelbetreuung wie bisher

☐ Beim gleichen Träger in anderer Betreuungsform als bisher (z.B. Einzelbetreuung nach einer Wohngruppe)

☐ In einer eigenen Wohnung

☐ Bei den Eltern/Pflegeeltern

☐ In einer außerfamiliären Unterbringung:
- ☐ Heim
- ☐ Außenwohngruppe eines Heimes
- ☐ Betreute Wohngemeinschaft
- ☐ Betreutes Einzelwohnen
- ☐ Sonstiges, bitte ausführen:

66. Wie schätzen Sie den Verbleib des Jugendlichen ein?

☐ Zufriedenstellend für dessen weitere Entwicklung

☐ Nicht zufriedenstellend für dessen weitere Entwicklung

67. Wenn nicht zufriedenstellend, warum?

Was würde der/die Jugendliche an Unterstützung bzw. als Angebot benötigen? (Bitte kurz ausführen)

....

Vielen Dank für Ihre Mitarbeit

Vereinbarung

über Grundsätze der Unterbringung und des Unterbringungsverfahrens in Einrichtungen der Berliner Jugendhilfe gemäß Jugendgerichtsgesetz (JGG)

zwischen

Der Senatsverwaltung für Schule, Jugend und Sport, der Senatsverwaltung für Justiz, der Senatsverwaltung für Inneres

1. **Allgemeine Grundsätze**
2. **Kriterien für die Anordnung der Unterbringung in einem geeigneten Heim der Jugendhilfe oder in einer sonstigen betreuten Wohnform gem. § 34 SGB VIII**
3. **Verfahren**
4. **Kosten**

Präambel

Diese Vereinbarung regelt die Zusammenarbeit zwischen den zuständigen Senatsverwaltungen hinsichtlich der Unterbringungen nach § 71 Abs. 2 und § 72 Abs. 4 Jugendgerichtsgesetz in Einrichtungen der Jugendhilfe. Die richterliche Unabhängigkeit bleibt hiervon unberührt.

Die beteiligten Dienststellen (einschließlich der beteiligten Jugendhilfeträger) arbeiten vertrauensvoll zusammen und informieren über die Unterbringung und das Unterbringungsverfahren.

1. Allgemeine Grundsätze

1.1 Untersuchungshaft wird bei Jugendlichen von der Staatsanwaltschaft nur beantragt, wenn ihr Zweck durch Maßnahmen der Erziehung nicht erreicht werden kann. Dafür kommt insbesondere die einstweilige Unterbringung in einem geeigneten Heim der Jugendhilfe oder in einer sonstigen betreuten Wohnform im Sinne des § 34 SGB Vill in Betracht (§§ 71 Abs. 2 und 72 Abs. 4 JGG).

1.2 Die Unterbringung in einer Einrichtung der Jugendhilfe nach § 34 SGB VIII ist eine Alternative zur Untersuchungshaft und orientiert sich an dem Grundsatz der Jugendhilfe,

wonach jeder junge Mensch ein Recht auf Förderung seiner Entwicklung und auf Erziehung zu einer eigenverantwortlichen und gemeinschaftsfähigen Persönlichkeit hat (§ 1 Abs. 1 SGB VIII).

1.3 Bei der einstweiligen Unterbringung (Anordnung, Änderung, Aufhebung) leistet die Jugendgerichtshilfe Entscheidungshilfe. Die aufnehmende Jugendhilfeeinrichtung entscheidet über ihre Aufnahmebereitschaft und ggf. eigenverantwortlich über die Einzelheiten der Unterbringung, wie z.B. Art, Integration, pädagogische Betreuung, Besuchs- und Ausgangsregelungen. Die Jugendhilfeeinrichtung sollte dabei berücksichtigen, daß die Unterbringung nach den §§ 71 Abs. 2 und 72 Abs. 4 JGG als mildere Alternative zur Untersuchungshaft auch deren Zwecken gerecht werden muß, insbesondere die Durchführung des Strafverfahrens zu gewährleisten hat.

1.4 Die Eilbedürftigkeit der Entscheidung bei der Anordnung, Änderung oder Aufhebung der Unterbringung von Jugendlichen in einer Einrichtung der Jugendhilfe erfordert in der Regel die unmittelbare persönliche Kontaktaufnahme der die Unterbringung anordnenden und durchführenden Stellen. Dabei ist der Erziehungsgedanke, der sowohl für die Jugendstrafrechtspflege als auch für die Jugendhilfe bestimmend ist, die gemeinsame Grundlage für das Zusammenwirken.

1.5 Der Jugendhilfeeinrichtung kann innerhalb der Berichterstattung der Jugendgerichtshilfe Gelegenheit gegeben werden, sich über die mit den Jugendlichen während des Aufenthaltes in der Einrichtung gesammelten Erfahrungen und die Beurteilung der möglichen weiteren Entwicklung zu äußern.

1.6 Der Jugendhilfeträger ist nicht berechtigt, ohne Änderung oder Aufhebung des Unterbringungsbefehls Jugendliche aufgrund eigener Entscheidung zu entlassen. Solange eine jugendrichterliche Unterbringungsanordnung vorliegt, ist diese auch unter der Verantwortung der (im Gerichtsbeschluß bezeichneten) Einrichtung durchzuführen. Dies schließt insbesondere entsprechend der Einrichtungskonzeption im Rahmen der Krisenintervention eine Beurlaubung z.B. in andere Jugendhilfeeinrichtungen nicht aus.

2. Kriterien für die Anordnung der Unterbringung in einem geeigneten Heim der Jugendhilfe oder in einer sonstigen betreuten Wohnform gemäß § 34 SGB VIII

2.1 Das Gericht ordnet die Unterbringung in einer bestimmten Einrichtung der Jugendhilfe an (siehe 2.2).

2.2 Den Gerichten, der Staatsanwaltschaft, der Jugendgerichtshilfe und dem Polizeipräsidenten in Berlin, aber auch den für Justiz und für Inneres zuständigen Senatsverwaltungen sind die Einrichtungen der Jugendhilfe, die für einstweilige Unterbringungen geeignet sind, mit ihren Konzeptionen und Kapazitäten unter jeweiliger Berücksichtigung aktueller Fortentwicklungen von der für Jugendhilfe zuständigen Senatsverwaltung bekanntzumachen.

Der Aufenthalt des jungen Menschen soll im Rahmen der pädagogischen Zielsetzung der Einrichtung durch pädagogische Maßnahmen und nicht durch bauliche Vorkehrungen erreicht werden. Entweichungen oder andere wichtige Ereignisse (wie etwa die erstmalige Gewährung von Urlaub) werden unverzüglich durch die Leitung der Jugendhilfeeinrichtung dem zuständigen Gericht, der Staatsanwaltschaft und der Jugendgerichtshilfe mitgeteilt.

Bei Entweichungen oder Urlaubsüberschreitungen von mehr als 12 Stunden ist dem Polizeipräsidenten in Berlin - dem für die jeweilige Einrichtung zuständigen Polizeiabschnitt oder Lagezentrum (LKA 6114) - durch die Leitung der Jugendhilfeeinrichtung ein Fahndungsersuchen zur Festnahme der/des Jugendlichen zuzuleiten, soweit das zuständige Gericht oder die Staatsanwaltschaft dies nicht zu einem früheren Zeitpunkt verlangt. Das Fahndungsersuchen ist zurückzunehmen, wenn die /der Jugendliche in der Zwischenzeit in die Einrichtung zurückgekehrt ist oder der Unterbringungsbefehl aufgehoben oder abgeändert wurde. Nach der Festnahme der/des Jugendlichen durch die Polizei unterrichtet diese unverzüglich die Jugendhilfeeinrichtung, welche die/den Jugendliche(n) von der Polizeidienststelle unverzüglich abzuholen hat, wenn nicht die Polizei die/den Jugendliche(n) dem Gericht zur Umwandlung des Unterbringungsbefehls in einen Haftbefehl vorführt.

2.3 Bedürfen Jugendliche wegen einer Behinderung, einer psychischen und/oder physischen Krankheit oder bei Drogenabhängigkeit der Behandlung oder sind sie auf spezielle Therapieangebote zur Rehabilitation angewiesen, sind im jeweiligen Einzelfall von der Jugendgerichtshilfe geeignete Einrichtungen zu benennen.

2.4 Bei der Beantragung der Unterbringung ist von der Staatsanwaltschaft zu berücksichtigen, daß Gruppenstraftäter möglichst nicht gemeinsam in einer Jugendhilfeeinrichtung untergebracht werden.

Die Unterbringung in Jugendhilfeeinrichtungen scheidet in den Fällen aus, in denen erhebliche Selbst- und/oder Fremdgefährdung bereits vor Erlaß des Beschlusses absehbar ist.

3. Verfahren

3.1 Die Polizei unterrichtet neben der Staatsanwaltschaft die Jugendgerichtshilfe des zuständigen Jugendamtes oder die Jugendgerichtshilfe am Bereitschaftsgericht von der vorläufigen Festnahme Jugendlicher, wenn nach dem Stand der Ermittlungen zu erwarten ist, daß Betroffene gem. § 128 Abs. 1 Satz 1 Strafprozeßordnung dem Richter vorgeführt werden (§ 72 a JGG). War eine Unterrichtung der Jugendgerichtshilfe am Tag der vorläufigen Festnahme durch die Polizei nicht möglich, ist sie von der mit der weiteren Bearbeitung befaßten Behörde umgehend nachzuholen.

3.2 Die Jugendgerichtshilfe am Bereitschaftsgericht prüft in Zusammenarbeit mit dem zuständigen Jugendamt unverzüglich, welche vorläufigen erzieherischen Empfehlungen gegeben werden können. Kann die Untersuchungshaft durch eine Unterbringung in einer Einrichtung der Jugendhilfe abgewendet werden, so wird diese Unterbringung mit der vorgesehenen Einrichtung abgestimmt.

3.3 Die Jugendgerichtshilfe unterrichtet Staatsanwaltschaft und Jugendgericht über das Ergebnis der Vorprüfung und übermittelt einen konkreten Vorschlag für eine aufnahmebereite, geeignete Einrichtung der Jugendhilfe. Die erforderlichen Klärungen und Abstimmungen erfolgen vor der richterlichen Entscheidung.

Nach der richterlichen Entscheidung über die Unterbringung in einem geeigneten Heim der Jugendhilfe (§ 71 Abs. 2, § 72 Abs. 4 JGG) im Rahmen einer Vorführung vor dem Bereitschaftsgericht übernimmt die Jugendgerichtshilfe die/den Jugendliche(n) und veranlaßt ihre/seine unverzügliche Abholung durch die Jugendhilfeeinrichtung- bis zur Übergabe derldes

Jugendlichen, die zu quittieren ist, verbleibt die/der Jugendliche für diese im Gewahrsam der Polizei.

3.4 Ist eine Klärung der Frage, ob eine Maßnahme der Erziehung anstelle der Untersuchungshaft angeordnet werden kann, nicht vor Erlaß des Haftbefehls möglich gewesen, soll der Jugendgerichtshilfe der Erlaß des Haftbefehls unverzüglich mitgeteilt werden. Ebenso unverzüglich ist die Jugendgerichtshilfe von der Vollstreckung eines Haftbefehls zu unterrichten. Sie wird sodann entsprechend den Nrn. 3.2 und 3.3 tätig. Die aufnahmebereite Jugendhilfeeinrichtung nimmt im Zusammenwirken mit der Jugendgerichtshilfe alsbald nach Anordnung der Untersuchungshaft Kontakt mit der/dem Jugendlichen auf und prüft die Voraussetzungen der Aufnahme.

3.5 Die für Jugendhilfe zuständige Senatsverwaltung stellt sicher, daß für die erforderlichen Direktkontakte und abgestimmten Entscheidungen im Unterbringungseinzelfall jederzeit ein entscheidungsbefugter Bereitschaftsdienst der Einrichtungen erreichbar ist.

3.6 Die die Unterbringung beantragende Staatsanwaltschaft nimmt in Fällen, in denen die Jugendgerichtshilfe nicht mitwirkt, mit der für die Unterbringung vorgesehenen Jugendhilfeeinrichtung Kontakt auf, um eine Ablehnung der/des Jugendlichen zu vermeiden.

3.7 Bei einem notwendigen Wechsel der Unterbringung sollte die Einrichtung im Benehmen mit der Jugendgerichtshilfe entsprechenden Kontakt zum Jugendrichter aufnehmen.

Junge Menschen können bei erheblicher Selbst- und/oder Fremdgefährdung nicht in der Jugendhilfeeinrichtung belassen bleiben, die sie aufgenommen hat.
Kann in diesen Fällen bei Vorliegen eines Unterbringungsbefehls gem. § 72 Abs. 4 JGG durch die betreuende Jugendhilfeeinrichtung eine rechtzeitige Beschlußänderung nicht erreicht werden und droht weiterhin Gefahr im Verzuge, so wird der betreffende junge Mensch zunächst durch die Polizeibehörde im Rahmen der Bestimmungen des ASOG bzw. der StPO dem Polizeigewahrsam zugeführt und sodann im Rahmen der gesetzlich geltenden Fristen für Maßnahmen nach diesen Vorschriften dem Gericht vorgeführt. Die/der betreffende Jugendliche bleibt entsprechend dem richterlichen Beschluß bis zu einer anderweitigen Entscheidung des Gerichts in der Betreuungsverantwortung der Jugendhilfeeinrichtung.
Die abgebende Jugendhilfeeinrichtung hat bei Ersuchen an die Polizeibehörde einen Bericht vorzulegen, der eine der Eilbedürftigkeit entsprechenden Verfahrensweise auf Grundlage des ASOG bzw. der StPO begründet. Gleichzeitig verständigt die Jugendhilfeeinrichtung den zuständigen Staatsanwalt fernmündlich, um die Eilbedürftigkeit darzulegen und verabredet mit ihm die weitere Verfahrensweise. Dabei hat die Jugendhilfeeinrichtung die aus ihrer Sicht in Frage kommenden Lösungen (z.B. Unterbringung in einem anderen Heim, Anordnung nach § 71 Abs. 2 JGG, Haftbefehl) zu empfehlen.
Dasselbe gilt in den Fällen des § 71 Abs. 2 JGG und hinsichtlich der Staatsanwaltschaft auch in den Fällen, in denen wegen weniger gravierenden Umständen eine vorläufige Festnahme durch die Polizei nicht in Betracht kommt.

Ist der zuständige Staatsanwalt fernmündlich nicht erreichbar, kann auch der zuständige Abteilungsleiter oder hilfsweise einer der beiden Hauptabteilungsleiter E und G der Staatsanwaltschaft 1 bei dem Landgericht Berlin, welche der für Jugendhilfe zuständigen Senatsverwaltung und den für JGG-Unterbringungen zuständigen Jugendhilfeträgern eine jeweils aktuelle Liste mit Namen und Telefonnummern der in Betracht kommenden Abteilungsleiter und Hauptabteilungsleiter zur Verfügung stellen, fernmündlich unterrichtet

werden. Dieser trägt dann unverzüglich dafür Sorge, daß der zuständige Staatsanwalt schnellstmöglich das Erforderliche veranlaßt.
Die abgebende Jugendhilfeeinrichtung ist verpflichtet, Jugendliche spätestens nach Ablauf der auf der Grundlage des ASOG oder der StPO polizeilich angeordneten Freiheitsentziehung aus dem Polizeigewahrsam wieder aufzunehmen, wenn nicht ein anderslautender richterlicher Beschluß vorliegt. In der Regel sind Einrichtungen, in denen untergebrachte Jugendliche das Personal und/oder Mitbewohner in strafrechtlich relevanter Weise bedroht oder verletzt haben, für eine Wiederaufnahme nicht geeignet.

3.8 Die im Bereitschaftsgericht benötigten Dolmetscher für nicht deutschsprechende Beschuldigte können auch von der Jugendgerichtshilfe in Anspruch genommen werden.
Für Rücksprachen mit den vorzuführenden Jugendlichen werden der Jugendgerichtshilfe - ggf. auch den Vertretern/innen der Jugendhilfeeinrichtungen - Möglichkeiten eingeräumt, um notwendige Gespräche und Telefonate ohne Beisein Dritter führen zu können,

4. Kosten

4.1 Die Kosten der einstweiligen Unterbringung in einer Einrichtung der Jugendhilfe nach den §§ 71 Abs. 2 oder 72 Abs. 4 JGG sind Auslagen des Strafverfahrens (Richtlinien zu § 74 JGG Nr. 4, Anlage 1 Nr. 9011 zu § 1 1 Abs. 1 GKG). Sie sind dem zuständigen Träger der Jugendhilfeeinrichtung von dem zuständigen Gericht in dem Umfang zu erstatten, wie sie von der für Jugend zuständigen Senatsverwaltung als notwendig anerkannt sind. Diese Regelung gilt auch für das Jugendaufbauwerk Berlin, Anstalt des öffentlichen Rechts, sofern die Finanzierung seiner Einrichtung nach dem Jugendgerichtsgesetz auf Kostensätze umgestellt worden ist.

4.2 Kosten für die Unterbringung in Einrichtungen der Jugendhilfe, die zur unmittelbaren Landesverwaltung gehören, werden unter Hinweis auf das Verrechnungsunterlassungsgebot (HtR - Haushaltstechnische Richtlinien), Nr. 8 sowie Aufstellungsrundschreiben zum Haushalt 1995/1996, Nr. 13 in Zusammenhang mit Anlage 7) der Justizverwaltung nicht in Rechnung gestellt.

Literatur

Aktion'70 - Jugendhilfe im Verbund e.V.: Zur Konzeption der Gemeinschaftswohnungen zur U-Haftvermeidung. Unveröffentlichte Konzeption. Berlin 1996.

Aktion`70 - Jugendhilfe im Verbund e.V.: Zur Konzeption der Gemeinschaftswohnungen zu U-Hafvermeidung. Unveröffentlichte Konzept. Berlin 1997.

Aktion`70 - Jugendhilfe im Verbund e.V.: Aktion`70 in den 90er Jahren. Unveröff. Basiskonzept. Berlin 1995.

Aktion`70 - Jugendhilfe im Verbund e.V.: Unveröff. Konzeption der Flexiblen Betreuung. Berlin 1995.

Albrecht, P.-A.: Jugendstrafrecht. 2. Aufl., München 1993.

Albrecht, P.-A./Pfeiffer, C.: Die Kriminalisierung junger Ausländer. Befunde und Reaktionen sozialer Kontrollinstanzen. München 1979.

Arbeitsgruppe "U-Haft" der Landeskommission Berlin gegen Gewalt: Endprotokoll der Arbeitsgruppe "U-Haft". Berlin 15.11.1995.

Autorengruppe Ausländerforschung: Zwischen Ghetto und Knast. Reinbek b. Hamburg 1981.

Beck, U.: Risikogesellschaft. Auf dem Weg in eine andere Moderne. Frankfurt a.M. 1986.

Bindel-Kögel, G./Heßler, M.: Das neue Modell der U-Haftvermeidung bei Jugendlichen in Berlin - Chronologische Entwicklungslinien und erste Ergebnisse. Unveröff. Zwischenbericht Berlin 1996a.

Bindel-Kögel, G./Heßler, M.: Vermeidung von Untersuchungshaft im Spannungsfeld zwischen Jugendhilfe- und Jugendstrafrecht. In: neue praxis, 1996b, S. 228-239.

Bindel-Kögel, G./Heßler, M.: Das neue Modell der U-Haftvermeidung in Berlin - Lebenslagen, Hilfeplanung und Betreuungsverläufe. Unveröff. Zwischenbericht Berlin 1997a.

Bindel-Kögel, G./Heßler, M.: Vermeidung von Untersuchungshaft durch Jugendhilfe. Blockaden und Modelle. In: DVJJ-Journal, 1997b S. 297 ff.

Bittscheidt-Peters, D./Pauer, U.: Erziehung als Strafe. In: DVJJ (Hg.) 1984, S. 233 ff.

Blandow, J./Faltermeier, J. (Hg.): Erziehungshilfen in der Bundesrepublik Deutschland - Stand und Entwicklung. Augsburg 1989.

Blumenberg, F.-J., Wetzstein, H.: Schlußbericht der Wissenschaftlichen Begleitung: Erziehungshilfe statt Untersuchungshaft. Landeswohlfahrtsverband Baden (Hg.). 1991.

Böllert, K.: Soziale Arbeit als aktive Gestaltung von Lebenswelten. In: Böllert, K./Otto, H.U. (Hg.): Soziale Arbeit auf der Suche nach Zukunft. Bielefeld 1989. S. 213 ff.

Brunner, R.: Jugendgerichtsgesetz. Kommentar. 6. Aufl. , Berlin,/New York 1981.

Bundeskriminalamt (Hg.): Polizeiliche Kriminalstatistik Bundesrepublik Deutschland. Berichtsjahr 1995. Bundeskriminalamt Wiesbaden 1996.

Bundesministerium der Justiz (Hg.): Jugendgerichtshilfe - Quo vadis? Frankfurter Symposium. Bonn 1993.

Bundesministerium der Justiz (Hg.): Neue Ambulante Maßnahmen nach dem Jugendgerichtsgesetz. 4. Aufl., Bonn 1992.

Carspecken, F.: Problematik der "einstweiligen Unterbringung" in einem Erziehungsheim nach §§ 71 Abs. 2, 72 Abs. 3 JGG. In: ZfJ 1976, 284 ff.

Cornel, H.: Die Praxis der Verhängung von Untersuchungshaft und Möglichkeiten, sie durch das Angebot sozialpädagogischer und ambulanter Hilfen zu vermeiden oder zu reduzieren. In: MschKrim 1987, S. 65 ff.

Cornel, H.: Vermeidung und Reduzierung von Untersuchungshaft. Institut für Sozialarbeit und Sozialpädagogik (Hg.). Frankfurt 1987.

Cornel, H.: Alternativen zur Untersuchungshaft für Jugendliche und Heranwachsende. Bericht der wissenschaftlichen Begleitung und Praxisberatung eines Projektes der Sozialberatung Stuttgart e.V. Institut für Sozialarbeit und Sozialpädagogik (Hg.). Bonn 1988.

Cornel, H.: Bericht der wissenschaftlichen Begleitung und Praxisberatung eines Projekts der Sozialberatung Stuttgart e.V.. Frankfurt a.M. 1988.

Deutsche Bewährungshilfe e.V. (Hg.): Problemorientierte Gruppenarbeit mit Probanden. Beiheft zum Rundbrief Soziale Arbeit und Strafrecht. H. 8. Bonn 1988.

Cornel, H.: Die Praxis der Haftentscheidungshilfen, der Untersuchungshaftvermeidung und -reduzierung durch die Gerichtshilfe in Schleswig-Holstein. Berlin 1993.

Cornel, H.: Der Beitrag der Sozialarbeit zur Vermeidung von Untersuchungshaft. In: Reindl, R./Kawamura, G./Nickolai, W. (Hg.): Prävention, Entkriminalisierung, Sozialarbeit. Freiburg i. Br. 1995, S. 145 ff.

DVJJ (Hg.): Jugendrichterliche Entscheidungen - Anspruch und Wirklichkeit. Bericht über die Verhandlungen des 18. Deutschen Jugendgerichtstages in Göttingen 1980. München 1981.

DVJJ (Hg.): Jugendgerichtsverfahren und Kriminalprävention. Bericht über die Verhandlungen des 19. Jugendgerichtstages in Mannheim 1983. München 1984.

DVJJ (Hrsg.): Ambulante Maßnahmen und sozialpädagogische Jugendhilfeangebote für junge Straffällige - Standort und Standards. Bonn 1992.

DVJJ e.V. (Hg.): Jugend im sozialen Rechtsstaat. Für ein neues Jugendgerichtsgesetz. Dokumentation des 22. Deutschen Jugendgerichtstages in Regensburg. Mönchengladbach 1996.

DVJJ e.V. (Hg.): Sozialer Wandel und Jugendkriminalität. Neue Herausforderungen für Jugendkriminalrechtspflege, Politik und Gesellschaft. Dokumentation des 23. Deutschen Jugendgerichtstages in Potsdam. Mönchengladbach 1997.

Deutscher Anwaltsverein, Strafrechtsausschuß: Zur Diskrepanz zwischen Praxis und Recht der Untersuchungshaft. Bonn 1983.

Deutsches Jugendinstitut e.V. (Hg.): "Straßenkinder". Annäherung an ein soziales Phänomen. (=DJI-Materialien) München, Leipzig 1995.

Diemer, H./Schoreit, A./Sonnen, R.: Kommentar zum Jugendgerichtsgesetz. 2. Aufl., Heidelberg 1995.

Dubet, F./Lapeyronnie, D.: Im Aus der Vorstädte. Der Zerfall der demokratischen Gesellschaft. Stuttgart 1994.

Dünkel, F.: Zur Schädlichkeit von "schädlichen Neigungen". In: Neue Kriminalpolitik, H.4, 1988. S. 34-37.

Dünkel, F.: Freiheitsentzug für junge Rechtsbrecher. Bonn 1990.

Dünkel, F./Vagg, J. (Hg.): Untersuchungshaft und Untersuchungshaftvollzug. International vergleichende Perspektiven zur Untersuchungshaft sowie zu den Rechten und Lebensbedingungen von Untersuchungsgefangenen. Max-Planck-Institut. Freiburg 1994.

Dünkel, F.: Untersuchungshaft als Krisenmanagement. In: Neue Kriminalpolitik 1994, S.20 ff.

Eisenberg, U.: Jugendgerichtsgesetz. 6. Aufl., München 1995.

Engelhardt, H.: "Die Freiheit eines Beschuldigten darf nur eingeschränkt werden, wenn es nachweislich notwendig ist". In: ZfJ 1986, S. 359 ff.

Evangelischer Erziehungsverband e.V. (EREV) (Hg.): Neue Probleme - alte Lösungen. Was ist dran an geschlossener Unterbringung? Dokumentation 1994.

Foucault, M.: Überwachen und Strafen. Frankfurt a.M. 1976.

Frehsee, D.: Sozialer Wandel und Jugendkriminalität. In: DVJJ-Journal 1995, S. 269 ff.

Gebauer, M.: Die Rechtswirklichkeit der Untersuchungshaft in der Bundesrepublik Deutschland. Göttingen 1987.

Geiter, H./Schuldzinski, W./Walter, M.: Patient Gerichtshilfe - Haftentscheidungshilfe als belebende Vitaminspritze oder nur als Placebo? In: Bewährungshilfe 7/1994, JG 41, S. 425-443.

Geißler, R./Marißen, N.: Kriminalität und Kriminalisierung junger Ausländer. In: KZfSS, H. 4, 1990, S. 663 ff.

Giehring, H.: Gewährleistungspflicht der öffentlichen Träger der Jugendhilfe für geschlossene Einrichtungen als "geeignetes Erziehungsheim" i.S. der §§ 71 Abs. 2, 72 Abs. 3 JGG? In: ZfJ 1981, S. 461 ff.

Hanesch, W. u.a.: Armut in Deutschland. Reinbek 1994.

Haustein, R./Thiem-Schräder, B.: Die Unterbringung Jugendlicher nach §§ 71/72 JGG - eine empirische Untersuchung in Berlin - . Fachhochschule für Verwaltung und Rechtspflege (Hg.). (=Beiträge aus dem Fachbereich 3). H. 5. Berlin 1992.

Heinz, W.: Junge Menschen in Untersuchungshaft. Kriminologische und kriminalpolitische Überlegungen zu einem der "trübsten Kapitel des deutschen Jugendstrafrechts". Info Nr. 1 der DVJJ-Landesgruppe Baden-Württemberg. Freiburg 1986. S. 3 ff.

Heinz, W. (Hg.): Jugendliche Wiederholungstäter. Die unbeachtete Minderheit der Jugendstrafrechtsreform? Info Nr. 1 der DVJJ-Landesgruppe Baden-Württemberg. Konstanz 1989.

Heinz, W.: Jugendkriminalität zwischen Verharmlosung und Dramatisierung oder: (Jugend-) Kriminalpolitik auf lückenhafter und unzulänglicher Tatsachengrundlage. In: DVJJ-Journal 1997, S. 270 ff.

Heinz, W./Hügel, C.: Erzieherische Maßnahmen im deutschen Jugendstrafrecht. BMJ (Hg.). Bonn 1987.

Heinz, W./Storz, R.: Diversion im Jugendstrafverfahren der Bundesrepublik Deutschland. BJM (Hg.), 3. Aufl., Bonn 1994.

Heitmeyer, W. u.a.: Gewalt. Schattenseiten der Individualisierung bei Jugendlichen aus unterschiedlichen Milieus. Weinheim, München 1995.

Heitmeyer, W.: Soziale Desintegration und Gewalt. Lebenswelten und -perspektiven von Jugendlichen. In: DVJJ 1-2. 1992. S. 76-84.

Hering, E.: Mechanismen justizieller Eskalation im Jugendstrafverfahren. (= Hamburger Studien zur Kriminologie Bd. 17). Pfaffenweiler 1993.

Hermanns, J.: Sozialisationsbiographie und jugendrichterliche Entscheidungspraxis. Eine emprirische Untersuchung zur Santkonsauswahl, Strafbemessung und -aussetzung bei jugendlichen und heranwachsenden Untersuchungshäftlingen. Freiburg 1983.

Heßler, M./Rabe, B./Schruth, P.: Das "Heim" als betreutes Wohnangebot der Jugendhilfe zur Vermeidung von Untersuchungshaft. In: Zentralblatt für Jugendrecht, H. 2, 1997. S. 35 ff.

Heßler, M./Rilling, E.: Jugenddelinquenz und Integration junger Ausländer. Teil 2. Publikationen der FHVR Berlin, Bd. 60. (Bischoff, D. Hg.). Berlin 1987.

Hollstein-Brinkmann, H.: Soziale Arbeit und Systemtheorien. Freiburg i.B. 1993.

Hügel, C.: Es geht auch ohne JGH. In: BewHi 1988, S. 308 ff.

Institut für soziale Arbeit e.V. (Hg): Lebensort Straße. Kinder und Jugendliche in besonderen Problemlagen. (=Soziale Praxis; 17) Münster 1996.

Jansen, B. u.a. (Hg.): Krisen und Gewalt. Ursachen, Konzepte und Handlungsstrategien der Jugendhilfe. Votum 1993.

Jordan, E./Trauernicht, G.: Ausreißer und Trebegänger: Grenzsituationen sozialpädagogischen Handelns. München 1981.

Jehle, J.-M.: Entwicklung der Untersuchungshaft bei Jugendlichen und Heranwachsenden vor und nach der Wiedervereinigung, BMJ (Hg.). Bonn 1995.

Jugendaufbauwerk Berlin: Konzeption U-Haftvermeidung im SPJZ gemäß §§71 II., 72 IV. JGG. Unveröff. Konzept. Berlin 1995.

Jugendaufbauwerk Berlin: Sozialpädagogisches Jugendzentrum: Jahresbericht 1995.

Kaiser, G.: Kriminologie. Eine Einführung in die Grundlagen. 9. Aufl. Heidelberg 1993.

Kawamura, G.: Zur Vermeidung von Untersuchungshaft bei Jugendlichen und Heranwachsenden. In: Reindl, R./Nickolai, W./Gehl, G. (Hg.): Untersuchungshaft - Stiefkind der Justiz. Weimar 1995.

Kerner, H.-J.: Unbeabsichtigte und unerwünschte Nebenfolgen der JGG-Reform durch die Praxis, insbesondere am Beispiel der Ausweitung des Netzes sozialer Kontrolle? In: Bundesminister der Justiz (Hg.): Jugendstrafrechtsreform durch die Praxis. Informelle Reaktion und neue ambulante Maßnahmen auf dem Prüfstand. Konstanzer Symposium. Bonn 1989. S. 265-292.

Kerner, H.-J.: Untersuchungshaft und Strafurteil. Analyse von Zusammenhängen nach neueren amtlichen Angaben. In: Gedächtnisschrift f. H. Schröder, Hg. v.W. Stree u.a.. München 1978, S. 554 ff.

Klatetzki (Hg.): Flexible Erziehungshilfen. Münster 1994.

Kleinknecht, T./Meyer, K.:Strafprozeßordnung. GVG, Nebengesetze und ergänzende Bestimmungen. 37. Aufl. München 1985.

Kreuzer, A.: Untersuchungshaft bei Jugendlichen und Heranwachsenden. In: RdJB 1978, S. 337 ff.

Kronen, M./Hartl, C.: Erfahrungen mit dem Modellprojekt "Jugendhilfe statt Untersuchungshaft" im Jugenddorf Piusheim bei Glonn. In: DVJJ, 1 (Rundbrief Nr. 130/März). 1990. S. 64 ff.

Kronen, M.: Jugendhilfe anstelle Untersuchungshaft. Abschlußbericht über das Modellprojekt "Jugendhilfe statt Untersuchungshaft" der Bayerischen Ministerien für Justiz, sowie für Arbeit und Soziales. Piusheim 1989.

Kury, H.: Untersuchungshaft - vorweggenommene Jugendstrafe? Untersuchungshaft - Erziehungsmaßnahme und vorweggenommene Jugendstrafe? In: DVJJ (Hg.): Die jugendrichterlichen Entscheidungen - Anspruch und Wirklichkeit. München 1981, S. 421 ff.

Landeswohlfahrtsverband Baden (Hg.): Schlußbericht der wissenschaftlichen Begleitung Erziehungshilfe statt Untersuchungshaft. Karlsruhe 1991.

Laubenthal, K.: Jugendgerichtshilfe im Strafverfahren. Köln u.a. 1993.

Lochmann, R./Baumann, H./ Chilian, W. (Hg.): Kooperation und Vernetzung in der Straffälligenhilfe. Sozialräumliche Neustrukturierung der Hilfsangebote. Bonn 1994.

Lüdtke, A.: Vorläufige Maßnahmen nach §§ 71, 72 JGG, insbesondere die Unterbringung in offenen Einrichtungen als Alternative zur Untersuchungshaft bei Jugendlichen. In: ZfJ 1982, S. 125 ff.

Mann, M: Jugendhilfeplanung und Jugendkriminalität am Beispiel des Großstadtjugendamtes Frankfurt am Main. In: Zentralblatt für Jugendrecht, 80.Jg., Nr. 11/93, S. 516-521.

Matenaer, H.: Haftentscheidungs-, Haftvermeidungs-, Inhaftierungshilfe??? In: ZfJ 1989, S. 411 ff.

Matenaer, H. L. Haftentscheidungshilfe im Jugendstrafverfahren in Nordrhein-Westfalen. In: DVJJ-Journal 1995, S. 354 ff.

Matzke, M.: Prävention und Jugendstrafrechtspflege. Einzelne Empfehlungen präventivorientierter Handlungsstrategien der "Unabhängigen Kommission Berlin gegen Gewalt" und Probleme ihrer Umsetzung in der (Berliner) Justiz. In: BewHi 1995, S. 409 ff.

Merchel, J. : Kooperative Jugendhilfeplanung. Eine praxisbezogene Einführung. Opladen 1994.

Merkle, T. u.a.: Vergleich der Reformvorschläge der DVJJ und der AWO zum Jugendkriminalrecht. In: DVJJ-Journal 1/1994. S. 11-18.

Momberg, R.: Der Einfluß der Jugendgerichtshilfe auf die Entscheidung des Jugendrichters. MschKrim 1982, S. 65 ff.

Mrozynski, P.: Jugendhilfe und Jugendstrafrecht. München 1980.

Münder, J. u.a.: Frankfurter Lehr- und Praxiskommentar zum KJHG/SGB VIII. 3. vollst. überarb. Aufl. 1998.

Naucke, Wolfgang: Strafrecht. Eine Einführung, Metzner Verlag, 6. Aufl. Neuwied u.a. 1991.

Nikolai, W. u.a.: Straffällig. Lebenslagen und Lebenshilfen. Reindl, R. (Hg.). Freiburg i. Breisgau 1996.

Nikolai, W./Reindl, R.: Sozialarbeit und Kriminalpolitik. Freiburg 1993.

Ostendorf, H.: Jugendstrafrecht am Scheideweg - Gegen eine Verschärfung des Jugendstrafrechts. In: Jugendhilfe 1994, S. 332 ff.

Ostendorf, H.: Kommentar zum Jugendgerichtsgesetz. 4. Aufl. , Köln u.a. 1997.

Paeffgen, H.-U.: Vorüberlegungen zu einer Dogmatik des Untersuchungshaft-Rechts. 1986

Pilz, S.: Alternativen zu juristischen Antworten auf Jugendkriminalität. In: DVJJ, 5 (3-4), 1994. S. 223 ff.

Pfeiffer, C.: Jugendkriminalität und jugendstrafrechtliche Praxis - eine vergleichende Analyse zu Entwicklungstendenzen und regionalen Unterschieden. Kriminologisches Forschungsinstitut Niedersachsen e.V. (Hg.). Hamburg 1988.

Pfeiffer, C.: Die Anordnung von Untersuchungshaft gegenüber 14-15jährigen bzw. 14-21jährigen in den 93 Landesgerichtsbezirken der Bundesrepublik Deutschland. Expertise zum 8. Jugendbericht. Hannover 1988.

Pfeiffer, C.: Jugendarrest - für wen eigentlich? Arrestideologie und Sanktionswirklichkeit. In: Mschkrim, 1981, S. 28 ff.

Pfeiffer, C./Ohlemacher, T.: Anstieg der (Gewalt-)Kriminalität und der Armut junger Menschen. Gibt es einen Zusammenhang? In: DVJJ-Journal 1995, S. 178 ff.

Pfeiffer, C: Kriminalität junger Menschen im vereinigten Deutschland In: DVJJ-Journal 1995 (Vorabdruck aus DVJJ-Journal 3/1995), S. 1 ff.

Pfeiffer, C.: Steigt die Jugendkriminalität? In: DVJJ-Journal 1996, S. 215 ff.

Phillipp, B.: § 71 Jugendgerichtsgesetz (JGG) - eine ungenützte Möglichkeit. In: ZfJ 1979, S. 429 ff.

Potrykus, G.: Kommentar zum Jugendgerichtsgesetz. 4. Aufl., Darmstadt 1955.

Rauschenbach, Th./Gängler, H. (Hg.): Soziale Arbeit und Erziehung in der Risikogesellschaft. Neuwied, Kriftel, Berlin 1992.

Reindl, R./Nikolai, W/Gehl, G. (Hg.): Untersuchungshaft - Stiefkind der Justiz. Weimar 1995.

Reinecke, P.: Delinquenz junger polnischer Touristen. Zur Problematik von Jugendhilfe und richterlicher Sanktionspraxis. In: Soziale Arbeit. 1/1997. S. 8-13.

Reinecke, P.: Straffällige Jugendliche und Jugendhilfe. Ambulante sozialpädagogische Angebote in Berlin. In: Soziale Arbeit 1993, S. 325 ff.

Reinecke, P.: Die Jugendhilfe als der lange Arm der Justiz - (Geschlossene) Unterbringung für straffällig gewordene Jugendliche in Berlin. In: DVJJ-Journal, 1994, S. 296-307.

Reinecke, P.: Jugendrichterliche Sanktionspraxis in Berlin (West). In: Der Senator für Schulwesen, Jugend und Sport (Hg): Erziehen statt Strafen. Berlin 1983. S. 135-140.

Savelsberg, J.: Müssen Minderheit für den "Pillenknick" zahlen? Der Rückgang der Jahrgangsstärken und die Kriminalisierung junger Ausländer. In: DVJJ (Hg.): Und wenn es künftig weniger werden - Bericht über die Verhandlungen des 20. Deutschen Jugendgerichtstages in Köln. München 1987.

Schaffstein, F.: Jugendstrafrecht. 6. Aufl., 1977.

Schaffstein, F./Beulke, : Jugendstrafrecht. 2. Auflage, Stuttgart 1995.

Schütze, H.: Junge Ausländer im Vollzug der Straf- und Untersuchungshaft. In: Trenczek, T.: (Hg.): Freiheitsentzug bei jungen Straffälligen. Bonn 1993, S. 137 ff.

Schulz, W.: Untersuchungshaft - Erziehungsmaßnahme oder vorweggenommene Jugendstrafe? In: DVJJ (Hg.): Die jugendrichterlichen Entscheidungen - Anspruch und Wirklichkeit. Bericht über die Verhandlungen des 18. Deutschen Jugendgerichtstags in Göttingen. München 1981, S. 399 ff.

Seiser, K.-J.: Untersuchungshaft als Erziehungshaft im Jugendstrafrecht? Eine strafrechtsdogmatische Analyse unter Berücksichtigung pädagogischer und psychologischer Bezüge. München 1987.

Senatsverwaltung für Jugend und Familie (Hg.): Bericht über die bedarfsgerechte Ausgestaltung der Hilfen zur Erziehung in Berlin. Berlin 1995.

Senatsverwaltung für Inneres (Hg.): Endbericht der unabhängigen Kommission zur Verhinderung und Bekämpfung von Gewalt in Berlin. Berlin 1994.

Senatsverwaltung für Jugend-, für Justiz- und für Inneres: Unveröff. Vereinbarung über Grundsätze der Unterbringung und des Unterbringungsverfahrens in Einrichtungen der Berliner Jugendhilfe gemäß Jugendgerichtsgesetz, 1997.

Sozialwissenschaftliches Forschungszentrum Erlangen-Nürnberg: Heimunterbringung als Alternative zur Untersuchungshaft bei Jugendlichen: Evaluation der Implementierung und Akzeptanz. Unveröff. Zwischenbericht März 1996.

Stascheit, U. (Hg.): Gesetze für soziale Berufe. Bd. 1 und 2. Nomos Verlagsgesellschaft. Baden Baden 1995.

Steffen, W.: Ausländerkriminalität in Bayern. Ergebnisse einer Analyse der von 1983 bis 1990/1992 polizeilich registrierten Kriminalität ausländischer und deutscher Tatverdächtiger. In: NStZ 1993, 462 ff.

Steinhilper, M.: Untersuchungshaft bei 14-15jährigen in Niedersachsen. Bestandsaufnahme für 1972 bis 1982 mit Überlegungen zur einstweiligen Unterbringung in Einrichtungen der Jugendhilfe. Hannover 1985.

Streng, F.: Die Öffnung der Grenzen - die Grenzen des Jugendstrafrechts. In: DVJJ-Journal 1995, S. 163 ff.

Thiem-Schräder, B.: Normalität und Delinquenz. Sozialarbeit zwischen Resozialisierung und Nonintervention. (=Kritische Texte Diskurs). Bielefeld 1989.

Trauernicht, G.: Eine erneute Positionsbestimmung zu einem alten Thema: Geschlossene Unterbringung von Kindern und Jugendlichen. In: Zentralblatt für Jugendrecht, 78 (11) 1991. S. 520 ff.

Trenczek, T.: Auszug aus dem Souterrain? Rechtliche Rahmenbedingungen und sozialpädagogische Handlungsansätze für die Jugendhilfe im Strafverfahren. In: Recht der Jugend und des Bildungswesens, 41. 1993. S. 316 ff.

Trenczek, T.: Geschlossene Unterbringung oder Inobhutnahme. Rechtliche, sozialpädagogische und jugendpolitische Anmerkungen zu den freiheitsentziehenden Maßnahmen in der Jugendhilfe. In: DVJJ-Journal 3-4. 1994. S. 288-296.

Trenczek, T. (Hg.): Freiheitsentzug bei jungen Straffälligen. Bonn 1993.

Verein Förderung von Jugendwohnmodellen e.V.: Vermeidung bzw. Reduzierung von Untersuchungshaft bei Jugendlichen und Heranwachsenden. Alternativen - Strategien. Berger Gespräche. H. 3, Franfurt a.M. 1989.

Walter, M.: Untersuchungshaft und Erziehung bei jungen Gefangenen. In: MschKrim 1978, S. 337 ff.

Walter, M. (Hg.): Überlegungen zum kriminalrechtlichen Umgang mit jungen Mehrfachauffälligen. 1986.

Walter, M.: Über die Bedeutung der Kriminalität junger Ausländer für das Kriminalrechtssystem. In: DVJJ-Journal 1993, S. 347 ff.

Walter, M.: Kriminalpolitik mit der polizeilichen Kriminalstatistik? In: DVJJ-Journal 1996, S. 207 ff.

Walter, M.: Die Vorstellung von einem Anstieg der Jugendkriminalität als (kriminal)politische dienstbare Denkform? In: DVJJ-Journal 1996, S. 335 ff.

Weschke, E. (Hg.): Jugenddelinquenz. Empirische Untersuchung in Berlin (West). (=Publikationen der Fachschule für Verwaltung und Rechtspflege Nr. 67). Berlin 1989.

Weyel, F.: Haftentscheidungshilfe durch die JGH. In: ZfJ 1992, S. 29 ff.

Weyel, F.H.: Das einsame Siechtum der Jugendgerichtshilfe in Deutschland. In: DVJJ-Journal 1996, S. 246 ff.

Wolffersdorff-Ehlert, C./Sprau-Kuhlen, V./Kersten, J: Geschlossene Unterbringung in Heimen. In: neue praxis H.1, 1989, S. 11 ff.

Wolffersdorff, C. v./ Sprau-Kuhlen, V.: Geschlossene Unterbringung in Heimen. Kapitulation der Jugendhilfe? Deutsches Jugendinstitut (Hg.). München 1990.

Wolffersdorff, C.v.: Noch einmal - Brauchen wir geschlossene Heime - Zur Renaissance eines umstrittenen Themas. In: DVJJ, 5Jg., H. 1, 1994, S. 36 ff.

Wolf, K. (Hg.): Entwicklung in der Heimerziehung. Münster 1993.

Wolff, J.: Die benachteiligende Funktion der Untersuchungshaft. In: Kriminologisches Journal, 1975, S. 17 ff.

Centaurus Aktuell

GPSR Compliance

The European Union's (EU) General Product Safety Regulation (GPSR) is a set of rules that requires consumer products to be safe and our obligations to ensure this.

If you have any concerns about our products, you can contact us on ProductSafety@springernature.com

In case Publisher is established outside the EU, the EU authorized representative is:

Springer Nature Customer Service Center GmbH
Europaplatz 3
69115 Heidelberg, Germany

Batch number: 10809466

Printed by Printforce, the Netherlands